# 跨境电商

亚马逊从零到年销千万实战手册

史先贺 / 编著

电子工业出版社
Publishing House of Electronics Industry
北京·BEIJING

## 内 容 简 介

本书详细介绍了亚马逊跨境电商平台的运营实操技巧，以亚马逊店铺的商品打造为基础，辅以很多实操问答案例，手把手将亚马逊店铺日常运营的方法和技巧教授给大家，能帮助亚马逊卖家及亚马逊运营人员快速建立起自己的亚马逊运营知识体系。本书的针对性强，方法实用，具有易学、易懂、易操作的特点，不但适合亚马逊新卖家快速入门，也适合具有一定经验的卖家或运营人员查缺补漏、补齐自己的知识短板。同时，该书也适合那些想要"品牌出海"的传统工厂和外贸专业及电商专业的在校大学生学习。

未经许可，不得以任何方式复制或抄袭本书之部分或全部内容。
版权所有，侵权必究。

**图书在版编目（CIP）数据**

跨境电商：亚马逊从零到年销千万实战手册 / 史先贺编著. —北京：电子工业出版社，2023.10
ISBN 978-7-121-46377-8

Ⅰ. ①跨… Ⅱ. ①史… Ⅲ. ①电子商务－商业经营－经验－美国 Ⅳ. ①F737.124.6

中国国家版本馆 CIP 数据核字（2023）第 176581 号

责任编辑：高丽阳
印　　刷：涿州市般润文化传播有限公司
装　　订：涿州市般润文化传播有限公司
出版发行：电子工业出版社
　　　　　北京市海淀区万寿路 173 信箱　邮编：100036
开　　本：720×1000　1/16　印张：19.5　字数：372 千字
版　　次：2023 年 10 月第 1 版
印　　次：2025 年 1 月第 4 次印刷
定　　价：79.00 元

凡所购买电子工业出版社图书有缺损问题，请向购买书店调换。若书店售缺，请与本社发行部联系，联系及邮购电话：（010）88254888，88258888。
质量投诉请发邮件至 zlts@phei.com.cn，盗版侵权举报请发邮件至 dbqq@phei.com.cn。
本书咨询联系方式：faq@phei.com.cn。

# 前言

近些年，随着全球经济贸易的不断发展，跨国贸易也进入了新的发展阶段，以传统 B2B 外贸为主导的跨境贸易格局，逐步演变成传统 B2B 外贸和新型跨境电商齐头并进的局面，跨境电商在全球的交易规模每年都在迅速提升，现在跨境电商行业可谓一片生机。

在跨境电商的众多平台中，亚马逊凭借其较大的市场占有量、较为规范的平台运营规则、较为高端的买家群体以及较高的销售利润率等优势，成为很多跨境电商卖家进入该行业的首选平台，每年新进入亚马逊跨境平台的卖家数量都在呈爆炸性增长。

而与此相对应的是，很多新卖家在进入亚马逊平台以后，往往因为不熟悉平台的规则而导致店铺被关闭或者被限制，还有很多新卖家因为不了解亚马逊平台的运营和推广逻辑，而让自己的很多商品推广都以失败告终。这些卖家最后不但损失了金钱，还丧失了做跨境电商的信心，更可怕的是，他们还会因此而付出更多的机会成本。

每每看到这样的情形，我作为亚马逊资深卖家，都会觉得自己应该做些什么来帮大家尽量少走一些弯路，帮大家减少因为对亚马逊规则、算法、运营逻辑不熟悉而导致运营失败的情形，尽最大可能帮助新卖家快速掌握运营亚马逊店铺所需要的各种知识和实操方法。这就是我写这本书的初衷。

在本书中，我将重点讲解亚马逊店铺的注册方法、商品的选品思路、站内广告的实操技巧、日常备货及库存管理、商品页面的设计、商品评论体系建设以及店铺绩效管理等内容，尽可能覆盖亚马逊运营的全部知识内容。除此之外，书中还插入了大量的实操问答以及实操图片，尽量做到"既覆盖全面、又突出重点"，以方便大家在平时的店铺运营中能随时翻阅并迅速找到对自己有价值的实操技巧。

无论你是刚刚进入跨境电商行业，想快速学到亚马逊必备运营知识的新卖家或者新运营人员，还是具备一定经验，但想补齐自己亚马逊运营知识短板的亚马逊老卖家或者老运营人员，无论你是想要转行做跨境电商的传统外贸人士，还是想要学习并进入跨境电商行业的在校大学生，这本书都可以给你带来很大的帮助，让你可以系统地学到亚马逊运营的必备核心知识。

愿这本书能陪伴你，在跨境电商的路上走得更远、更稳、更轻松。

史先贺（跨境老鸟 Mike）

**读者服务**

微信扫码回复：46377

- 加入"电商"读者交流群，与更多同道中人互动
- 获取【百场业界大咖直播合集】（持续更新），仅需 1 元

# 目录

## 第1章 亚马逊开店的前期准备 ...... 1
### 1.1 注册亚马逊店铺前的准备工作 ...... 2
#### 1.1.1 六种注册资料的准备 ...... 2
#### 1.1.2 其他必备运营工具的准备 ...... 6
#### 1.1.3 注册准备阶段的几个重要的注意事项 ...... 8
### 1.2 亚马逊全球各大站点的优劣势分析 ...... 10
#### 1.2.1 亚马逊北美站 ...... 10
#### 1.2.2 亚马逊欧洲站 ...... 14
#### 1.2.3 亚马逊日本站 ...... 16
#### 1.2.4 亚马逊澳洲站 ...... 17
#### 1.2.5 亚马逊新加坡站 ...... 18
#### 1.2.6 亚马逊印度站 ...... 19
### 1.3 亚马逊开店要准备多少资金 ...... 19
#### 1.3.1 亚马逊开店的基础费用 ...... 19
#### 1.3.2 亚马逊开店的必备运营开支 ...... 23

## 第2章 快速开启你的亚马逊之路 ...... 27
### 2.1 亚马逊店铺注册"避坑"指南 ...... 28
#### 2.1.1 两种店铺注册方式的比较 ...... 28
#### 2.1.2 店铺注册前的三个注意事项 ...... 29

## 2.2 亚马逊店铺注册的详细步骤 ..... 29
## 2.3 亚马逊店铺遭遇审核的应对方法 ..... 40
### 2.3.1 什么是店铺的二审 ..... 40
### 2.3.2 二审的时间节点 ..... 40
### 2.3.3 二审触发的原因及避免方法 ..... 41
### 2.3.4 二审的详细应对流程 ..... 43
## 2.4 多店铺运营如何防止账户关联 ..... 45
### 2.4.1 账户关联 ..... 45
### 2.4.2 判定账户关联的主要因素 ..... 46
### 2.4.3 账户关联的后果 ..... 47
### 2.4.4 账户关联的规避措施 ..... 47
## 2.5 卖家怎样快速寻求亚马逊官方客服的支持 ..... 48
### 2.5.1 开 Case 的含义 ..... 48
### 2.5.2 开 Case 的流程 ..... 49
## 2.6 容易导致店铺被封的四条政策红线 ..... 51
### 2.6.1 review 造假 ..... 51
### 2.6.2 站内信违规 ..... 52
### 2.6.3 商品类目不符 ..... 53
### 2.6.4 违规合并变体 ..... 54
## 2.7 亚马逊卖家要熟知的行业术语 ..... 57
### 2.7.1 Listing ..... 57
### 2.7.2 Add-on Item ..... 57
### 2.7.3 UPC ..... 58
### 2.7.4 Buy Box ..... 59
### 2.7.5 Amazon Prime 会员 ..... 62
### 2.7.6 Session ..... 63
### 2.7.7 Best Seller ..... 63
### 2.7.8 Hot New Releases ..... 65
### 2.7.9 Movers & Shakers ..... 66
### 2.7.10 Amazon Choice ..... 66

## 第 3 章　亚马逊成功的核心在于选品 .................................................. 67

### 3.1　选品的重要性 .................................................. 68
### 3.2　亚马逊选品的三大总体路线 .................................................. 68
#### 3.2.1　路线一：创造性选品 .................................................. 69
#### 3.2.2　路线二：差异化选品 .................................................. 71
#### 3.2.3　路线三：复制平台上现有的商品 .................................................. 74
### 3.3　新卖家选品应遵循的七大原则 .................................................. 75
#### 3.3.1　慎选重货、抛货等类型的商品 .................................................. 76
#### 3.3.2　慎选敏感商品 .................................................. 76
#### 3.3.3　慎选需要类目审核的商品 .................................................. 78
#### 3.3.4　慎选季节性或节日性商品 .................................................. 80
#### 3.3.5　慎选有巨头垄断的商品 .................................................. 80
#### 3.3.6　慎选市场容量过小的商品 .................................................. 81
#### 3.3.7　慎选可能会侵犯知识产权的商品 .................................................. 82
### 3.4　新卖家在选品过程中的常见误区 .................................................. 82
#### 3.4.1　选品调研过于草率 .................................................. 83
#### 3.4.2　从不详细分析竞争对手 .................................................. 83
#### 3.4.3　忽视数据的作用 .................................................. 84
#### 3.4.4　忽视商品的质量 .................................................. 84
#### 3.4.5　盲目跟风，导致商品侵权 .................................................. 84
#### 3.4.6　忽视商品的售后服务 .................................................. 85
### 3.5　亚马逊选品的灵感去哪里找 .................................................. 85
#### 3.5.1　国外社交媒体 .................................................. 85
#### 3.5.2　当地人的生活习惯 .................................................. 86
#### 3.5.3　国外各大 Deals 网站 .................................................. 87
#### 3.5.4　站内的各大榜单 .................................................. 87
#### 3.5.5　国内的各大商品供应网站 .................................................. 88
### 3.6　亚马逊新品的开发流程 .................................................. 89
#### 3.6.1　品类立项 .................................................. 89
#### 3.6.2　市场需求量调研 .................................................. 90
#### 3.6.3　市场的卖家数量调研 .................................................. 92

3.6.4 类目的垄断程度调研 ...... 92
3.6.5 关键词搜索结果首页竞争程度调研 ...... 93
3.6.6 季节性商品的排除 ...... 94
3.6.7 侵权风险的排除 ...... 94
3.6.8 商品评论的分析 ...... 94
3.7 如何确定商品的审核条件 ...... 95
3.7.1 利用亚马逊的合规性参考功能 ...... 95
3.7.2 跟卖测试法 ...... 97
3.8 如何避免商品的侵权风险 ...... 99
3.8.1 商标侵权 ...... 99
3.8.2 专利侵权 ...... 103
3.9 如何选择可以长期合作的供应商 ...... 105
3.9.1 如何寻找供应商 ...... 105
3.9.2 如何判断供应商的实力和服务水平 ...... 106

# 第 4 章 亚马逊发货的主流模式 ...... 108
4.1 FBA 与 FBM 概述 ...... 109
4.1.1 FBA 与 FBM 两大模式 ...... 109
4.1.2 FBA 模式的优缺点 ...... 110
4.1.3 FBM 模式的优缺点 ...... 113
4.2 FBA 费用的计算方式 ...... 114
4.2.1 使用 FBA 费率表进行计算 ...... 114
4.2.2 使用亚马逊官方 FBA 费用计算器进行计算 ...... 116
4.3 亚马逊 FBA 五大必备标签 ...... 117
4.3.1 商品标签 ...... 118
4.3.2 外箱标签 ...... 119
4.3.3 防窒息标签 ...... 120
4.3.4 超重标签 ...... 121
4.3.5 套装勿拆标签 ...... 122
4.4 FBA 头程运输 ...... 122
4.4.1 什么是"头程运输" ...... 122

    4.4.2　如何选择合适的头程物流服务商 ........................................... 123
    4.4.3　常见的头程运输方式 ........................................................... 124
    4.4.4　常见的头程服务陷阱 ........................................................... 125
  4.5　首批备货数量的确定 ......................................................................... 126
    4.5.1　根据店铺的整体思路确定首批备货 ....................................... 126
    4.5.2　尽量避免断货 ....................................................................... 127
  4.6　FBA商品被分仓的原因及默认合仓的设置 ...................................... 128
    4.6.1　FBA商品被分仓的原因 ......................................................... 128
    4.6.2　FBA商品默认合仓的设置 ..................................................... 128
  4.7　滥用移除订单的陷阱 ......................................................................... 130
    4.7.1　多渠道配送方式 ................................................................... 130
    4.7.2　移除订单使用陷阱 ............................................................... 132
  4.8　海外仓 ................................................................................................ 134
    4.8.1　海外仓的概念 ....................................................................... 134
    4.8.2　海外仓的服务 ....................................................................... 134
  4.9　上传商品到亚马逊店铺的方式 .......................................................... 135
    4.9.1　单独上传 ............................................................................... 135
    4.9.2　批量上传 ............................................................................... 142
  4.10　商品入仓时常见的问题及其应对措施 ............................................ 145

# 第5章　令亚马逊卖家头痛的销售方式：跟卖 ........................................... 146
  5.1　认识跟卖活动 .................................................................................... 147
    5.1.1　跟卖的存在形式 ................................................................... 147
    5.1.2　跟卖的创建方式 ................................................................... 147
  5.2　饱受争议的跟卖 ................................................................................ 150
    5.2.1　卖家为什么痛恨跟卖 ........................................................... 150
    5.2.2　亚马逊为什么不禁止跟卖 ................................................... 151
  5.3　跟卖的应对策略 ................................................................................ 151
    5.3.1　利用后台的品牌投诉功能 ................................................... 151
    5.3.2　对跟卖者进行邮件警告 ....................................................... 154
    5.3.3　加入亚马逊的透明计划 ....................................................... 154

## 第 6 章 成功打造商品的必要条件：Listing 设计 .................................................. 156

### 6.1 商品 Listing 的概念和重要性 .................................................. 157
- 6.1.1 商品 Listing 的概念 .................................................. 157
- 6.1.2 商品 Listing 的重要性 .................................................. 160
- 6.1.3 优秀 Listing 的两大判定标准 .................................................. 161
- 6.1.4 Listing 编辑前的几项准备工作 .................................................. 162

### 6.2 搜集商品关键词的途径 .................................................. 164
- 6.2.1 免费搜集关键词 .................................................. 164
- 6.2.2 付费获取关键词 .................................................. 168
- 6.2.3 对商品关键词的处理 .................................................. 169

### 6.3 商品 Listing 之图片模块 .................................................. 170
- 6.3.1 亚马逊平台的商品图片要求 .................................................. 170
- 6.3.2 商品主图设计思路 .................................................. 173
- 6.3.3 商品的副图设计思路 .................................................. 175
- 6.3.4 360°可旋转图片的设置 .................................................. 178
- 6.3.5 不要使用供应商提供的商品套图 .................................................. 179
- 6.3.6 如何发现并举报盗用自己图片的行为 .................................................. 180

### 6.4 商品 Listing 之标题模块 .................................................. 182
- 6.4.1 商品标题的几个注意事项 .................................................. 182
- 6.4.2 亚马逊平台对商品标题的要求 .................................................. 183
- 6.4.3 常见的几种标题书写格式 .................................................. 183

### 6.5 商品 Listing 之五行特性模块 .................................................. 185

### 6.6 商品 Listing 之详情描述模块 .................................................. 187
- 6.6.1 未完成品牌备案店铺的详情描述模块 .................................................. 187
- 6.6.2 已完成品牌备案店铺的详情描述 .................................................. 188

### 6.7 商品 Listing 之说明书模块 .................................................. 190

### 6.8 商品 Listing 之 QA 模块 .................................................. 191
- 6.8.1 商品 QA 模块介绍 .................................................. 191
- 6.8.2 商品 QA 的重要作用 .................................................. 192

### 6.9 商品 Listing 之视频模块 .................................................. 194
- 6.9.1 商品主图视频 .................................................. 194

## 目录

  6.9.2 商品关联视频 ............................................................. 195

6.10 商品 Listing 优化的注意事项 ............................................................. 196

  6.10.1 优化不宜频繁进行 ............................................................. 196

  6.10.2 在编辑商品 Listing 之前一定要准备充分 ............................................................. 197

6.11 商品的定价策略 ............................................................. 197

  6.11.1 新商品的定价策略 ............................................................. 197

  6.11.2 商品上升期的定价策略 ............................................................. 198

  6.11.3 商品成熟期的定价策略 ............................................................. 198

## 第 7 章 玩转亚马逊 CPC 广告 ............................................................. **199**

7.1 亚马逊 CPC 广告综述 ............................................................. 200

7.2 亚马逊站内 CPC 广告的三种类型 ............................................................. 201

  7.2.1 广告类型一：商品推广 ............................................................. 202

  7.2.2 广告类型二：品牌推广 ............................................................. 205

  7.2.3 广告类型三：展示型推广 ............................................................. 207

7.3 亚马逊新品期自动广告的打法 ............................................................. 208

  7.3.1 自动广告的四种匹配模式详解 ............................................................. 208

  7.3.2 新品期自动广告的打法 ............................................................. 209

7.4 手动广告中的关键词投放 ............................................................. 212

  7.4.1 手动关键词广告的匹配类型 ............................................................. 213

  7.4.2 手动关键词广告的竞价策略 ............................................................. 215

  7.4.3 新品投放关键词广告的两种常见模式 ............................................................. 216

7.5 手动广告中的商品投放 ............................................................. 218

  7.5.1 商品投放的功能介绍 ............................................................. 218

  7.5.2 商品投放的技巧策略 ............................................................. 220

7.6 亚马逊站内广告投放的几大误区 ............................................................. 223

  7.6.1 频繁关停广告 ............................................................. 223

  7.6.2 否定设置未引起足够重视 ............................................................. 223

  7.6.3 盲目追求不切实际的广告位置 ............................................................. 224

  7.6.4 做广告就是为了出单 ............................................................. 224

  7.6.5 开了手动广告就关停自动广告 ............................................................. 225

7.6.6　放任某个有效关键词长期无转化 225
　　7.6.7　不重视广告报告的作用 225
7.7　下载及分析广告报告 226

# 第 8 章　亚马逊运营的底层逻辑和技巧 230

8.1　亚马逊运营的底层逻辑之曝光量 231
　　8.1.1　亚马逊商品的曝光量来源 232
　　8.1.2　影响亚马逊曝光量的五大因素 235
8.2　亚马逊运营的底层逻辑之点击率 238
8.3　亚马逊运营的底层逻辑之转化率 244
8.4　如何调研类目的退货率指标 248
　　8.4.1　如何调研某类目的平均退货率 248
　　8.4.2　如何查看自己商品的退货率 249
8.5　利用礼品设置提升转化率 251
8.6　亚马逊运营每天必做的工作 252
　　8.6.1　风险排除 253
　　8.6.2　销量及排名监控 256
　　8.6.3　数据报告分析 258
　　8.6.4　库存管理 259
　　8.6.5　关注亚马逊官方政策变动 259

# 第 9 章　善用亚马逊站内各大促销工具 260

9.1　秒杀类促销 261
9.2　购买折扣 263
9.3　买一赠一 265
9.4　社交媒体促销代码 266
9.5　优惠券 267
9.6　划线促销 270
9.7　红色 Save 折扣促销 271
9.8　虚拟捆绑销售 271

## 第10章 亚马逊平台的评论体系解析 ... 275

### 10.1 商品评论 ... 276
- 10.1.1 商品评论的内涵 ... 276
- 10.1.2 影响商品评论和星级评分的因素 ... 278
- 10.1.3 亚马逊官方的评论政策 ... 279
- 10.1.4 卖家获取 review 的合规方式 ... 281
- 10.1.5 对差评的处理方法 ... 283
- 10.1.6 商品评论是亚马逊平台的红线 ... 285

### 10.2 买家反馈详解 ... 285
- 10.2.1 买家反馈的概念 ... 285
- 10.2.2 买家反馈与商品评论的区别 ... 286

## 第11章 亚马逊运营实操问题解析 ... 288

# 第1章

# 亚马逊开店的前期准备

## 1.1 注册亚马逊店铺前的准备工作

### 1.1.1 六种注册资料的准备

**1. 营业执照**

亚马逊不接受以个人身份信息申请店铺注册,如果你想注册亚马逊店铺,就必须准备好公司营业执照。

还有很多新卖家在关注一个问题,那就是亚马逊对于公司营业执照的名称后缀有没有明确的规定。其实早在2020年初,亚马逊官方就曾发布通知,宣布从那时起就不再接受"与亚马逊开店无关的服务类型公司"的注册申请。也就是说,如果你公司的营业执照展示的是"某某健康管理有限公司""某某健康咨询有限公司""某某餐饮管理有限公司"等与亚马逊店铺运营无关的公司属性,是很难通过亚马逊的招商审核的。所以如果你想现在新注册一家公司去申请注册亚马逊店铺,最好是在公司的名称后缀中把"贸易"或者"销售"等跟电商有关的一些词汇加进去,比如"某某网络有限公司"或者"某某销售有限公司",这样就会大大增加店铺申请的通过率。

那么公司营业执照的经营范围对申请注册亚马逊店铺有没有影响呢?欧洲站的很多亚马逊卖家每年都会收到亚马逊官方要求变更经营范围的通知,要求卖家在一定的期限之内,在营业执照的经营范围里面新增自己现在正在运营的一些业务。所以如果你目前正在考虑注册一家公司去申请亚马逊店铺的话,就可以考虑把一些与亚马逊有关的业务(批发、零售贸易、电子商务等)提前加入你营业执照的经营范围,后面就可以避开一些不必要的资料审核麻烦。

这里还有一个重要问题,那就是亚马逊对于公司的注册资金有没有硬性的规定。其实亚马逊官方对于公司的注册资金是没有要求的,注册资金10万元和100万元,都是可以申请注册亚马逊店铺的,这要根据卖家自己的需求来确定。

**2. 个人身份证**

对于身份证我们要注意三点:

第一,身份证的姓名要与营业执照法人的姓名一致。也就是说你注册亚马逊店铺所提交的身份证和营业执照法人代表必须对应同一个自然人。

第 1 章　亚马逊开店的前期准备

第二，身份证必须在有效期之内，最好留出 6 个月左右的有效期，濒临到期的身份证也是比较容易被亚马逊系统驳回的。

第三，提交的身份证资料必须是彩色扫描件且不得缺角。

之前有很多卖家在提交注册资料之后都收到了亚马逊官方的通知，说系统无法验证该账户的注册资料的信息，这很可能是因为这些卖家扫描的营业执照或身份证出现了缺角的情形，亚马逊会把资料打回来，如图 1-1 所示。

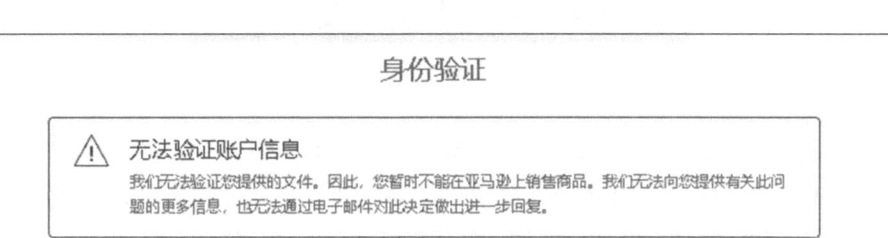

图 1-1

## 3. 外币信用卡

这里的外币信用卡，指的是支持外币结算的信用卡，即该信用卡上要么有"VISA"标识（图 1-2），要么有"MasterCard"标识（图 1-3），这样的信用卡才是亚马逊店铺所支持的信用卡。

图 1-2

图 1-3

这里有一点要注意,只有"银联"标识的信用卡(图 1-4),是不能用于申请亚马逊店铺的,因为这类信用卡不支持外币结算,所以也就没办法申请和绑定亚马逊店铺。

图 1-4

### 4. 邮箱和电话

邮箱品牌的选择是没有任何限制的,我们日常工作中用的那些邮箱,如 163、126、Gmail、QQ 邮箱等,都是可以使用的。但是,你用来申请注册亚马逊店铺的这个邮箱,必须是从来没有注册过亚马逊卖家店铺和买家账户的"干净"的邮箱。

申请店铺的手机号码也一样,必须是从来没有注册过亚马逊卖家店铺和买家账户的"干净"的手机号码。

### 5. 电脑和网络

电脑和网络与前面邮箱和电话的规则是类似的,电脑和网络也必须是从来没注册过亚马逊卖家店铺和买家账户的"干净"的电脑和网络。

另外，在注册和运营亚马逊店铺的过程中，还有一个关于网络的非常重要的方面大家要注意，那就是一定要保持店铺网络 IP 地址的稳定性，不要频繁切换店铺的 IP 地址，IP 地址的频繁切换会让亚马逊系统误认为这个店铺存在一些疑似的不规范操作，可能会引发系统对店铺的审核。

现在下载亚马逊官方卖家 APP 的卖家越来越多，安装了 APP 后，卖家在出差或旅游的时候，就可以随时打开店铺卖家后台（简称后台）进行数据的查看和运营的基础操作，但是这个时候大家一定要注意，这部登录卖家店铺 APP 的手机，就不要再随便连接外面的公共 Wi-Fi 了，如果你用公共 Wi-Fi 登录了自己的卖家店铺，碰巧别的亚马逊店铺也用这个公共 Wi-Fi 登录过，那么这两个不同的亚马逊店铺之间可能就会出现关联的情形（关联问题在 2.4 节会有详细讲解）。

## 6. 收款工具

当亚马逊店铺产生销售收入的时候，这些美元、欧元或其他币种的钱，就是通过收款工具来转化为人民币进入卖家"口袋"中的。根据收款服务提供商的不同，我们可以把亚马逊店铺的收款方式归结为三种方式：第三方收款、亚马逊官方收款、传统海外银行账户收款。

第三方收款，也就是我们日常所说的"虚拟银行账户收款"，是国内卖家用得比较多的收款方式，如 PingPong、Payoneer、WorldFirst、连连支付、网易支付等收款服务商，这些收款服务商都是运营多年的老牌服务商，其收款的安全性和时效性还是有保障的。

亚马逊官方推出的全球收款服务，也渐渐成了很多第三方卖家的选择，该服务可以帮助国内卖家使用国内银行账户以人民币的方式接收全球的店铺回款，从而让卖家们省去了维护国外银行账户或第三方账户的麻烦，该服务目前已经覆盖包括北美站、欧洲站、日本站在内的 12 个站点。

国内卖家用得比较少的就是传统海外银行账户的收款方式，这种方式主要通过美国银行账户或者中国香港银行账户来接收美元的直接回款，账户注册的门槛和使用流程也比较复杂，目前使用的卖家数量不多，大部分卖家都会选择前面两种收款方式中的一种。

如果新卖家不了解这些收款工具之间的差异，可以花点时间去各个收款服务商的官方网站去仔细研究一下，研究内容包括它们的费率、时效、服务内容等，当你对所有的收款工具进行横向和纵向对比之后，可以再回来选择并确定适合自己的收款工具。

关于收款工具,还有一点要注意,那就是收款账户的确定和注册一定要先于亚马逊店铺的注册。因为在亚马逊店铺的注册流程中,其中有一步是要求卖家填入注册好的收款账户,如果到那个时候你还没有收款账户的话,注册亚马逊店铺的流程就要暂时停下来,这就会导致店铺注册流程的中断。所以收款工具一定要先于亚马逊店铺注册好,然后注册亚马逊店铺的时候,就可以直接把注册好的收款工具的账户填进去,这样你店铺的注册流程就会非常顺畅。

这六项就是我们所说的注册亚马逊店铺的六大必备资料,在注册亚马逊店铺之前,一定要把这六大必备资料准备好。

## 1.1.2 其他必备运营工具的准备

### 1. 注册商标

商标是具有地域性特征的,所以如果你想在美国利用注册商标去保护店铺商标的话,必须要在美国当地注册商标才可以,注册商标对亚马逊卖家来说主要有三个好处。

第一,有效赶走跟卖者。

跟卖这种模式,在后面的第 5 章有详细的介绍。当新商品刚上线遇到跟卖的时候,卖家是很头疼的,因为这些跟卖者会抢夺你的流量,会让你的销量"腰斩",但是如果你的亚马逊店铺已经完成了商标注册和品牌备案的话,你就可以直接在后台进行知识产权投诉,如图 1-5 所示。用这种方式来"驱赶"跟卖者的成功率是非常高的。如果没有注册商标的话,商品遭遇跟卖时往往缺乏行之有效的制止手段。

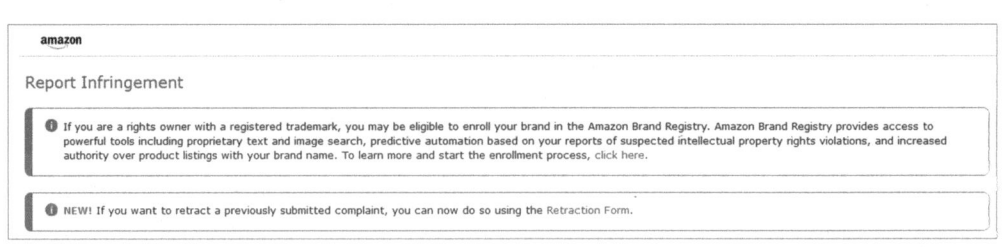

图 1-5

第二,UPC(Unified Product Code,统一商品编码)有"豁免权"。

在你上传新商品的 Listing 的时候,亚马逊系统会要求你填入商品的 UPC(欧洲站是 EAN），如图 1-6 所示。但是目前没有品牌备案的商品在亚马逊后台进行新品上传时经常会出现 UPC 报错的情形，很多卖家就是因为解决不了这个报错的问题而打乱了制订好的新品推广计划。但是你如果已经注册了商标并完成了店铺的品牌备案，就可以在后台直接申请 UPC 豁免。豁免申请通过之后，再上传新商品就不再需要 UPC 了，这个报错的问题也就可以迎刃而解了。

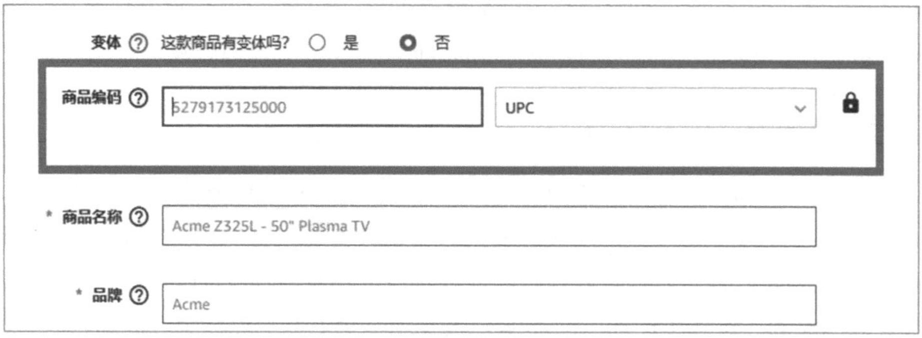

图 1-6

第三，品牌备案店铺的运营手段较丰富。

亚马逊后台有很多推广工具，只有做了品牌备案的店铺才拥有使用的权限。比方说后台的"Vine 计划"（图 1-7），是亚马逊现在仅存的两个官方允许的索取 review（评论）的方式。如果你是品牌备案的卖家，在你的新品刚刚上线没有 review 的时候，就可以通过 Vine 计划去邀请一些 Vine 计划测评人来对你的商品进行测评并留下 review，这就可以有效解决新品上线初期没有 review 的问题。

图 1-7

再比如说后台的品牌分析功能，里面有亚马逊提供的一些官方的免费数据，这些数据是进行选品的重要参考，但是这个功能也只有做了品牌备案的店铺才能开通。此外，A+页面的创建、品牌旗舰店的设计等，都有品牌备案这个门槛。

而且，商标注册的周期很长，美国商标的注册过程需要 8~10 个月，欧洲商标也要 10 个月左右，如果你在店铺注册之前就开始着手进行商标注册的话，当你的店铺开始正式运营之后，在很短的时间之内你就可以拿到商标注册号码并在亚马逊后台完成品牌备案，这个时候如果遇到了跟卖或者 UPC 等问题，就可以立即利用店铺的商标功能把这些问题解决掉，所以说商标的注册最好尽早去做打算。

### 2. 头程运输服务

所谓"头程运输"，就是把你的货件从中国的海关运送到国外亚马逊 FBA 仓库的流程。当需要发货的时候，你就要去找头程服务商把这些货件运过去。所以在正式运营某款商品之前，头程服务商要提前筛选好，这样在发货时就可以节省很多筛选服务商的时间，能尽快让你的商品实现入仓和销售（关于头程服务商筛选的标准，在 4.4.2 节有详细的讲解）。

### 3. 美工制图服务

当卖家把商品选定之后，商品 Listing 的编辑就是下一步要做的工作。Listing 包含很多模块，其中图片这个模块绝对是 Listing 编辑工作的重中之重。因为亚马逊是电商购物平台，电商平台的买家在购物前是看不到商品实物的，换句话说，你的图片把商品描绘成什么样子，你的商品在买家的眼中的初始印象就会是什么样子，图片对商品的最终点击率和转化率都有至关重要的影响。所以，为了能让你选好的商品以最完美的姿态呈现在买家的面前，图片就必须进行出色的设计，而决定商品图片设计水平的，就是你找的美工的作图水平，美工一定要在选择好商品之后、商品正式上线之前找好。

## 1.1.3 注册准备阶段的几个重要的注意事项

### 1. 新公司要做好记账报税工作

很多卖家可能会觉得记账报税并不是亚马逊运营范围内的工作，但这种想法是错误的。虽然亚马逊平台不会插手卖家国内公司的经营事宜，但是如果你注册亚马逊店铺的这家国内公司常年没有进行工商申报和税务申报的话，公司可能会被判定为经营异常，情节严重的，营业执照可能还会被注销掉。如果亚马逊后面发起对你店铺的审核，而这时你注册亚马逊店铺的营业执照恰恰处在注销状态的话，店铺的审核是过不了的。

所以即便前期你的亚马逊店铺可能没有任何收入，也要按时、定期进行税务的零申报，每年 6 月份的工商年检也要按时进行，以确保该公司的经营状态能维持在一个正常的状态之下。

## 2. 暂时不运营的店铺要谨慎降级

亚马逊店铺有两种销售的计划：个人销售计划和专业销售计划，二者的区别如图 1-8 所示。

| 账号类型 | 个人销售计划 | 专业销售计划 |
| --- | --- | --- |
| 注册主体 | 公司 | 公司 |
| 月租金 | 免费 | 39.99 美元/月 |
| 按件收费 | 0.99 美元/件 | 免费 |
| 销售佣金 | 根据不同品类亚马逊收取不同比例的佣金，一般为 8%—15% | |
| 功能区别 | 单一上传，无数据报告 | 单一上传/批量上传，可下载数据报告 |

图 1-8

以美国站为例，专业销售计划的店铺每个月要缴纳 39.99 美元的月租金，而个人销售计划的店铺是不用缴纳月租金的，只需要按照销售商品的件数进行费用的缴纳。

所以很多卖家在注册完店铺之后，出于节省店铺租金的考虑，可能会先把自己的店铺进行降级（由专业销售计划降级为个人销售计划），心里想着等自己的商品选好之后再升级为专业销售计划。但是这个时候卖家要注意一个风险，当几个月后再把店铺升级回专业销售计划的时候，可能会面临亚马逊的店铺审核，需要提供一些账单，而且这个审核的通过率也不是 100%。所以说如果你只是想节省几个月的租金，就没必要对店铺进行主动的降级操作。

## 3. 提前准备好你的账单

亚马逊平台对店铺的审核，通常都是通过让卖家提供账单的方式来进行的。比如亚马逊在验证店铺的注册信息真伪的时候，会让卖家提供法人的信用卡账单。再比如亚马逊对店铺进行风险审核的时候，会让卖家提供一些其他的账单，亚马逊官方承认的其他账单主要有四种：水费账单、电费账单、网费账单、煤气费账单（审核时任选其中的一种即可）。

如果你的公司营业执照注册地址无法取得这些账单的话，亚马逊后台还有实际经营地址可以填写，实际经营地址的账单也是亚马逊允许的账单。所以卖家在确定自己后台的实际经营地址的时候，一定要确定好这个地址下的账单能不能获取，尽量在自己的实际经营地址一栏录入一个自己可以提供账单的地址。

上述就是亚马逊店铺注册前的一些必要的准备工作。

## 1.2 亚马逊全球各大站点的优劣势分析

亚马逊在全球共有十七个国家站点。大家要注意，这里说的"十七个站点"，是以"国家"为单位来进行划分的，所以我们称之为十七个"国家站点"。我们平时在日常运营亚马逊的过程中所说的站点，一般都是按照"大站点"来进行划分的。如果是按照"大站点"来进行划分，亚马逊全球共有七个大站点。

### 1.2.1 亚马逊北美站

亚马逊北美站包括三个国家站点：美国站、加拿大站、墨西哥站。

北美站的三大站点是可以"一键开通"的，在日常的店铺运营中，这三个站点的店铺在亚马逊北美站的后台也可以自由进行切换，如图1-9所示。

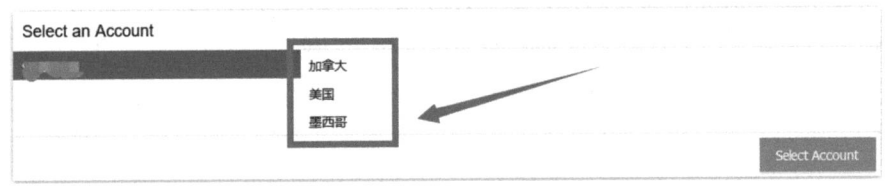

图1-9

**1. 美国站**

我们先来看一下美国站的优势。

第一，美国站的流量巨大。

在美国，电商平台不仅仅有亚马逊，还有Walmart（沃尔玛）、eBay（易贝）等其他十个左右的电商平台。但是根据 PYMNTS 发布的数据显示，自 2017 年开始，亚马逊在美国在线零售市场的占有率就一直高于 40%，且占有率在连年增长，2021 年更是达到了 56.7%，亚马逊在美国的占有率远超 Walmart 等其他平台，如图 1-10 所示。

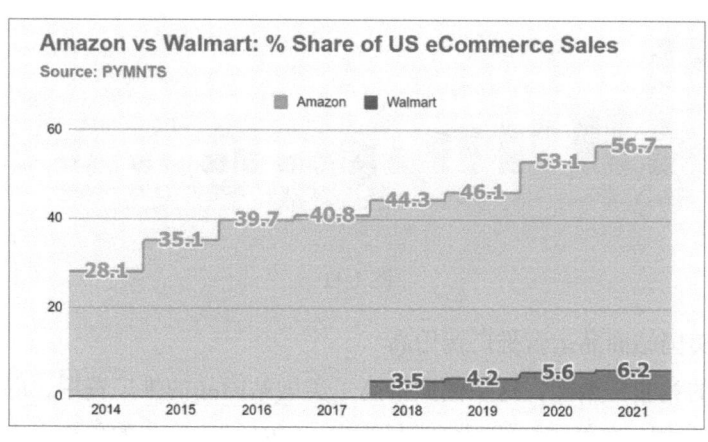

图 1-10

第二，美国站对卖家没有太大语言障碍。

美国站不像日本站那样，需要卖家精通日语，也不像德国站、意大利站和法国站等站点一样，需要卖家精通当地语种。美国站和英国站一样，你只要懂英语就可以了，对于英语普及率较高的中国卖家来说，语言方面的挑战减少了很多。

第三，美国站店铺无须缴税且审核简单。

北美站是所有亚马逊站点中注册流程最为简单的一个站点，而且美国站对中国居民是免税的，只要你是拿着中国的营业执照注册的亚马逊店铺，你在亚马逊美国站售卖商品就是不用缴税的。可能很多卖家在部分订单中也看到了包含一些税收选项，这些税收选项是美国的某些州立法律规定的，而且这些税也是由买家承担的，中国卖家无须承担。

我们再来看一下美国站的劣势。

第一，美国站的竞争比较激烈。

美国站是亚马逊全球所有站点中访问量最大的一个站点（图 1-11），所以美国站是绝大多数亚马逊新卖家进入亚马逊的第一个站点，由此导致的就是美国站的卖家数量也是全球卖家数量最多的一个站点，进入的卖家多，就意味着竞争比较激烈，美国站的很多商品类目现在都是一片"红海"，价格战随处可见。

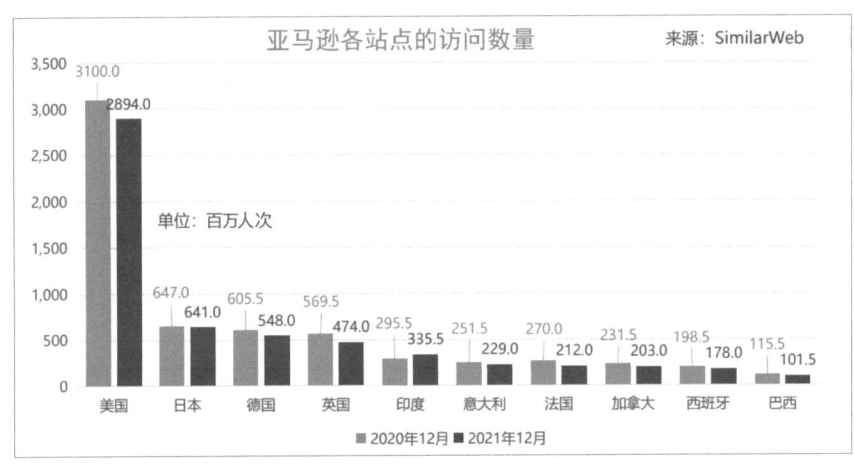

图 1-11

第二，美国站商品运营推广费用高

美国站的竞非常激烈，这从侧面推高了美国站商品的推广费用，以亚马逊站内的 CPC 广告为例，在美国站的很多类目当中，CPC 站内广告的单次点击费用甚至达到了 3 美元以上，有些红海的类目甚至达到了 5 美元以上。我们设想如果某款商品的广告单次点击费用为 2.5 美元，你给这款商品设置了 50 美元的广告预算，那么 20 次点击之后，这个广告预算就会花完（2.5×20=50）。假设这款商品的转化率只有 10%，那么 20 次的点击换来的只有两个订单，这两个订单对应的利润和已经花掉的 50 美元的广告费相比，除非这款商品的利润非常高或者这款商品的单价非常高，否则这个广告活动基本不可能实现盈利。这个小小的例子就是美国站运营推广费用高的外在表现之一。

第三，美国站货运周期长，费用高。

美国距离中国比较远，所以相对于日本站和欧洲站来说，美国站的货运周期会比较长。以发往美国的快船为例，一般开船后 22~30 天才会被签收。即便是到美国的空运派送，也要 10 天左右的时间才能送到亚马逊仓库签收。跟日本站和欧洲站相比，美国站物流的签收时间要长很多，费用也要高出不少。当然，这一点也属于整个北美站（美国站、加拿大站、墨西哥站）的劣势。

## 2. 加拿大站

我们来看一下加拿大站的主要特点。

第一，加拿大站的整体流量较小，同时竞争也不算激烈。

加拿大站的流量有多小？很多加拿大站的卖家直言，之前在加拿大站运营过的某款商品，第一天只卖出了三单，就成了 Best Seller（最畅销商品），在其他站点的同个销量级别是不可能成为 Best Seller 的。

但是同时加拿大站的卖家数量少，竞争也不那么激烈，所以这一点既是优势，也是劣势。

第二，加拿大站的远程配送费比较昂贵。

加拿大站的很多卖家会选择直接发送 FBA 库存到加拿大的亚马逊仓库，但是很多卖家为了上架效率更高，会直接选择北美站站内远程配送。所谓"站内远程配送"，就是把自己的货件存放在美国的亚马逊仓库，然后把美国站的 Listing 同步到加拿大站点，当加拿大有买家下单的时候，再直接从美国站的亚马逊仓库进行远程配送，如图 1-12 所示。

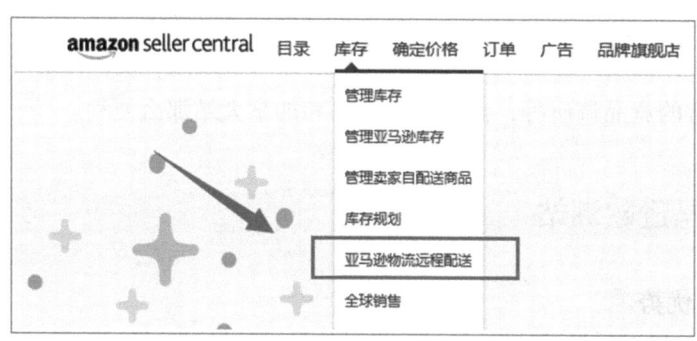

图 1-12

但是这个远程配送有两个问题：第一，它的配送的费用比较贵。第二，远程配送一旦产生了退货问题，处理起来也是比较麻烦的。

第三，加拿大站的跟卖现象严重。

现在最为有效的防跟卖方式就是利用后台的品牌备案去进行知识产权投诉，但是加拿大站的卖家注册加拿大本地商标的比例是比较低的。所以当这些没有品牌保护的店铺遭遇跟卖，特别是一些跨站点跟卖的时候，卖家通常是比较难处理的，即便投诉到亚马逊官方那里，也基本得不到满意的答复，这也是加拿大站被国内卖家诟病最多的地方。

## 3. 墨西哥站

北美站的一般卖家都会选择从美国站开始，还有一小部分卖家会选择同时运营美国站和加拿大站，选择墨西哥站的卖家是最少的。

我们来看一下墨西哥站的特点。

第一，墨西哥站的税务问题较为复杂。

亚马逊卖家在墨西哥必须注册 RFC 税号，如果你没有注册这个税号的话，销售商品时要缴纳 36% 的税费。如果你有税号的话，也要缴纳 0.4%～5.4% 的阶梯税费，这对于本就利润不高的墨西哥卖家来说，是一笔不小的运营开支。

第二，墨西哥站的退货率非常高。

墨西哥站的平均退货率远超美国站和加拿大站，很多墨西哥站的卖家反馈，墨西哥买家退货的理由五花八门，而亚马逊"无理由退货"的政策也让墨西哥站滋生了很多"退货党"，这对运营高单价商品的卖家尤其不利。

第三，墨西哥站点的语言障碍。

墨西哥的官方语言是西班牙语，亚马逊墨西哥站点的官方用语也是西班牙语，所以如果你不懂西班牙语的话，会给商品运营带来很大的不便，无论是 Listing 的编辑，还是日常的竞品调研等，都没有美国站和加拿大站那么便利。

## 1.2.2 亚马逊欧洲站

### 1. 欧洲站的优势

第一，欧洲站的竞争相对缓和。

竞争缓和是相对美国站来说的。欧洲站的站点比较分散，你可以选择其中的某个站点开始自己的店铺运营，众多的欧洲站点让欧洲站整体的卖家数量分散开来，所以欧洲站每个站点的竞争程度相对北美站来说缓和一点。

第二，欧洲站的物流选择较为多样。

因为欧洲跟中国同处欧亚大陆，所以不但欧洲站物流速度要快于北美站，而且欧洲站的物流选择也多种多样，到欧洲的运输方式不但有海运、空运，还有铁路运输，铁路运输对在欧洲运营大件商品的卖家来说，可以节省很多的头程运费。

第三，欧洲站的商品推广成本比美国站低。

欧洲站因为站点比较分散，加上卖家的数量比美国站少，所以不管是亚马逊站内的 CPC 广告，还是站外的各种红人推广，其推广活动的花费都要远远低于美国站。

## 2. 欧洲站的劣势

第一，欧洲各站点的语言障碍。

亚马逊欧洲站有多个站点，这些站点对应的国家，除了英国是说英语的国家之外，其他国家都有自己的本土语言。比方说如果你想入驻德国站，那你就要精通德语，想入驻法国站，你就要精通法语。

很多人可能会认为，自己可以用后台的Listing一键上传功能来共享其他站点的Listing，这句话没错，但是很多的Listing在进行异站点共享时，会涉及一些比较专业的词汇或者当地的一些俚语，这个时候同步过去的Listing内容可能就不太准确，所以如果你精通当地语言，可以大大提升你的运营效率，反之就会拖累你的运营。

第二，欧洲站的FBA模式相对复杂。

欧洲站有多个国家站点，在英国脱欧之前，欧洲站主要有两种FBA发货方式。

第一种方式是"泛欧计划"，在"泛欧计划"中，你在欧洲站中的某几个国家站点上传商品之后，亚马逊会自动把你的商品分配到这些国家站点的FBA配送中心，"泛欧计划"需要你在每个有FBA库存的国家都注册VAT并报税。

第二种方式是EFN，也就是我们所说的欧洲配送网络。欧洲配送网络只需要你将商品存放在欧洲多个站点中的某一个国家的FBA仓库即可，当有其他国家的买家下单时，你可以直接从这个国家的FBA仓库发货到其他欧洲站点。

但是现在英国已经脱欧了，英国的脱欧让欧洲的FBA模式变得更加复杂，英国站现在需要卖家单独发送FBA商品进行运营，其他站点还是可以继续使用上面的两种方法的。所以欧洲站的FBA模式相对于美国站来说是有一定的复杂性的。

第三，欧洲站的税务负担重。

欧洲站的卖家是要缴纳注册费和VAT增值税的，不管是自己注册税号还是找服务商代理报税，都会有一笔不小的开支，这就让卖家的运营成本相对于美国站来说增加了不少。

第四，欧洲站的商标构成复杂。

之前卖家在欧洲站运营，只要注册欧盟的商标即可，但是在英国脱欧之后，欧盟的商标就不能在英国使用，所以如果你既是英国站卖家，又是欧洲其他站点卖家的话，要想拥有店铺的完整品牌功能，那么你既要注册英国的商标，又要注册欧盟的商标，商标构成相对复杂。

### 1.2.3 亚马逊日本站

**1. 日本站的优势**

第一，日本站的访问量居第二位。

在亚马逊全球的各个国家站点中，日本站的访问量仅次于美国站，排在全球站点第二位，如图1-13所示。

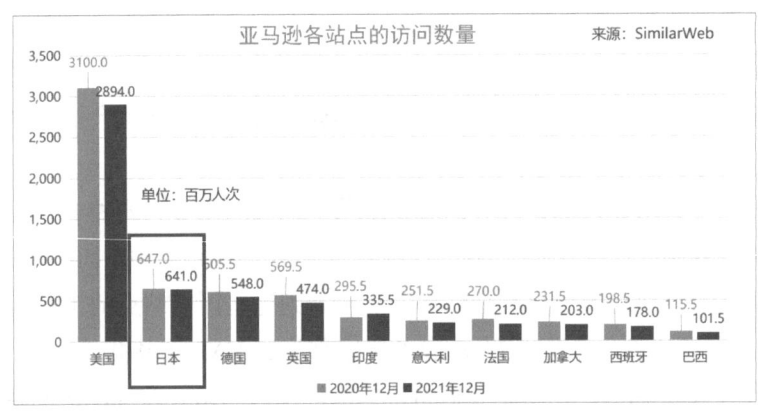

图 1-13

第二，日本站的物流用时较短。

这主要得益于日本和中国的距离比较近，无论是海运、空运，还是其他的运输方式，货件的运输时间相对于美欧站点都是比较短的。

**2. 日本站的劣势**

第一，日本站有语言障碍。

在中国，日语的普及率比较低，很多日本站的卖家基本都是用一些翻译软件去翻译自己的Listing，但是翻译软件对很多Listing内容的翻译是不准确的，所以语言成为制约中国卖家开拓日本站的主要因素。如图1-14所示，在亚马逊全球各主要站点的中国卖家占比中，日本站是中国卖家占比最低的一个亚马逊站点，语言障碍就是重要原因。

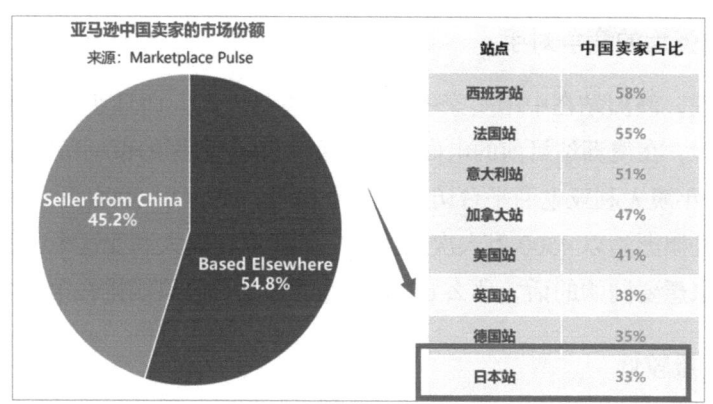

图 1-14

第二，日本站的商品差评率较高。

很多商品在美国站的评分有 4.5 星以上，但是同样的商品放在日本站，评分只有 3.5 星，甚至不足 3 星。日本站的买家对商品非常挑剔，很多在美国不构成问题的一些商品特点，在亚马逊日本站，都可能为你的商品招致差评。

第三，日本站税费较高且计算复杂。

日本的关税一般分为三部分：关税、消费税、地方消费增值税。

日本站大部分商品类目收取 2%的关税和 7.8%的消费税，部分类目还有其他的税率等级。日本站的税费计算非常复杂，日本海关现在对进口商品实行的是逆算法，也就是日本海关会用这款商品在亚马逊日本站的真实售价，减去 FBA 配送费、销售佣金等一些运营成本，去倒推商品的实际价格。然后通过这个实际价格，计算应该申报的货件价值，所以想在日本站进行货件的低价值申报的话，是比较困难的。

第四，亚马逊在日本有强大的竞争对手。

在日本的电商市场，不仅仅有亚马逊平台，还有乐天和雅虎，后面二者在日本是非常强势的。很多日本卖家在进行商品的采购时，都会先到乐天、雅虎平台上进行比价，比价之后才会选择在哪个平台进行最终的下单。所以有时候当乐天和雅虎进行大幅促销的时候，亚马逊日本站的销售就会变得很惨淡。

## 1.2.4 亚马逊澳洲站

澳洲是大洋洲的旧称，但亚马逊澳洲站指的其实是亚马逊澳大利亚站，它是亚马逊 2017 年才新开的站点，有两个显著的特点。

### 1. 澳洲站有强大的竞争对手

目前来说，澳洲站在中国卖家中的普及率不是太高，而且亚马逊进入澳大利亚的时间比较短，在澳洲站目前的电商市场里面，eBay 占据的市场份额较高。Disfold 公布的 2021 年澳大利亚电商平台访问量前十名中，eBay 以 7000 万人次访问量排名第一，亚马逊澳洲站以 4500 万人次屈居第二，所以在澳大利亚这个电商市场里边，如果一个买家想要网购的话，那么 eBay 是首选，亚马逊只能排在第二名的位置。

### 2. 澳洲站流量较低

澳大利亚的人口不多，澳洲站也属于亚马逊的"冷门站点"，很多商品在澳洲站卖三五单，就很有可能成为类目的 Best Seller。而且最为重要的是，当需要一些数据来支持自己的选品分析时，你会发现目前市面上绝大部分数据软件都不支持澳洲站的数据展示，这也给澳洲站卖家的选品和运营分析带来了一定的困扰，因为没有数据来源，所以你在澳洲站选品的时候往往就只能靠一些灵感或者经验。

可见，澳洲站只能作为大家的附带站点，而不适合作为主站点进行运营。

## 1.2.5 亚马逊新加坡站

### 1. 新加坡站网购基数小

很多人都知道新加坡是世界上最富裕的国家之一，而且互联网的普及率也很高。但是新加坡的人口却非常少，其人口比加拿大人口还要少很多，所以新加坡的网购基数是很小的，网购基数小，往往就代表着流量不足。

### 2. 国内到新加坡的物流路线不多

到目前为止，新加坡头程的服务商数量还不是很多，而且模式也不成熟，它不像欧洲站、美国站和日本站一样，有丰富且成熟的物流体系。物流体系少且不成熟，就意味着想要使用 FBA 模式发到新加坡站点，往往也要花费更多的物流费用。

### 3. 亚马逊在东南亚有强劲的竞争对手

在整个东南亚，Shopee 和 Lazada 进入新加坡电商市场的时间较早，亚马逊新加坡站作为后来的电商平台，在新加坡还有很长的路要走，目前实力还不能与 Shopee

和 Lazada 相抗衡。

## 1.2.6 亚马逊印度站

印度站的特点非常明显。

### 1. 印度站的退货率很高

众所周知,印度站的退货率是很高的,特别是服装和电子商品类目,有的卖家会反映退货率高达 50%以上,其他铺货商品类目的平均退货率也在 20%到 35%之间。退货率是会影响运营成本的,退货率如果过高,那么势必会吞噬你的利润。

### 2. 印度站的入驻门槛非常高,审核比较严格

根据亚马逊官方目前的规定,亚马逊印度站必须有挂靠的印度公司才可以入驻。这个挂靠的印度公司可以是印度人独资的,也可以是中国人跟印度人合资的。目前单独用国内公司营业执照无法开通印度站。

### 3. 印度站的商品认证较为复杂

印度站跟欧洲站类似,欧洲站有 CE 的强制性认证,印度站也有 BIS、WPC 和 ADC3 等商品认证,不同的商品需要不同的认证标准,这些当地独特的商品认证体系对新卖家来说会比较复杂。

### 4. 海关查验比较频繁,进口的税率高

跨境物流的配送时效是保证商品不断货的核心要素之一。当你遇到海关查验的时候,这个查验的时间短则三五天,长则十几天,就会造成运营节奏的中断。印度海关对货物的查验比较频繁,所以新卖家不宜从印度站开始亚马逊之旅。

## 1.3 亚马逊开店要准备多少资金

### 1.3.1 亚马逊开店的基础费用

亚马逊开店的基础费用,就是指当你把店铺注册好以后、正式上线运营第一款

商品之前，你要付出哪些基础性的开店费用。这些费用不包括后期进行商品推广所需投入的运营性开支。

这里的基础费用分为五个部分。

## 1. 注册公司的费用

对于这一条，很多人可能会有疑问：在我国注册公司不是免费的吗？

是的，在我国注册公司是不收费的，只要带上你的注册资料去工商局进行登记注册就可以了。这里所说的"注册公司的费用"，主要包括两个部分。

第一部分是你雇用财务人员为注册好的新公司每月按时进行记账报税的费用，如果你没有为公司按时记账和申报纳税的话，你的公司会被税务局列入异常经营名录，进而也可能会影响你的亚马逊店铺的安全，所以按时为公司记账报税的费用一定不能省。

第二部分是地址挂靠的钱。目前中国对于以个人住宅性质的住房注册公司设置了一定的门槛，当你用个人住宅地址去进行登记注册时，工商局根据相关法律法规会要求你取得你所住楼栋 2/3 以上居民的签字同意，然后才会允许你使用该住宅性质的住址作为公司的经营地址进行注册，所以很多新卖家就会选择地址挂靠（也叫集群注册）的方式进行新公司的登记注册，这个费用也不贵，市场价大概是一个月一百元，不同的城市可能也有不同的标准。当然，如果你不需要地址挂靠服务，这个费用就不存在。

## 2. 店铺的月租金

月租金主要取决于你选择的销售计划，在亚马逊店铺的注册过程中，有两种销售计划可以选择，一种是个人销售计划，一种是专业销售计划，两种不同的销售计划对于店铺月租金的规定是不一样的。

美国站专业销售计划店铺每个月要支付 39.99 美元的月租金，而个人销售计划店铺没有月租金，但是你每销售一件商品出去时，你需要支付 0.99 美元的按件收费的费用。很多新卖家误认为个人销售计划不需要缴纳商品销售佣金，这是不对的，佣金是两种销售计划都必须要缴纳给亚马逊平台的费用。

## 3. 首批商品的备货费用

亚马逊上有两种销售的模式。一种是 FBM（自发货）模式，卖家无须提前将商品配送到亚马逊在各个国家站点的仓库，当商品产生销售时，卖家再直接从国内把商品配送到国外买家的手中，这种我们称之为自发货模式，其全称为 Fulfillment by Merchant，也就是卖家自己进行配送。另外一种是 FBA 模式，卖家需要先把商品库存提前配送到亚马逊在各个国家站点的 FBA 仓库，当商品产生销售时，亚马逊的客服和仓库工作人员会为卖家做商品的出库、分拣、配送、售后服务等一系列工作，这种模式我们称之为 FBA，其全称为 Fulfillment by Amazon，也叫作亚马逊配送。

这两种销售模式背后所承担的资金压力是完全不同的，在 FBA 模式下，卖家要先把货物运送到美国、欧洲或其他站点的 FBA 仓库，然后才可以进行下一步的商品推广和销售，这个时候卖家要承担多批货件的资金压力、头程运输费的压力、工厂提前订货的资金压力等。如果是 FBM 模式的话，卖家就不需要把货物提前运送到全球各个站点的亚马逊 FBA 仓库，当有买家下单的时候，再从国内直接进行商品的配送即可。

但是很多事物都是双刃剑，采用 FBM 模式虽然不用承担一些资金风险，但是 FBM 模式的弊端也很大。举个例子，现在亚马逊正在大力推荐自己的 FBA 配送服务，所以就会把平台的一些流量额外地倾斜到使用 FBA 服务的商品上面，如果你使用的是 FBM 模式，那么在新品上线之后，你会发现在流量、曝光量等各个方面，FBM 商品跟 FBA 商品相比会存在先天性不足。而且 FBA 模式下的到货时间比较快，这一点也会对买家的购买抉择产生很大影响，很多 FBM 商品就是因为到货时间的问题导致转化率不高。

对于首批备货的费用，卖家要根据自己的选品思路，先确定好自己将要运营的商品，再根据自己调研的类目销量等数据去确认首批备货数量，用首批备货数量去乘以自己的采购价格，就可以得到这部分的费用。卖家可以根据自己的预算去选择不同价格区间的商品。

笔者对于这部分的建议是：新卖家在刚刚起步时一定要谨慎选择高单价的商品。

比方说图 1-15 所示的猫爬架，这是宠物类目比较火爆的商品，这款商品在亚马逊美国站的售价是 109.99 美元，我们在 1688 网站上进行商品供货信息查询，这种类型的猫爬架的进货的价格是 400 元人民币左右，如图 1-16 所示。

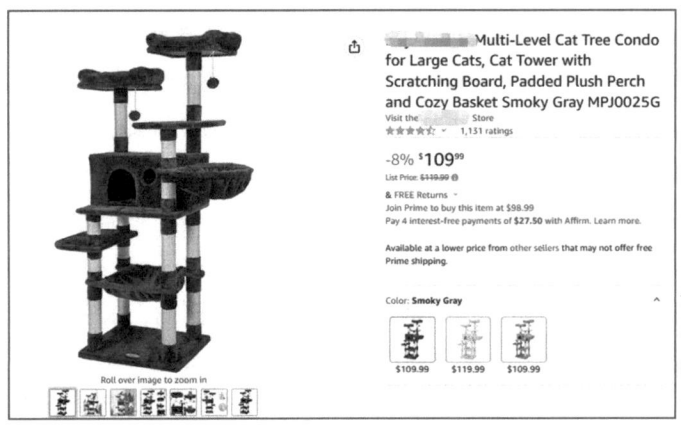

图 1-15

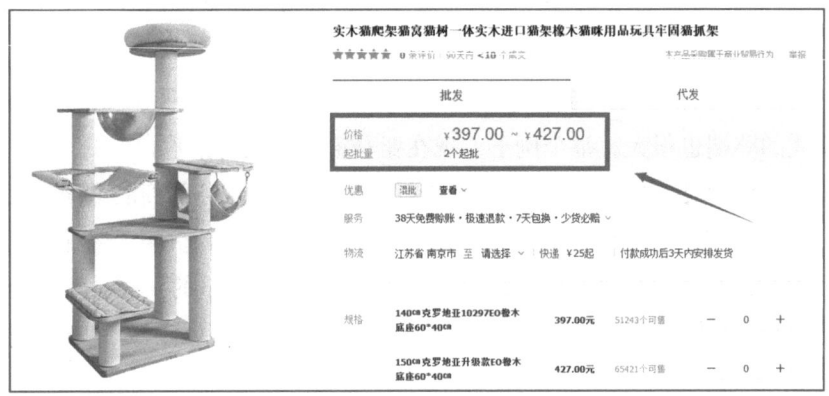

图 1-16

如果新手起步选择的是这种高价值商品的话,商品运营的风险其实是很大的,因为现在亚马逊的竞争非常激烈,大部分新卖家前几款商品运营成功的概率是非常低的,如果一上来选择的就是高价商品,前期投入的资金是非常大的,投入风险很大而成功概率又很低,所以新手选择高价商品就是非常不明智的选择。等有了一定的亚马逊运营经验之后,再去运营一些高价商品,这样才是风险较低的选品方式。

### 4. 国内的物流费用

在国内网购过的买家都清楚,现在国内的电商平台基本上都是包邮的,但是跟国内传统电商不同的是,跨境卖家采购货物的网站,基本都是不包邮的,比如1688上的供应商90%以上都是不包邮的(采购量大的可以找卖家具体商谈),所以当你在1688上订了一批货物时,你不但要支付采购货物的费用,还要支付这个货物从工厂运送到你家或者你指定地点的国内物流费用。

物流费能省就省，因为很多卖家反映，他们之所以选择把货物从工厂寄到自己家里，是因为对商品进行二次包装或二次搭配，然后还要自己去贴亚马逊所要求的各种大小标签，所以才会选择把货件从工厂寄到自己家，把商品二次处理完以后，再从自己家寄到头程服务商的仓库等待出海。这种操作模式增加了一道国内运输的环节，多一道运输环节，无疑就多了一道费用。建议大家在筛选供应商的时候，去选择那种可以提供免费包装和免费贴标服务的供应商，当供应商处理好货件出厂前的一系列准备工作的时候，这批货件就可以直接从工厂发到指定的头程服务商的仓库，这样就可以节省一道国内运输的费用。

**5. 头程的运输费用**

目前头程运输的渠道有很多，以美国站为例，有船运（美森快船、盐田慢船），有空运，还有国际快递，这些不同的运输方式，运输时间跟价格大致成反比，以船运为例，它的运输时间是最长的，但是它的价格是最低的，国际快递则相反，它的运输时间是最短的，可能几天就到了，但是它的价格是最高的。所以卖家要根据自己的商品运营节奏和商品物理形态，去选择适合自己商品的头程运输方式。

基于以上五点，你就可以把亚马逊店铺开起来，把你的首批商品在亚马逊后台进行上传。但是，在目前竞争激烈的前提下，仅仅把商品上传到亚马逊后台而不进行其他的运营推广，是很难产生自然销售的，我们想要把商品顺利卖出去，还要有必要的运营投入。

## 1.3.2　亚马逊开店的必备运营开支

必备运营开支的第一项，就是亚马逊的 FBA 物流配送费，该费用所覆盖的就是亚马逊仓库人员帮你进行库存分拣、配送、出仓、售前售后客服等所收取的费用，在买家付款以后，亚马逊就会按照每件商品的标准来进行收取。如果某个买家同时买了你两件商品的话，这项费用也是要收取两次的。

这项费用是按照尺寸和重量两个标准来收取的，如表 1-1 所示，亚马逊把所有商品按照尺寸和重量进行了分段，你的商品符合哪个分段的标准，就要支付哪个分段相应的 FBA 配送费用。

表 1-1

| 商品类型 | 尺寸分段 | 发货重量 | 每件商品的配送费用 | 附加费 | 配送费用（含附加费） |
|---|---|---|---|---|---|
| 大多数商品（非危险品，非服装） | 小号标准尺寸 | 不超过 6 盎司 | 2.92 美元 | 0.15 美元 | 3.07 美元 |
| | | 6~12 盎司（不含 6 盎司） | 3.07 美元 | 0.15 美元 | 3.22 美元 |
| | | 12~16 盎司（不含 12 盎司） | 3.59 美元 | 0.18 美元 | 3.77 美元 |
| | 大号标准尺寸 | 不超过 6 盎司 | 3.54 美元 | 0.18 美元 | 3.72 美元 |
| | | 6~12 盎司（不含 6 盎司） | 3.77 美元 | 0.19 美元 | 3.96 美元 |
| | | 12~16 盎司（不含 12 盎司） | 4.52 美元 | 0.23 美元 | 4.75 美元 |
| | | 1~2 磅（不含 1 磅） | 5.14 美元 | 0.26 美元 | 5.40 美元 |
| | | 2~3 磅（不含 2 磅） | 5.79 美元 | 0.29 美元 | 6.08 美元 |
| | | 3~20 磅（不含 3 磅） | 6.13 美元+0.30 美元/磅（超出首重 3 磅的部分） | 0.31 美元+0.02 美元/磅（超出首重 3 磅的部分） | 6.44 美元+0.32 美元/磅（超出首重 3 磅的部分） |

（注：1 盎司=28.3495 克，1 磅=0.4536 千克）

必备运营开支的第二项，就是月度仓储费，亚马逊会根据你的货件在 FBA 仓库中所占用的空间来收取月度库存仓储费。该费用标准有三个决定性因素：货件的尺寸、一年中的不同时间（旺季淡季的费率不同）、商品的属性（是否属于危险品）。

费用的具体收取时间是在每个月的 7—15 日，卖家账户会自动被扣除上个月的月度仓储费，具体的费率标准如表 1-2 所示。

表 1-2

| 非危险品 | | |
|---|---|---|
| 月份 | 标准商品 | 大件商品 |
| 1月—9月 | 0.83 美元/立方英尺 | 0.53 美元/立方英尺 |
| 10月—12月 | 2.40 美元/立方英尺 | 1.20 美元/立方英尺 |
| 危险品 | | |
| 月份 | 标准商品 | 大件商品 |
| 1月—9月 | 0.99 美元/立方英尺 | 0.78 美元/立方英尺 |
| 10月—12月 | 3.63 美元/立方英尺 | 2.43 美元/立方英尺 |

（注：1 立方英尺=28.3168 立方分米）

必备运营开支的第三项，就是商品的销售佣金。

虽然亚马逊在平台上也有自己的商品，但是亚马逊归根结底还是一个电商平台，不管你选择的是什么形式的销售计划，都必须按照类目的标准给亚马逊缴纳一定比例的商品销售佣金，佣金的具体费率如表 1-3 所示。

佣金不是按照标明的售价收取的，而是根据买家实付的商品销售金额收取的，举个例子，假如你某款商品在亚马逊上售价是 100 美元，但是你今天做了个五折的促销活动，最后你只收了买家 50 美元，那么这个佣金就是按照 50 美元乘以佣金百分比的标准来进行收取的。

表 1-3

| 分 类 | 销售佣金百分比 | 适用的最低销售佣金（除非另有规定，否则均按件收取费用） |
|---|---|---|
| 家居及厨房用品 | 15% | 0.30 美元 |
| 珠宝首饰 | 对于总售价中不超过 250.00 美元的部分，收取 20%；对于总销售价格中超过 250.00 美元的部分，收取 5% | 0.30 美元 |
| 草坪和花园 | 15% | 0.30 美元 |
| 割草机和除雪机 | 对于总售价中不超过 500.00 美元的部分，收取 15%；对于总销售价格中超过 500.00 美元的部分，收取 8% | 0.30 美元 |
| 床垫 | 15% | 0.30 美元 |
| 媒介类商品（图书、DVD、视频等） | 15% | - |
| 乐器和影音制作 | 15% | 0.30 美元 |
| 办公用品 | 15% | 0.30 美元 |
| 宠物用品 | 15%，但处方饲粮为 22% | 0.30 美元 |
| 运动户外用品 | 15% | 0.30 美元 |

必备运营开支的第四项，是超量仓储费和长期仓储费。

大家需要记住的是，前面虽然说是"必备运营开支"，但其实这两项费用并不是所有卖家都要支付的，只有超过一定的标准才会被收取这两项费用。

只有当店铺的库存容量超过亚马逊规定的最大库存时，才需要缴纳超量仓储费。当某一批 FBA 的库存在亚马逊的 FBA 仓库存放超过 365 天的时候，亚马逊才会收取长期仓储费。亚马逊会在每个月的 15 日使用库存快照去评估每批库存的库龄情况，所有库存会按照"先进先出"的原则来计算库龄。在平时的运营过程中，如果运营手法得当，这两项费用是完全可以避免的。

必备运营开支的第五项，就是商品的推广费用。

现在亚马逊平台上的竞争非常激烈，把选择好的商品上传到亚马逊的平台是非常简单的，但是如果想把选好的商品成功销售出去，没有一定的推广手段是非常困难的，这些推广手段以付费手段为主，推广的方向主要是（亚马逊）站内方向和（亚马逊）站外方向。站内方向的推广一般指的是 CPC 广告、站内秒杀、Vine 计划、BD 促销、Coupons（优惠券）等，站外方向的推广一般指的是商品测评、站外 Deals 促销、红人促销等。

商品的推广费用是没有具体的标准的，不同的卖家、不同的商品、不同的运营阶段，都会有不同的运营开支水平，这要根据卖家自己的预算情况和商品情况进行确定。

以上就是在亚马逊注册店铺和运营商品所需要的全部开支项（一些非必要开支未在此列出），当你确定好自己的商品并确定好头程运输方式、推广计划、商品类目等因素以后，就可以按照上述开支项计算出详细的费用情况了。

# 第 2 章

# 快速开启你的亚马逊之路

## 2.1 亚马逊店铺注册"避坑"指南

这一章我们主要讲解注册亚马逊店铺的详细流程,在讲详细注册流程之前,先讲一下亚马逊店铺注册过程中一些常见的"踩坑"事项,这样就可以让大家避免因为个人的一些低级失误或者准备不足,而白白浪费一套店铺注册资料。

### 2.1.1 两种店铺注册方式的比较

注册亚马逊店铺有两种方式,第一种就是找亚马逊官方的招商经理申请注册链接,然后通过招商经理下发的注册链接进行店铺的注册,这就是招商经理店铺注册的渠道,也是绝大部分新卖家选择的店铺注册方式。

除此之外,如果你不想通过亚马逊招商经理申请注册链接,或者你手里目前没有招商经理的资源,你也可以在亚马逊全球开店的官网上直接进行店铺的申请,如图2-1所示。这就是我们说的自注册的方式,这种方式也是可以注册亚马逊店铺的。

那么这两种注册方式又有什么区别呢?

最重要的区别就是店铺遭遇审核的概率不同。

在运营实践中我们发现,通过亚马逊招商经理下发的注册链接注册的店铺,在店铺注册完毕后遇到审核的概率明显要低于通过自注册方式注册的店铺。由于亚马逊官方的招商经理在注册过程中起到了资料预审的作用,所以该渠道注册店铺的可信度,比自注册的店铺要高一些。

图 2-1

两种注册方式的第二个区别就是有无招商经理的运营扶持。

## 第 2 章　快速开启你的亚马逊之路

通过招商经理注册的店铺，可以享受亚马逊招商经理一年的免费扶持期，所谓"扶持期"，就是卖家可以向自己申请注册链接的招商经理申请一些额外的促销资源或者其他帮助，相比之下，自注册的卖家，就没有相应的招商经理进行对接，所以也就没有这种"点对点"的扶持机会。

就目前来讲，上述两种注册店铺的方式都是可以的，如果你手里有亚马逊招商经理的资源，最好还是通过亚马逊招商经理来进行店铺的注册。

### 2.1.2　店铺注册前的三个注意事项

在注册亚马逊店铺之前，有三个注意事项必须要了解，这里拿出来给大家专门讲解一下，避免大家的店铺注册流程因此而中断。

注意事项一：注册过程中断后的浏览器缓存清理。

在店铺注册过程中，如果因为各种原因导致注册过程出现了暂时中断的情形，那么当你再回来登录原先的注册页面时，可能发现注册页面会显示"无法登录"或者"账户不存在"，这种情形大部分是浏览器缓存导致的，只要清理一下浏览器的缓存信息，这个问题就可以迎刃而解。

注意事项二：注册店铺时的网络环境一定要保持稳定。

这种情形常见于一些使用 VPN 或者 VPS 软件的电脑，当你用装有这些工具的电脑进行店铺申请时，你的网络环境往往会因为这些正在运行的软件而产生 IP 地址不稳定的情形，这个时候亚马逊通过系统的监测可能会中断你的注册流程，所以大家在店铺注册的过程中一定要保持网络环境的稳定，避免在注册过程中同时使用 VPN 或者 VPS 等工具。

注意事项三：所有的注册填空项一定要按照亚马逊官方的书写要求来进行填写。

在亚马逊的店铺注册中，有些空要求用汉语拼音填写，有些则要求用英语填写，大家在录入注册资料时一定要看清楚每个空的详细要求，之前就出现过多起卖家因为录入方式的错误导致店铺审核不过关的情形，这一点大家一定要谨记。

## 2.2　亚马逊店铺注册的详细步骤

注册亚马逊店铺的详细流程如下。

（1）点击亚马逊招商经理发送的注册链接，或者在亚马逊全球开店的官网上点击"我要开店"按钮，就可以看到亚马逊店铺的申请页面，如图 2-2 所示，然后单击页面下方的"Create your Amazon account"按钮，直接进入店铺的注册页面，如图 2-3 所示。

图 2-2

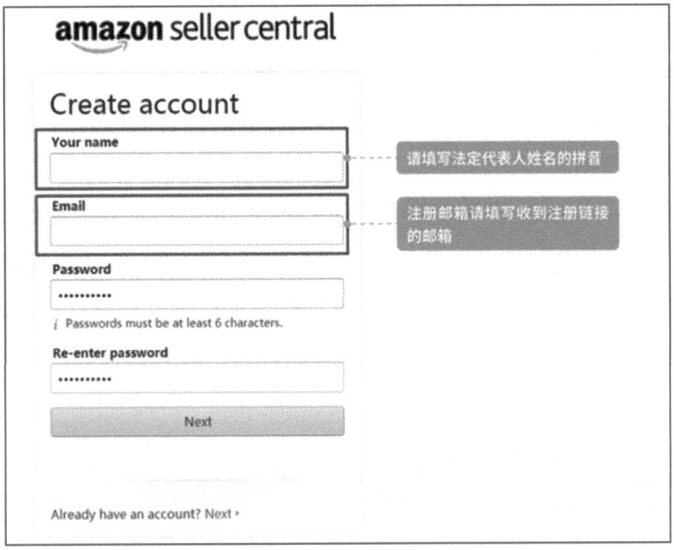

图 2-3

Your name：这里要填写法定代表人姓名的拼音（全拼）。

Email：填写邮箱，这个邮箱非常重要，它是日后登录卖家账户和接收亚马逊官方邮件的主要渠道，最好是注册一个专门的邮箱进行卖家账户申请。

这个邮箱大家要注意，如果你是通过招商经理申请的店铺注册链接来进行店铺注册的，那么这里所填写的邮箱一定要是你当初找招商经理申请注册链接的那个邮箱，在店铺注册的这个阶段千万不要临时去更换邮箱，很多卖家就是因为在这里临时更换了邮箱，最后导致了店铺注册的失败。

Password 和 Re-enter password：对卖家账户进行密码的设定和确认，密码位数必须大于6位。

在设置注册邮箱的名称时，有必要将眼光放得长远一点，即将自己的邮箱名称设置为自己的品牌名称，这样在今后的客服工作和其他推广中会加深买家对品牌的印象，给买家一种专业的感觉，并会对商品品牌的推广起到一定的促进作用。

（2）输入两遍密码之后，单击"Next"（下一步）按钮，即可进入正式的申请阶段，如图2-4所示。

图 2-4

这一步就是验证你输入的邮箱的真实性，你刚刚填入的邮箱会收到亚马逊官方发来的一封带有验证码的邮件，点开邮件并把验证码输入到上方的"Enter OTP"文本框里面，点击"Create your Amazon account"按钮。

这里大家要注意，如果你的邮箱暂时没有收到那个验证码，千万不要频繁去点击这个"Resend OTP"按钮，如果你未收到这个验证码，过两三分钟或者三五分钟再申请发送即可，这样成功接收验证码的概率比频繁点击要高一点。

（3）这一步主要填写 Legal name（法定名称）和确认卖家协议，如图 2-5 所示。

图 2-5

这个 Legal name 文本框中填入的必须是营业执照上显示的公司名称，用汉语拼音的全拼来进行填写即可，不需要翻译成英文，拼音之间也不需要空格，直接全部录入。

录入公司名称之后再勾选下面的复选框，即同意卖家协议，单击"Next"按钮。

（4）这一步主要填写公司的基本信息，如图 2-6 所示。

Business address：填写营业执照注册地址的拼音全称。"Address Line 1"中填写具体的地址信息，"Address Line 1"中写不下的，可以继续在"Address Line 2"中填写，这里的地址要和营业执照上的地址完全一致。"City/Town"中填写城市的名称，"State/Region/Province"中填写省份的名称，国家改为"China"（中国），"ZIP/Postal code"按照实际的邮编填写。

Choose your unique business display name：填写店铺的名字，这一步很重要，因为这个名字会显示在商品 Listing 中。这个名字不需要和营业执照或个人名字一致，但要注意不能侵权。在填入名字后，系统会自动筛选出不合规范的名字。

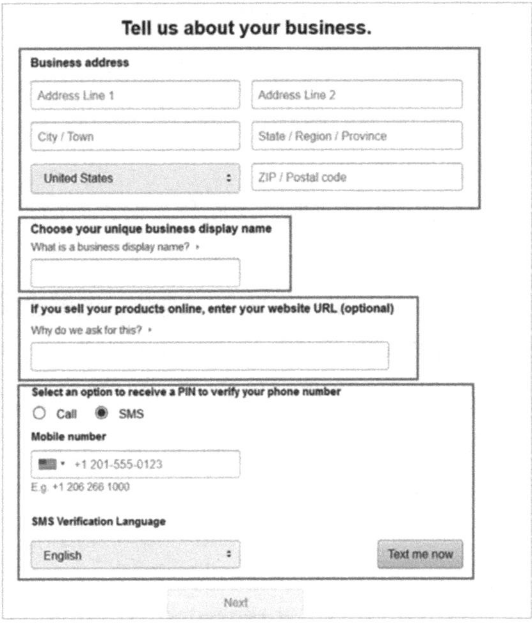

第 2 章　快速开启你的亚马逊之路

图 2-6

If you sell your products online, enter your website URL(optional)：这一项是选填的，可以直接略过，没有实质性影响。

Select an option to receive a PIN to verify your phone number：选择接收验证码的方式，"Call"为电话验证，"SMS"为短信验证，二者的效果是一样的，选择哪一种都可以。填写完毕后，单击"Next"按钮。

（5）这一步填写信用卡的信息，如图 2-7 所示。

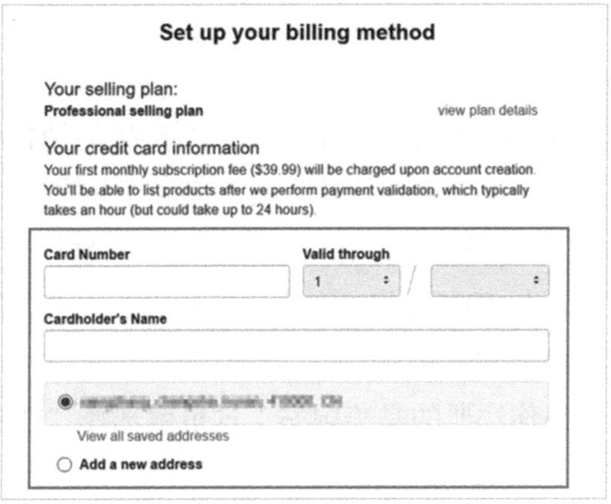

图 2-7

这里的信用卡必须是带有"VISA"或"MasterCard"标识的信用卡，只有这样的信用卡才可以用外币进行结算，只带有"银联"标识的信用卡是无法用于注册亚马逊店铺的。

Card Number：填写信用卡卡号。

Valid through：填写信用卡的有效期，前面是月份，后面是年份。

Cardholder's Name：填写持卡人姓名的全拼。

最后一步的信用卡地址要填写信用卡账单的地址，这里建议大家最好是先到自己信用卡的开户行或者信用卡 APP 上查询一下具体的账单地址再填写，有些卖家就是因为这个账单地址填写不准确导致后面的店铺审核没有过关。

填写完这一步，单击"Next"按钮。

（6）这一步填写存款方式，如图 2-8 所示。

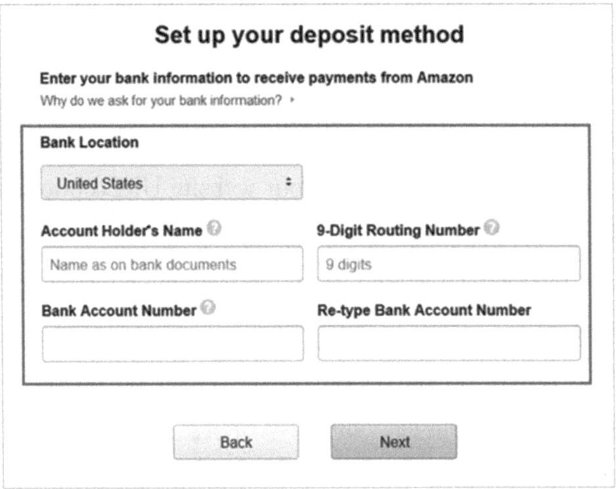

图 2-8

所谓的存款方式，是指卖家在亚马逊平台上所产生的销售收入将以什么样的方式转到卖家手中。这里有几种主要的收款方式，有第三方的收款平台，如 PingPong、Payoneer、World First、连连支付等，也有亚马逊自己的收款平台可以选择，不管选择哪种收款方式，在注册卖家账户前，卖家都应该首先将收款账户申请完毕，然后将申请到的收款账户信息填到这里。

Bank Location：如果你注册的是美国站，这里就选择"United States"（美国），其他站点按站点的实际情况选择即可。

Account Holder's Name：填写在收款平台申请账户时所用的名称，这里的名称最好和卖家账户的名称一致。

9-Digit Routing Number：填写 9 位数的收款路径账户，在相应的收款平台申请账户后，登录该收款平台官网，在后台可以查询到相应信息。

Bank Account Number：填写银行账户，这个银行账户不是卖家在国内的银行账户，而是卖家选择的收款平台为卖家在亚马逊站点开的银行账户，在收款平台的后台也可以查询到。

Re-type Bank Account Number：再将银行账户输入一遍。

填写完毕，单击"Next"按钮。

（7）这一步填写商品信息，可以选择"Skip for now"（跳过），也可以按照卖家的实际情况填写，如图 2-9 所示。

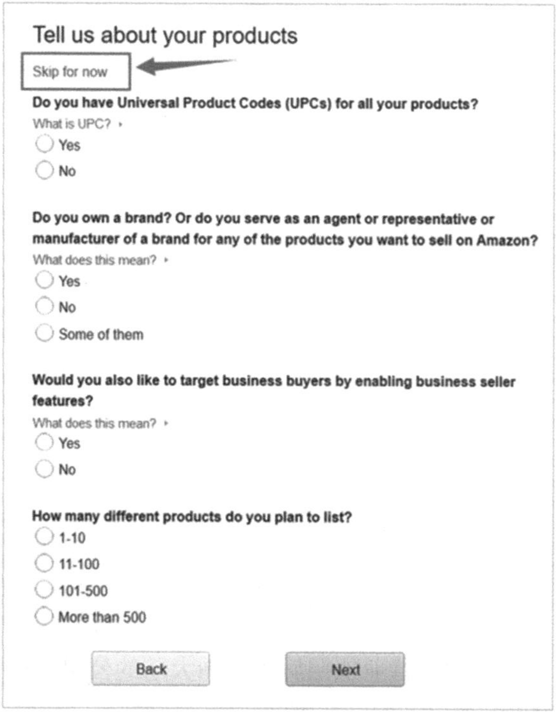

图 2-9

填写完毕，单击"Next"按钮。

（8）这一步填写主营商品类目，可以选择"Skip for now"（跳过），也可以按照卖家的实际情况填写，如图 2-10 所示。

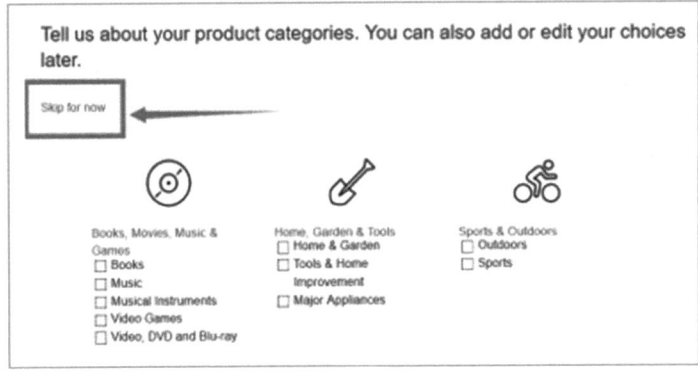

图 2-10

填写完毕,单击"Next"按钮。

(9)这一步是确认身份,如图 2-11 所示。

图 2-11

如果你注册店铺所使用的营业执照属于中国大陆的公司,那么上面就选择第二个单选框,选择完毕后,单击"Next"按钮。

(10)这一步是对公司和公司代表的详细资料进行确认,如图 2-12 所示。

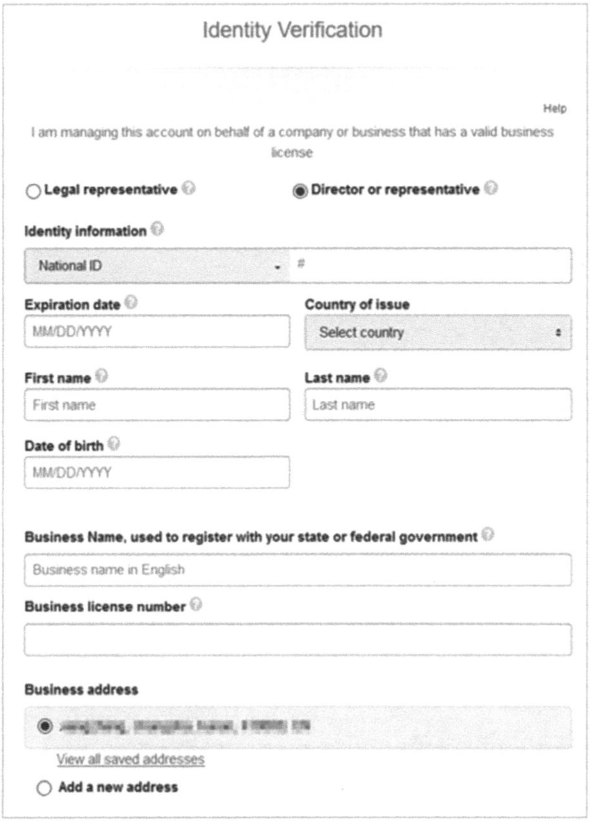

图 2-12

Legal representative：公司营业执照上的法定代表人，一般选择这个选项，右侧的 Director or representative（董事或者代表人）选项是留给港澳台地区公司的，如果你是用大陆的营业执照注册的店铺，选择左侧选项即可。

Identify information：依次填写法定代表人的身份证号码和有效期、国家、生日、姓名等信息。

Business Name、Business license number、Business address：这三者均要和营业执照上的信息保持一致。

（11）上传证件资料，如图 2-13 所示。

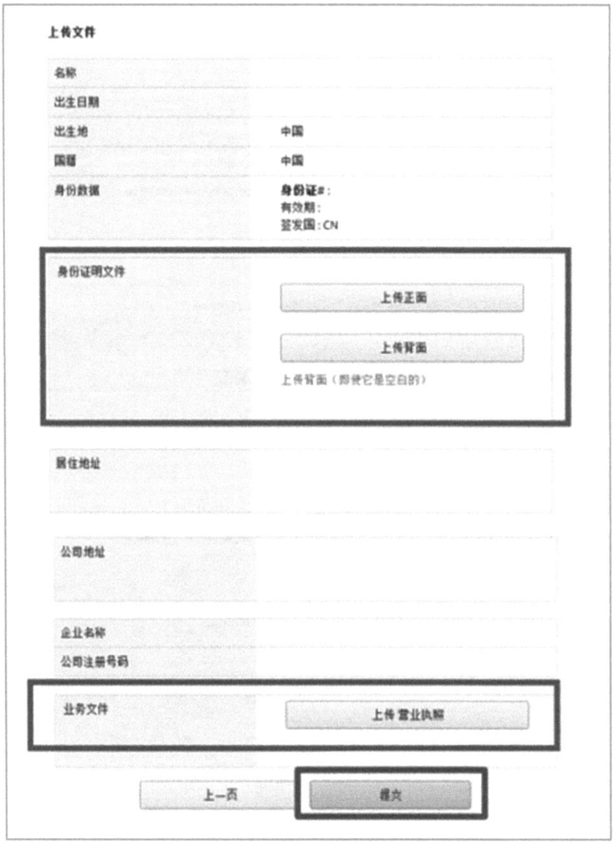

图 2-13

在上传证件资料时要注意两点。第一点就是证件资料必须是彩色的，黑白照片或者黑白扫描件现在是不被亚马逊所接受的。第二点就是你上传的文件资料一定要是完整的，不能出现缺角或者字迹模糊不清的情形，现在很多卖家喜欢使用手机进行拍照上传，在拍照的过程中可能因为手抖或者其他一些原因，出现拍摄不清晰或者缺角的情形，这样的文件是很难通过亚马逊的资料审核的。文件成功上传之后单击"Next"按钮。

（12）账户信息验证。

这里的账户验证主要有两种验证方式，第一种是身份验证，也就是视频验证，第二种是明信片验证。这两种验证方式是随机触发的，具体遇到哪种店铺验证方式无法预知。

视频验证其实就是亚马逊通过公司法定代表人出镜的方式来确保店铺注册资料的真实性，如果公司的法定代表人不能出席视频验证的流程，可以由法定代表人出具授权委托书,并由受托人拿着法定代表人的身份证原件加授权委托书来完成视频验证的流程。

还有很多卖家会担心视频验证时的语言问题,其实完全不用担心,对于国内营业执照注册的店铺来说,亚马逊进行视频验证的语言都会选择用中文来进行,所以语言问题是不会给卖家的视频验证造成障碍的,卖家只需要选择好视频验证的时间,然后按时进行视频验证即可,如图 2-14 所示。

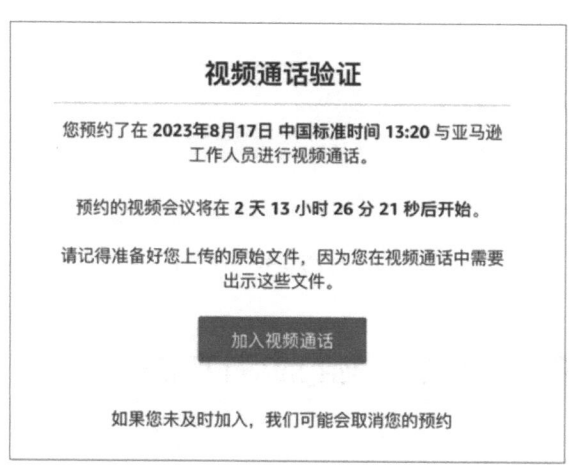

图 2-14

地址验证,也就是我们所说的明信片验证,如果你的店铺遇到的是明信片验证的方式,那么每个店铺会有三次明信片验证的机会,亚马逊在后台也会给你注明详细的明信片验证的过程,如图 2-15 所示。你的明信片是在派送中还是已送达,或者是其他的任何投递状态,你在后台都可以看到。

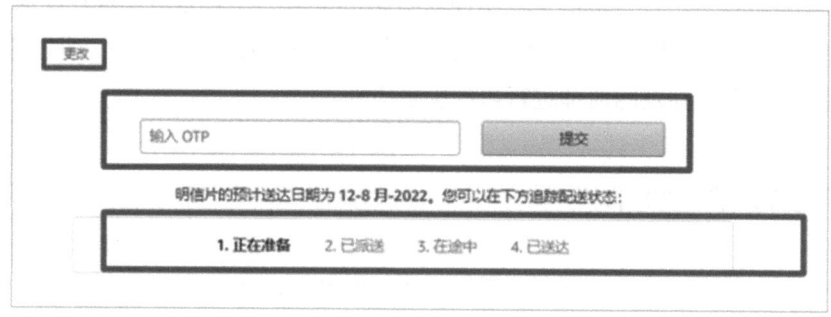

图 2-15

如果你已经收到了明信片验证的资料，打开装有明信片的信封，在验证页面直接输入明信片上印刷的六位数验证码，这个明信片验证流程就完成了。

当你完成上面所有的流程以后，就会出现图2-16所示的页面，这就代表卖家店铺的注册流程已经全部结束，卖家只要耐心等待注册结果即可。一般注册结果通知会在10个工作日内发送到卖家的注册邮箱中。

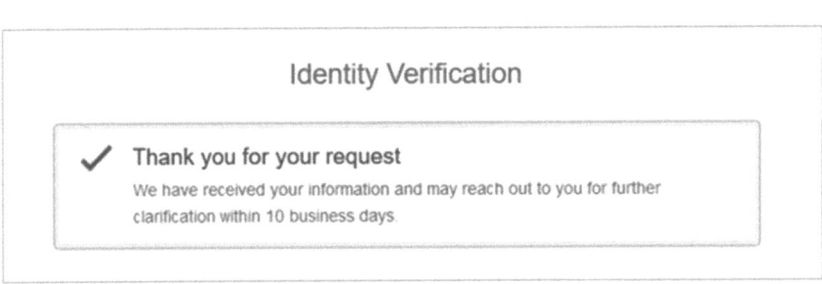

图 2-16

## 2.3 亚马逊店铺遭遇审核的应对方法

### 2.3.1 什么是店铺的二审

亚马逊店铺在注册和运营的过程中，会遇到多次审核，审核的具体次数是没有限制的，有时候遇到的审核是常规审核，比如店铺注册过程中的审核，有时候遇到的审核则属于突发审核，比如店铺在更换敏感信息时触发的审核就属于突发审核。

我们这里说的"店铺遭遇审核"，一般指的是店铺遭遇的"二审"，"二审"跟"一审"是有区别的，一审针对的主要是注册资料的审核，也就是对卖家在注册店铺时提交的营业执照、身份证等资料的审核，二审是在一审的基础上，对一些关联存疑、资料存疑、合规性存疑的店铺进行再次验证审核。

### 2.3.2 二审的时间节点

店铺在注册和运营的过程中，触发二审的时间节点主要有两个。

第一个触发二审的时间节点是在新店铺刚刚完成注册后。此时你的店铺可能就会就直接触发了二审，这时你打开亚马逊后台，会发现账户被停用的提示，如图2-17

所示。

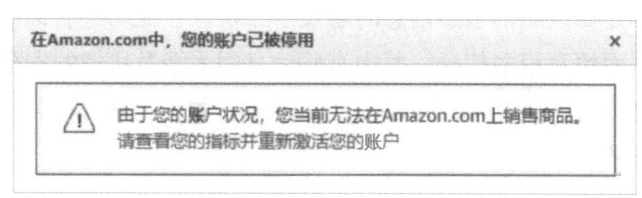

图 2-17

这种审核通常比较容易通过,因为你只要按照亚马逊的要求进行资料的提交即可。

第二个触发二审的时间节点在亚马逊店铺的运营过程中。当某天登录亚马逊后台时,你可能在"绩效"那里收到亚马逊官方发来的一封邮件,提示你的店铺需要二审。这封邮件的发送人一般是 seller-performance@amazon.com,邮件的内容就是让你提交审核所需要的各种账单资料。

在跨境圈里经常会听到一种说法,那就是"在店铺运营过程中遇到的审核的风险,要远大于店铺刚刚注册时候遭遇的审核的风险"。为什么会存在这样的说法呢?因为如果店铺在注册过程中遭遇审核,那么审核未通过的话损失的只是一套资料,但如果在运营过程中遭遇审核未通过的话,这个店铺中剩余的一些营业收入还有残留的 FBA 库存等,可能就会面临无法收回的风险。

所以很多新卖家脑海里就会产生一个疑问:我可否在店铺注册完成之后主动去触发二审?这样会不会减少以后店铺运营过程中触发二审的机会,从而降低风险?

其实这种做法不值得提倡。首先,二审并不是百分之百会被触发,即便你做了很多操作,也不一定能触发二审。其次,并不是所有的店铺都会触发二审,现在有很多亚马逊店铺已经平稳运营了四五年,也还没有遇到二审。所以想要去主动触发二审也没那么容易。最后,二审的通过率也不是百分之百,如果主动去触发二审,万一审核未过关的话,岂不是自找苦吃?所以持有这个想法的卖家还是要慎重操作。

## 2.3.3 二审触发的原因及避免方法

目前导致店铺触发二审的原因可以归结为三种。

第一种情形是新账户刚刚注册下来之后遇到了二审,亚马逊对开店审核的力度越来越大,这种新账户遭遇二审的情形以后会越来越多,这种二审是很难预防的,但是这种二审的通过率也高,大家只要按照通知的要求提交资料即可。

第二种情形是修改店铺敏感信息时触发了二审。在亚马逊店铺的注册过程中,我们会在注册页面填写很多信息,其中有些信息因为涉及店铺的安全性,会被亚马逊视为敏感信息,比方说店铺的付款账户、收款账户等,当你试图修改这些信息时,就有可能触发店铺的二审。

所以当我们的店铺在注册完成后,如果确有修改一些敏感信息的需要,卖家可以先在后台开一个 Case(含义见 2.5.1 节),告知亚马逊客服自己需要修改的敏感信息的内容,让客服在系统内进行报备,这样就可以最大限度地避免因为修改敏感信息导致二审。卖家可以选择在卖家帮助页面通过邮件的方式与亚马逊客服进行沟通,如图 2-18 所示,也可以通过卖家帮助页面的聊天功能与客服进行沟通,如图 2-19 所示。

图 2-18

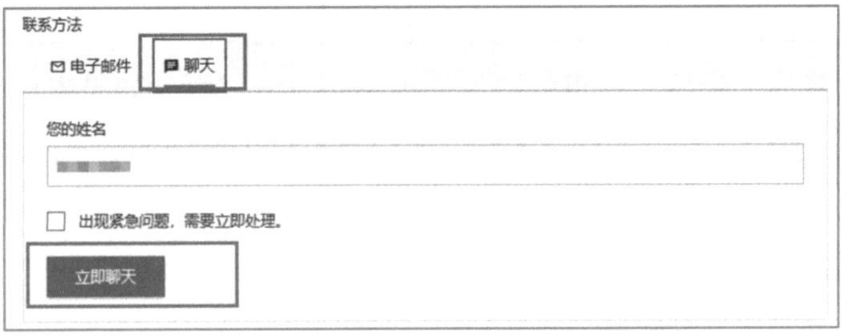

图 2-19

第三种情形是因为疑似违规操作触发了二审。比如说店铺在运营过程中出现了长期绩效指标不达标的情形,或者卖家在登录亚马逊店铺时使用了一些网络软件导致 IP 地址长时间不稳定等情形，都有可能被亚马逊系统监测到，从而触发二审。

如果想要避免因为违规操作导致的二审，就必须做好以下三点。

第一，必须在开店前详细了解亚马逊的平台规则，在自己脑海中要形成一种"红线"思维，要清楚地知道哪些做法在平台上是违规行为，在运营中要坚决杜绝违规操作。

第二，在登录后台时，一定不要同时登录其他可能导致电脑网络环境不稳定的软件，在日常的运营中，尽可能把运营店铺的电脑跟其他经常登录外网的电脑进行物理隔绝，最大限度地避免 IP 地址不稳定导致的二审。

第三，在日常运营中一定要多关注一下后台"账户状况"一栏的信息，如图 2-20 所示，如果图中三项店铺绩效中的任何一项出现了不合格提示，卖家都要及时进行处理，避免账户绩效状况不达标导致的二审。

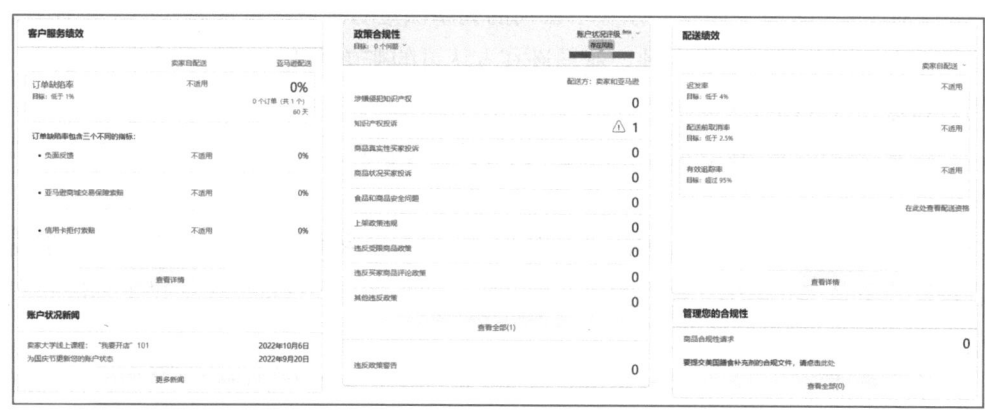

图 2-20

尤其是那些 FBM 自发货模式的卖家，在刚开始上手操作店铺时，往往手里并没有什么及时的物流渠道或者商品供应渠道，很多自发货卖家都是在店铺中先上传大量的 Listing 信息，在出单以后才开始手忙脚乱地寻找物流商和供应商，不知不觉中自己就违反了亚马逊关于自发货的最迟发货规定，造成店铺的"迟发率"和"配送前取消率"等指标超出最高限制，从而触发二审，这一点自发货的卖家一定要多加注意。

## 2.3.4 二审的详细应对流程

在讨论二审的详细流程之前，我们要先明白，亚马逊的二审主要想审什么。

答案很简单，二审主要是审核店铺注册资料的真实性，审核营业执照地址、实际经营地址、法人资料等信息的真实性，所以亚马逊对店铺的二审，一般都是通过提交审核所需要的账单的方式来进行的，亚马逊通过这些账单资料的真实性去审核注册资料的真实性，亚马逊在发送给卖家的二审通知中也会详细描述对审核账单的要求。

亚马逊官方对于二审账单的要求主要有五点。

第一，账单的格式，必须是 PDF、PNG、GIF 格式的账单彩色照片或彩色扫描件，这三种格式之外的账单格式或者截屏、截图方式的账单图片，都是不被接受的。

第二，账单必须是真实且未经过修改的，经过人为修改的账单是无法通过审核的。

第三，账单显示的内容必须合规，对于个人卖家，账单必须显示卖家的全名和地址。对于公司卖家，账单必须显示公司的完整法定名称或法定代表人的完整姓名。

第四，账单的种类有四种，亚马逊官方认可的账单类型，主要有水费、电费、网费和煤气费等四种事业单位开出的账单，这四种账单选择其中一种进行提交即可。

第五，账单的期限，必须是最近 90 天以内的账单，超出 90 天的账单不具有审核资格。

上述五项要求，可能会难住一大批卖家，很多卖家可能拿不出印有自己名字或者自己公司名字的账单，这类卖家不用着急，亚马逊也为这类卖家提供了其他的审核方式。

第一种情形：如果你的账单用的是家人的名字，可以在提供账单的同时，也提供户口本彩照或者彩色扫描件，但是这种情形只限于公司法人代表和账单抬头所指人在同一个户口本上的情况。

第二种情形，如果你的账单用的是妻子或者丈夫的名字，可以在提供账单的同时，一起提交结婚证的彩照或者彩色扫描件，这种情形仅限于法人代表和账单抬头所指人为夫妻的情况。

第三种情形，如果确实无法提供办公地址的账单，建议可提交实际经营地址的账单，这个实际经营地址在后台可以自己设置，如图 2-21 所示，图中的"正式注册地址"，指的就是营业执照显示的地址，而"办公地址"，指的就是实际经营的地址，卖家可以根据自己的实际办公情况进行编辑，这一点对于拿不到营业执照地址账单的卖家来说尤为重要。

第 2 章　快速开启你的亚马逊之路

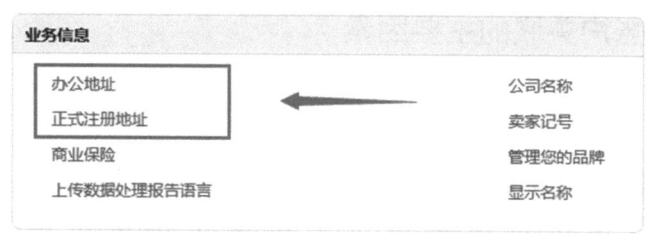

图 2-21

当卖家提交了账单等资料以后，一般情况下会在 7 个工作日内收到邮件回复，亚马逊会在邮件中通知店铺审核的详细情况，如果你提交的资料存在瑕疵，亚马逊也会在邮件中一并说明存在瑕疵的地方，卖家修改后可以重新进行发送。

## 2.4　多店铺运营如何防止账户关联

### 2.4.1　账户关联

为了创造优良的买家体验，防止卖家用不同的店铺重复上传相同的商品，亚马逊平台只允许一个卖家在同一个亚马逊站点上开通一个卖家店铺。但是，很多卖家为了经营需要和风险分担，可能会开通多个亚马逊店铺，这就需要使用不同的注册资料和网络环境来对这些店铺进行物理隔绝。因为亚马逊平台一旦监测到某几个卖家账户之间存在某种关联，则会强制性地关闭其中的几个卖家账户，只保留一个卖家账户。这就是亚马逊的账户关联规则。

但是很多卖家可能会问：如果我用同一套资料去开通不同的站点，比如同时开通了欧洲站、北美站等站点，这样的多店铺操作属于亚马逊的关联范畴吗？

我们开头所指的"账户关联"，主要指的是不同注册资料注册的店铺之间的关联，如果用同一套资料注册了亚马逊不同的站点，是不属于关联范畴的，而且这种操作是亚马逊官方鼓励的行为，亚马逊是欢迎大家进行同一个店铺的多站点经营的，这一点大家要注意。

45

### 2.4.2 判定账户关联的主要因素

#### 1. 硬件部分

硬件部分主要包括电脑信息、网卡信息、路由器信息、硬盘信息等。这就要求卖家在进行多账户操作时，给各个账户配备独立的电脑和网线，绝对避免在同一电脑和网络环境下进行不同账户的操作。必要时可通过无线上网卡进行操作，尽量保证一个账户对应唯一的电脑和网络。

#### 2. 软件部分

软件部分主要包括浏览器、Cookie 记录、输入法、存储路径、浏览习惯等。软件部分是亚马逊平台识别和判定账户关联的次要因素，亚马逊平台不会仅仅因为这个因素就判定账户关联，软件部分只能作为判定账户关联的辅助性因素。

#### 3. 卖家账户信息

卖家账户信息导致的关联主要是指在注册卖家账户的过程中，卖家使用了法人相同的公司、同一信用卡持卡人、相同的注册地址、相同的法人名字、相同的电话号码等信息，导致亚马逊平台判定各个卖家账户之间存在某种意义上的关联关系，从而将其判定为关联账户。

注册卖家账户一定要用"干净"的资料进行注册，所谓"干净"的资料，是指从未注册过卖家账户的营业执照、身份证、手机号码、信用卡等资料，一套资料只要曾被用于卖家账户注册，不管这个卖家账户是否还在使用，这套被注册过的资料都不可再次使用。

#### 4. 商品信息

亚马逊平台判定账户是否关联的因素，还有非常重要的一个——商品信息。如果卖家的几个卖家账户的商品在类目、价格、运营手法、Listing 中的内容等方面都是雷同的，那么亚马逊平台通过大数据比对，很有可能会认为这几个卖家账户之间存在某种关联，从而将这几个卖家账户判定为关联账户。

所以，如果卖家有多个卖家账户，且计划用相同的商品线来运营，那么一定要将各个卖家账户的商品 Listing 中的信息区分开，尤其要改变商品的图片，以免自己的卖家账户被判定为关联账户。

### 5. 商标信息

商标类关联账户的判定通常很简单——通过对商标使用者之间的关系来进行关联账户的识别。如果卖家申请的某个商标已经用于某个亚马逊店铺的品牌授权,而这些被授权的店铺在商品 Listing 信息等方面又存在较多雷同,那么这种行为就极易引起亚马逊平台大数据系统的预警和审核。

另外,在欧洲站的运营中,亚马逊平台规定持股超过 20%的股东要提供信息以供亚马逊平台审核。这种不同公司存在相同股东的情况,在欧洲站的审核中经常会被判定为账户关联,所以欧洲站的卖家针对不同股东之间的股份问题,要提前做好审核的准备工作。

## 2.4.3 账户关联的后果

如果同站点之间的多个卖家账户之间存在某种关联且这些卖家账户已经被亚马逊平台判定为关联账户,那么亚马逊平台会在对各个卖家账户进行综合评判后,给卖家发一封通知账户关联的邮件,在邮件中亚马逊会明确告知卖家其账户被判定为关联账户的事实和依据(图 2-22),然后让卖家选择保留某个账户作为其唯一的卖家账户,随后强制卖家下架其他关联账户上的所有商品。亚马逊平台通常以此种方式来处理卖家在平台上重复开店的情况。

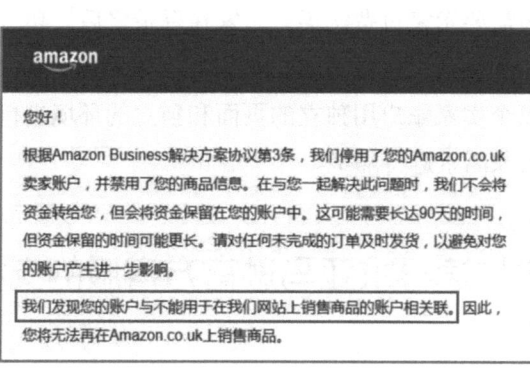

图 2-22

## 2.4.4 账户关联的规避措施

卖家如果想进行多账户操作,可采用以下几项措施来规避账户关联。

1. 使用独立的硬件和软件

这种方法最为直接也最为简单，就是给每个卖家店铺配备独立的电脑、网线等设备，但是这种方法的缺点就是成本会很高。

2. 采用虚拟机进行操作

卖家需要通过购买套餐的方式进行虚拟机账户的注册，卖家可以根据不同的网速和硬盘空间来选择价格不同的套餐。每个虚拟机的 IP 地址都是"干净"和独立的，卖家只要在自己的电脑上安装一个程序就可以使用远程桌面来操控自己的账户。如果卖家有多个卖家账户，卖家可以在同一台电脑上安装多个虚拟机程序，这样就可以用同一台电脑轻松操作多个卖家账户。

卖家可能要问，这样不会引起账户关联吗？其实虚拟机的工作原理是将一部服务器分割成多个虚拟机，分割后的每个虚拟机都可以具备独立的 IP 地址和硬盘空间，各个虚拟机可以独立地执行程序和指令，所以只要这个虚拟机从未被卖家使用过，就不会引起账户关联。

3. 使用超级浏览器防账户关联

相对于虚拟机而言，超级浏览器出现在亚马逊平台上的时间较晚，不过也已经有很多卖家选择使用超级浏览器来进行多账户的操作。

超级浏览器一般需要卖家付费购买。卖家在登录之后，超级浏览器会为卖家分配独立的登录环境和"干净"的 IP 地址。如果卖家使用多个卖家账户同时登录，那么超级浏览器会对每个卖家账户用独立的页面和独立的环境进行登录和操作，将各个卖家账户之间的关联因素进行隔绝。

## 2.5 卖家怎样快速寻求亚马逊官方客服的支持

### 2.5.1 开 Case 的含义

Case 直译为中文就是"案件、案子"，在亚马逊平台上，它指的是卖家向亚马逊平台的客服人员发起的咨询或请求。卖家将自己的某个请求通过邮件或电话的方式发送给亚马逊客服，就是开一个 Case。

开 Case 在卖家日常的运营工作中非常重要，有些店铺问题在自己无法解决的情况下，就可以直接在后台开 Case 去求助亚马逊客服人员，有些卖家甚至每天都需要开出一定数量的 Case 才可以保证其店铺的日常运营。例如，有时候店铺的品牌被无端篡改了，自己在后台无法正常修改，这个时候就要开 Case 让亚马逊客服帮助修改。再比如，有时候亚马逊收取的 FBA 配送费超过了正常的收费标准，这个时候也要开 Case 让亚马逊客服帮助自己进行商品尺寸的复测，总之，开 Case 是亚马逊卖家必须掌握的运营手法，在日常运营中几乎每天都会用到。

### 2.5.2 开 Case 的流程

开 Case 的流程如下。

（1）卖家登录自己的后台（以中文版操作页面为例），单击右上角的"帮助"按钮，如图 2-23 所示。

图 2-23

（2）进入图 2-24 所示的页面，点击中间的"获得支持"按钮。

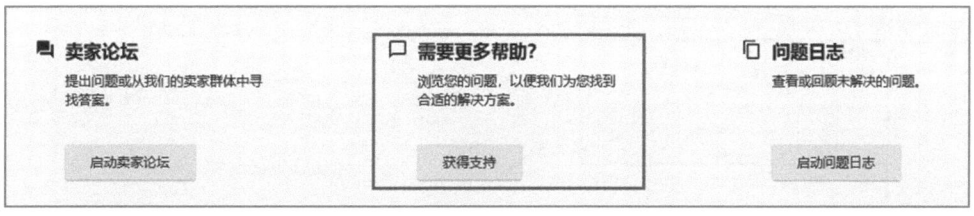

图 2-24

（3）这一步是选择需要寻求 Case 帮助的主题。如图 2-25 所示，如果是广告和品牌方面的问题，就选择"推广广告和品牌旗舰店"主题，如果是其他方面的问题，则选择"我要开店"主题。

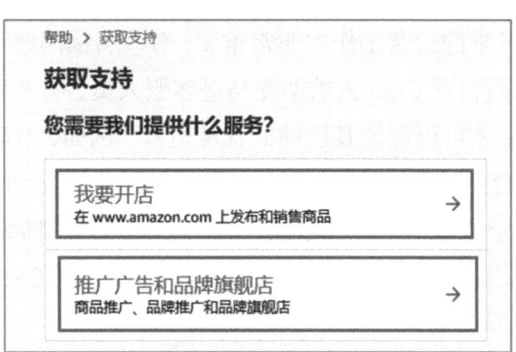

图 2-25

（4）假设我们要咨询的主题是"我要开店"里面的，我们点击进入"我要开店"的主题，就可以看到图 2-26 所示的页面，进入 Case 主题有两种方式，可以直接在"描述您的问题"下面输入你的问题，也可以点击下方的"或在菜单中通过浏览查找您的问题"按钮，大部分卖家会采用这种方式进入 Case 主题。

（5）当我们点击"或在菜单中通过浏览查找您的问题"按钮以后，就会出现"我要开店"这个主题下的所有 Case 主题，如图 2-27 所示，卖家可以通过点击各个大的 Case 主题来进入下一级 Case 菜单。

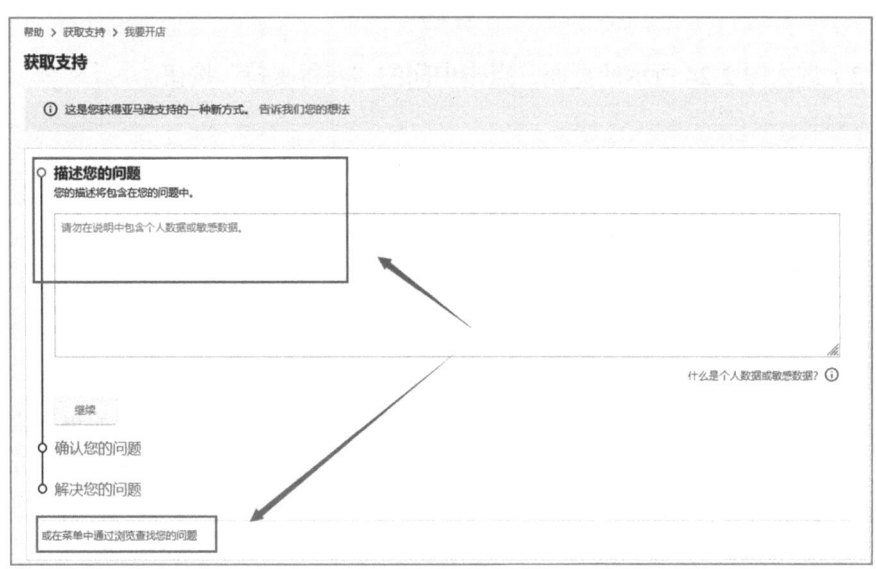

图 2-26

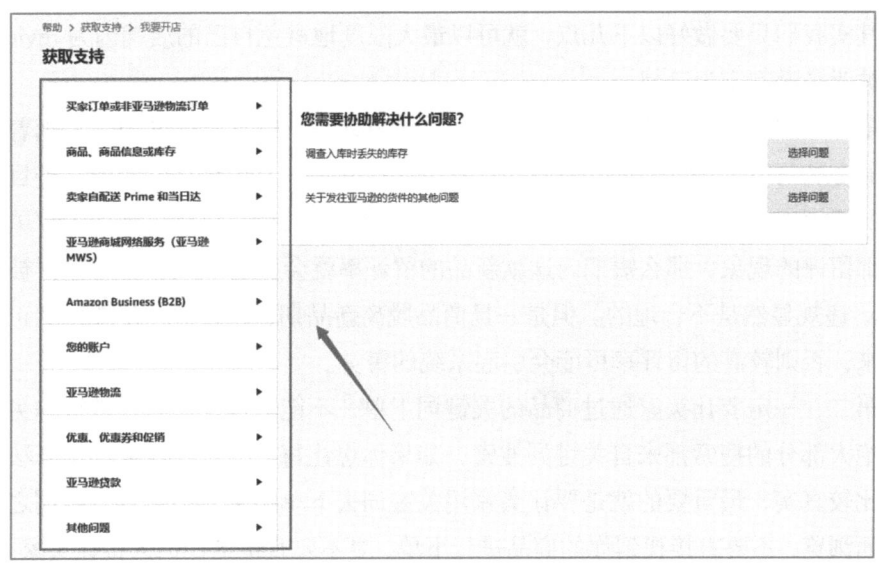

图 2-27

在亚马逊平台上,开 Case 是卖家几乎每天都要做的事。成熟的卖家更是将亚马逊客服当成平台规则的指引员。因为亚马逊平台的规则多如牛毛,卖家不可能把每条规则都熟记于心,当卖家对于某项运营手法是否合规并不了解时,最好的方法就是求助于亚马逊客服,按照亚马逊客服的指引去操作,以避免给店铺带来风险。所以,作为一名卖家,在你不确定一件事是否可行时,请记得开 Case。

## 2.6 容易导致店铺被封的四条政策红线

### 2.6.1 review 造假

亚马逊平台上的 review(评论)造假,主要指的是一些利用提供佣金或者免费的商品来换取 review 的行为,这种违规行为也是近年来导致店铺被关的数量最多的一种违规类型。

既然亚马逊不允许卖家有偿换取 review,卖家为什么还要冒着巨大的风险去做这件事情呢?究其原因,还是因为 review 在卖家打造商品过程中的作用太过重要,review 对商品的点击率和转化率,都有巨大的提升作用,所以有很多卖家才会铤而走险采取这种违规方式换取 review。

其实我们只要做好以下几点，就可以最大限度地避免自己的店铺因为 review 问题而被亚马逊判定为违规。

第一，控制好单款商品的留评率，新品的留评率一般不要超过 10%，随着上线时间的变长可以再慢慢降低，一直降低到 2%~4%的正常留评区间。亚马逊目前对新品的留评率控制比较松，因为新品的基础订单数量较少，可能出现四个订单中的三个都留评的现象，那么短期内这款新品的留评率就会超过 75%，如果这样被判定 review 违规显然是不合理的。但是一旦商品脱离新品期，留评率一定要回到正常的区间来，否则较高的留评率可能会引起系统的警觉。

第二，一定要让买家通过商品的关键词下单，不能直接使用各种链接购买。亚马逊绝大部分的搜索都来自关键词搜索，如果你想让每一个订单在亚马逊算法的眼里都比较真实，最重要的就是要让买家用关键词去下单购买，在搜索关键词之后多做页面浏览，不要直接找到你的商品进行下单，更不要直接给任何链接让买家下单，这种用链接直接点击购买的方式最容易引起算法系统的警觉。

第三，留评的时间要注意，不要让买家收到货后立刻留评。正常的买家应该是收到商品后试用一两天才会对商品做出有效的评论，如果一收到货物立马就写了长篇大论的 review，那么这条 review 在亚马逊算法的眼里也会是不真实的。

## 2.6.2　站内信违规

站内信是亚马逊在后台提供的卖家与买家之间进行交流的渠道，卖家如果想就某些事情与买家进行沟通，可以直接进入该笔订单的详情页面，然后点击该买家的名字，与其通过站内信沟通，如图 2-28 所示。

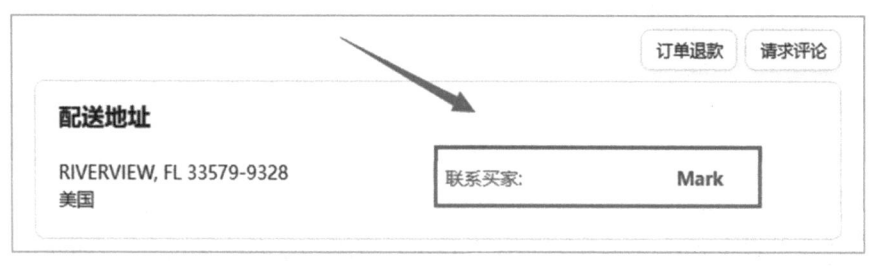

图 2-28

但是我们要知道一点，亚马逊平台是不太鼓励卖家和买家进行太多沟通的，所以当我们进入站内信的沟通页面之后，就可以看到亚马逊提供的站内信的主题限制。

如图 2-29 所示，在向这位叫作 Mark 的买家发送站内信之前，亚马逊会首先让你选择联系 Mark 的原因。如果你发送站内信的主题超出了主题限制的范畴，那么这封站内信就有可能引起亚马逊算法的警觉。

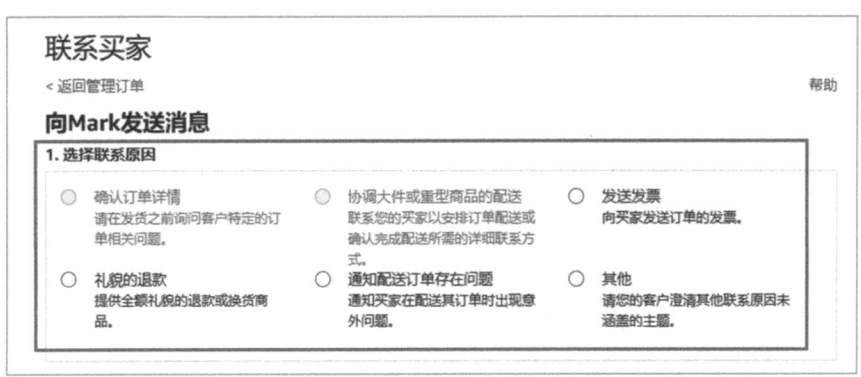

图 2-29

现在有很多卖家把站内信当成索取 review 和新商品促销的渠道，不但在站内信中加入带有敏感关键词的索评信息，还在新品上市时给老买家去发送新品的折扣码，其实这都是非常危险的行为，这两年因为站内信违规导致店铺被封的案例比比皆是，卖家在发送站内信之前最好研究一下图 2-29 中所展示的主题限制，不要让自己因为不熟悉站内信规则而踩到"坑"里。

## 2.6.3 商品类目不符

亚马逊的商品跟超市的商品一样，是按照不同的类目来进行划分的。在商品上架之前要先选择好类目，再进行下一步的编辑工作。这里说的"类目不符"，主要针对的是一些在上架前需要做类目审核的商品，有些卖家之所以故意放错类目，就是因为想避开亚马逊的一些售前审核，让商品可以更方便快捷地销售。

举个例子，有些人卖的商品是成人情趣按摩棒，但是这款商品在正常情况下是属于成人用品类目的，这个类目的审核要求比较严格，且亚马逊对成人用品的推广存在诸多限制，很多卖家为了让成人按摩棒商品可以快速上线销售并正常参加各种广告推广活动，就把这款商品故意放到普通的按摩棒类目里面去。这种方式虽然可以暂时避开亚马逊的某些限制，但是这种行为一旦被亚马逊发现的话，轻则商品被下架，重则店铺被关闭，卖家一定要避开类目错误的大"坑"。

## 2.6.4 违规合并变体

变体,是亚马逊对于多属性商品的一种 Listing 展示方式,以图 2-30 中的瑜伽球商品为例,在其 Listing 中我们可以看到,有不同的颜色选择,颜色下面还有不同的尺寸选择,那么每一种颜色和尺寸的搭配,都对应该商品的一个变体。

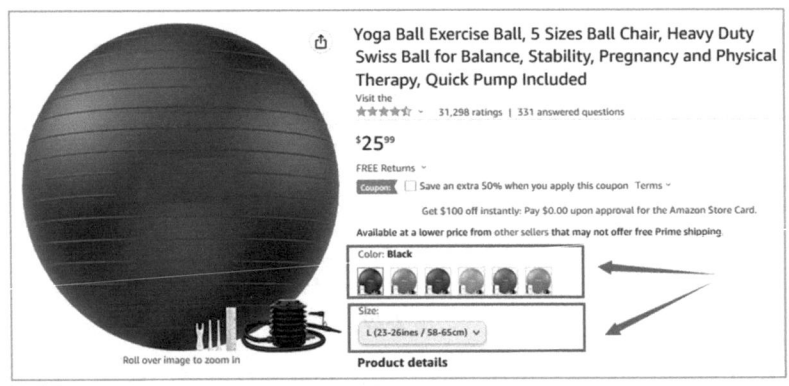

图 2-30

变体这种展示形式有很多好处,比如可以共享父体之下的 review,再比如新商品在绑定变体之后可以借助老商品的 review 和权重做到快速出单等。但是我们要明白一点,并不是所有的商品都可以随意创建变体,亚马逊平台对变体有严格的限制,如果你的商品之间不符合亚马逊的变体政策而你强行合并变体的话,店铺是会遭到亚马逊的警告或封店惩罚的。

作为亚马逊平台的卖家,我们怎样确定自己将要上传的变体是否属于亚马逊允许的变体类型呢?我们只要下载该类目的库存模板表格即可,库存模板表格中允许的变体主题,我们在进行变体操作时才可以进行合并或者拆分,否则就属于滥用变体的违规行为。下面介绍一下具体的判断方法。

(1)点击后台的"目录"菜单,选择"批量上传商品",进入批量上传商品 Listing 的页面,如图 2-31 所示。

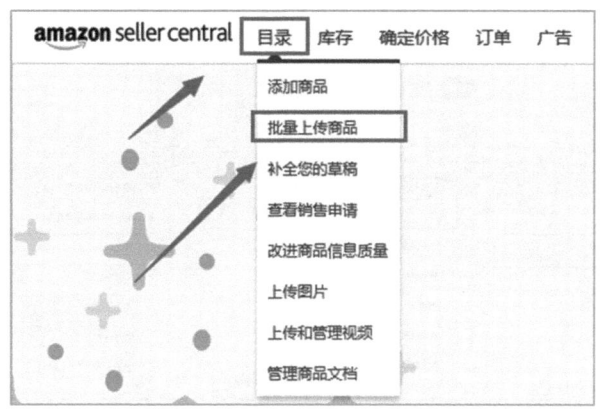

图 2-31

（2）选择一个模板类型，如果你在上传新商品，就选择"发布当前亚马逊目录中没有的商品"，点击"获取'商品模板'"按钮，如图 2-32 所示。

图 2-32

（3）选择商品的类目，注意类目选择一定要精确，如果类目选择不精确，会影响后面的一系列操作流程。如果不清楚怎样确定自己新商品的类目，可以用商品的核心关键词在亚马逊进行搜索，在搜索结果中找到跟自己相同的商品，到其 Listing 中部的"product detail"模块去查询其商品类目即可。这里我们以"男装"类目为例，如图 2-33 所示。

图 2-33

（4）选择好类目以后，接下来就是选择模板的类型，最好选择高级模板，高级模板的功能比较齐全，然后点击右下角的"生成模板"按钮，如图 2-34 所示。

图 2-34

（5）打开下载的 Excel 库存模板表格，找到"Variation Theme"这一栏，点击右侧的小三角下拉框。如图 2-35 所示，该下拉框中出现的变体，就是这个类目中被亚马逊平台所允许创建的变体，相反，不在这个变体列表中的变体类型，则不能在该类目创建变体。

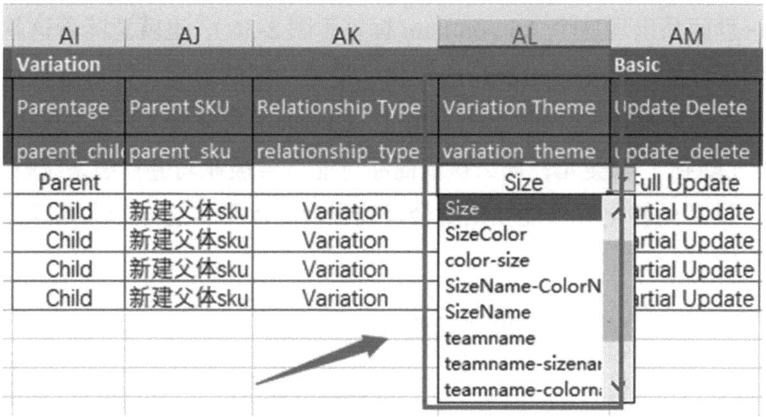

图 2-35

## 2.7 亚马逊卖家要熟知的行业术语

### 2.7.1 Listing

Listing 就是我们平时在运营中所说的商品页面，它主要包括商品的主图片（简称主图）、标题、五行特性、A+页面、review、video、关联广告位置等模块，当买家点击进入你的 Listing 后，能不能产生最终的转化，除了要看商品本身的素质以外，还要看你的 Listing 能不能打动买家，让其最后去选择你的这款商品。

当我们选择好自己的商品后，第一件要做的事情就是为商品编辑 Listing，电商销售模式跟传统销售模式存在很大的不同，在电商尤其是跨境电商模式下，更需要"好的商品+好的 Listing"，Listing 就像是商品的"脸面"，商品在销售前，一定要先将自己的"脸面"装点到完美状态。

### 2.7.2 Add-on Item

Add-on Item 就是"附赠购买"的意思，亚马逊平台上有一些售价比较低的商品，因为尺寸很小且售价很低，所以亚马逊收取的配送费、佣金等费用就很低，亚马逊在综合考虑到这类商品的运营成本后，对这类商品的销售就设置了一个限制，即被打上 Add-on Item 标签的商品不可单独购买，只有买家这次的订单总额超过 25 美元，才可以下单购买这些带有 Add-on Item 标签的商品。

那么一旦商品出现这个 Add-on Item 标签（图 2-36），也就意味着这款商品不可能单独被购买，这个标签会给商品的转化率带来一定的影响。针对这种情形，在亚马逊平台上运营的商品是不能无限降价的，如果商品价格降了一定的幅度，比方说你从 10 美元降到了 3 美元，那么这款商品可能就会被亚马逊算法系统打上 Add-on Item 标签，商品的转化率可能立刻就会降到很低的水平，这样的大幅降价行为最后往往会得不偿失。

图 2-36

## 2.7.3 UPC

UPC 指的是商品统一代码（欧洲站为 EAN），这个码主要用在商品的上传过程中，当你在上传商品信息时，第一个要填的信息就是 UPC 信息，如果你的店铺暂未完成品牌备案和 UPC 豁免申请的话，这个 UPC 就是你在亚马逊平台上传商品的必备编码，没有该编码是无法正常上传商品的。

之前有很多卖家的 UPC 是在国内一些电商平台低价购买的，这些 UPC 基本未经过官方平台的备案，或者是备案的公司名称跟现在使用的店铺或品牌名称不一致，最后就导致正在运营的商品因为 UPC 的原因被亚马逊下架，所以推荐大家去 UPC 源头网站购买，那就是国际物品编码组织（GS1）网站，如图 2-37 所示，GS1 是全球统一标识系统的代码制定者，在其官网购买的 UPC，可以避免商品因为 UPC 的问题被下架。

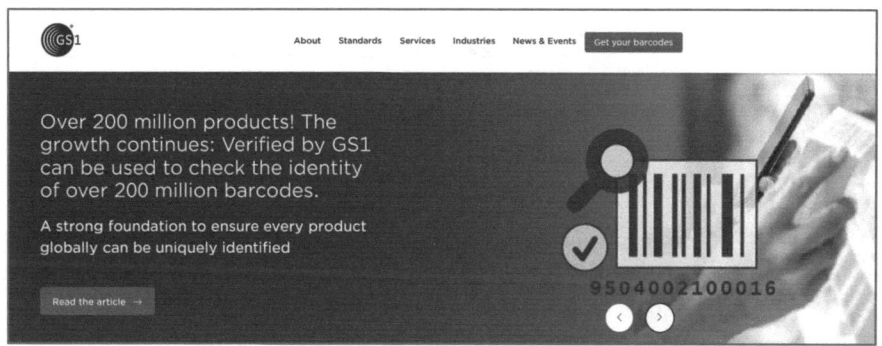

图 2-37

如果你的店铺已经完成了品牌备案，那么 UPC 就不再是你上传商品所必须的编码了，这个时候你在上传商品时就可以向亚马逊申请 UPC 豁免，如图 2-38 所示。UPC 豁免审批通过后，你就可以直接上传商品而不受 UPC 的限制。

图 2-38

## 2.7.4 Buy Box

Buy Box 就是亚马逊 Listing 的购物车，如图 2-39 所示，图片右侧有"Add to Cart"（加入购物车）和"Buy Now"（直接购买）两个按钮，有加入购物车按钮的商品，买家就可以直接下单购买，而没有加入购物车按钮的商品，买家还需要点击进入选择页面进行进一步选择。

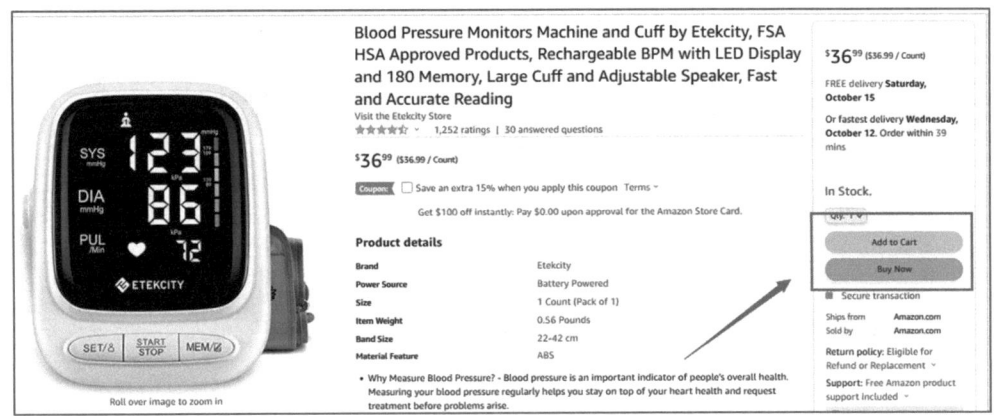

图 2-39

购物车在日常运营中十分重要,如果一款商品没有购物车,或是由于某种原因丢失了购物车,那么"Add to Cart"和"Buy Now"按钮就不会出现在商品 Listing 中,商品的价格也会被隐藏,如图 2-40 所示。在这种情形下,如果买家要购买该商品,就必须单击"See All Buying Options"(查看所有购物选项)按钮,再选择相应的商品进行购买,这无疑增加了其购物的烦琐程度,可能会使一部分买家放弃购买该商品。此外,丢失购物车还意味着将自己商品 Listing 的编辑权让给他人,而自己花费的广告费可能是在为竞争对手"做嫁衣",因为自己商品的曝光换来的点击和购买可能被竞争对手收入囊中了。丢失购物车的危害不止这些,所以卖家要确保自己的商品留住购物车。

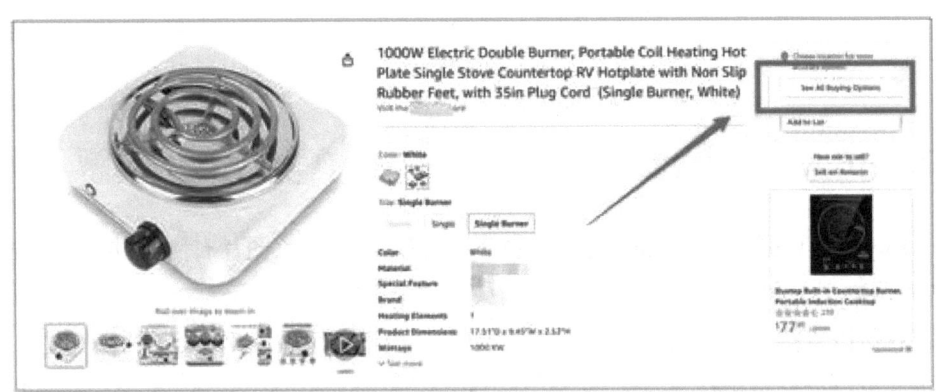

图 2-40

既然购物车如此重要,那么商品获得购物车需要什么样的条件呢?
按照亚马逊系统算法的计算规则,如果一款商品有几个不同的卖家,那么算法会将购物车分配给表现最好的卖家,以确保亚马逊平台将最好的商品推送给买家。根据亚马逊官方客服的回复,商品要获得购物车必须满足下列条件。

(1)卖家账户必须是专业卖家账户。

(2)卖家的 SKU 项下必须有库存。

(3)卖家的商品必须是新品,翻新或者二手的商品获得的购物车与新品获得的购物车不同。

(4)卖家账户绩效指标中的订单缺陷率低于 1%。

(5)自发货卖家的商品能否获得购物车取决于其商品的具体类目和其商品在新品期的表现。

卖家在日常的店铺运营中,经常会出现某款商品购物车丢失的情形,常见的购物车丢失原因有以下几种。

## 1. 自发货的新品在短期内往往不能立即获得购物车

现在精品路线已经成为亚马逊的主流路线,而 FBA 是走精品路线的必备选项。当然,也有不少卖家在坚持使用 FBM 自发货方式,因为自发货方式在资金周转上具有一定的优势,对实力不强的新卖家来说,先选择自发货方式测款,后期再选择优秀的商品使用 FBA 发货方式也是不错的选择。依照之前的亚马逊新品政策,当 FBM 自发货模式的新品上线后,一般要运营一段时间之后才会获得购物车,但是 FBA 模式的商品就不同,FBA 模式下的商品,基本上新品在上线之初就会立即获得购物车。

## 2. 自己的商品被跟卖

如果自己的商品被跟卖,购物车被抢走的概率就会大大增加。如果你的商品 Listing 做得很好,跟卖者的商品价格也具有优势,亚马逊系统就会将主购物车分配给你,但同时也会分配购物车给跟卖者。如果你的商品 Listing 的表现一般,而跟卖者的商品价格又低于你的商品价格,你的购物车就会被跟卖者抢走,这样就会出现"商品 Listing 是你的,但 SKU 并不是你的"这样的不利局面,而且很多买家并不了解跟卖的原理,他们在看到购物车按钮后就会直接单击购买。这种情况对你的商品是非常不利的,因为跟卖者的商品质量是无法保证的,如果跟卖者发给买家的是假冒伪劣商品,那么买家收到商品之后会给予差评,而这个差评会显示在你的商品 Listing 中。所以如果遇到被跟卖者恶意降价抢夺购物车的情形,一定要先向跟卖者发警告信,再进行投诉,当然,投诉之前要先确保自己的店铺已经完成了品牌备案。

### 3. 商品的销量很差，其点击率和转化率长期很低

亚马逊平台是按照系统算法来给商品排序的，排序的依据就是商品的权重积累。很多卖家在运营中可能会发现，自己一款销量很差的商品突然丢失了购物车。这是因为该商品的销量很差，其点击率和转化率长期很低，其购物车被亚马逊平台收回了。这时要想重新获得购物车，尽快提升自己商品的销量、点击率和转化率是最有效的方法。

### 4. 商品在短时间内大幅涨价

如果你的商品在短时间内大幅涨价，就会引发亚马逊系统算法的警戒，这时亚马逊平台就可能判定你在操纵价格，随后会将你的商品 Listing 列入异常的商品 Listing 目录中，你的商品的购物车也会暂时被亚马逊平台收走。

亚马逊平台会有这样的设置是因为短时间内的大幅涨价会给买家带来不良体验，进而对亚马逊的品牌力产生影响。所以，如果因为运营的需要必须提价，可采用"小步伐、多频次"的方式来进行，以防丢失购物车。

### 5. 商品在短时间内收到大量差评

卖家都知道商品评论的重要性，也都了解获得商品评论的困难程度。亚马逊官方的数据显示，买家的自然留评率极低。但是，如果买家买到的商品不合适或者买家对所买的商品不满意，那么买家留下差评的概率却又是很高的。如果你的商品在短时间内收到大量差评，系统算法就可能认为你的商品存在问题，下一步就是移除你的商品的购物车。

综上所述，卖家想要获得购物车，就要确保自己售卖的商品没有无法弥补的缺点，确保商品的包装结实不易破损，确保商品的售后服务没有问题，这样就可以大大降低带来差评的概率，从而大大降低丢失购物车的概率。

## 2.7.5　Amazon Prime 会员

Amazon Prime 是亚马逊推出的会员服务，也就是亚马逊的 Prime 会员，它的会员费用一般是每年 99~129 美元（经常会有变动）。当一个买家付费成了亚马逊 Prime 会员之后，就可以享受亚马逊提供的各种 Prime 会员服务，比如亚马逊平台上的很多商品，都会给 Prime 会员更低的价格。在 FBA 配送费上，Prime 会员也会有额外

第 2 章　快速开启你的亚马逊之路

的优惠，还有一些在线文档、音乐等供 Prime 会员免费下载，这跟国内的某些电商平台的会员差不多。

## 2.7.6　Session

如图 2-41 所示，Session 是亚马逊后台业务报表中的一个数据指标，它是指 24 小时内独立 IP 地址进入商品 Listing 的次数，在 Session 这个指标内，IP 地址不会被重复计算，如果一个买家在 24 小时内多次进入了一个 Listing，也只能算作一个 Session 值，这跟商品的 Impression（曝光量）是有很大区别的，Impression 在数据报表里主要是指商品被展示的次数，是会重复计算的，所以在后台的业务报表中，Session 的数值往往远低于 Impression。

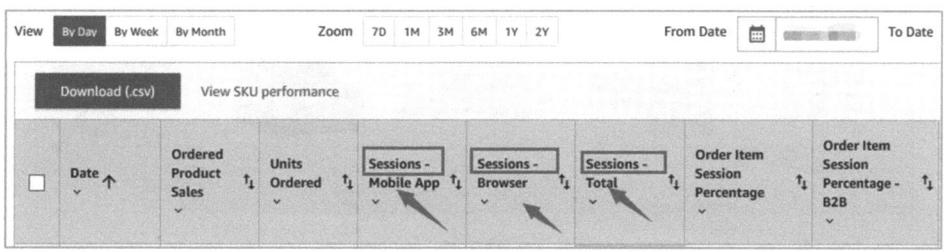

图 2-41

## 2.7.7　Best Seller

Best Seller，是指亚马逊给各个类目的销量排名第一的商品的一个标识，如图 2-42 所示。

图 2-42

而 Best Sellers 排行榜，指的是亚马逊各个类目销量排名前 100 名的商品榜单，这个榜单以销量为唯一的计算原则，如图 2-43 所示。

该排行榜以类目为排名标准，每个大类目有每个大类目的 Best Sellers，每个小类目也有每个小类目的 Best Sellers。这个榜单的数据每小时更新一次。

图 2-43

亚马逊在多个位置都有查看 Best Sellers 榜单的路径，卖家可以通过亚马逊前台的"Best Sellers"按钮进行查询（图 2-44），也可以通过商品 Listing 中部的"Product details"（商品详情）模块的小类目排名进行查询（图 2-45）。

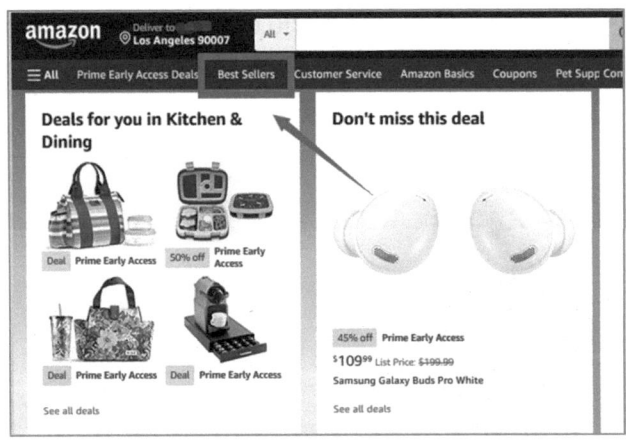

图 2-44

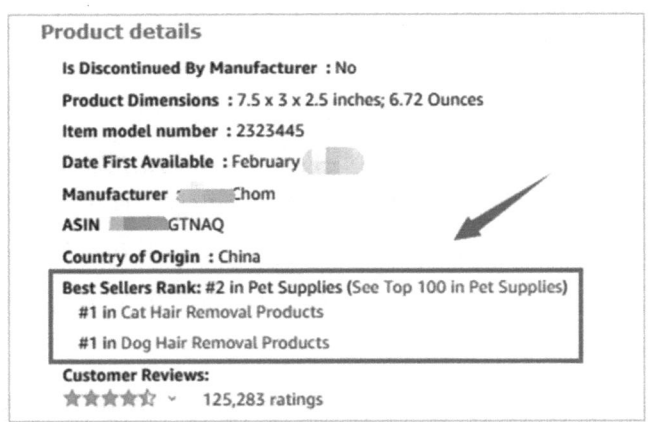

图 2-45

## 2.7.8 Hot New Releases

Hot New Releases 是亚马逊的新品销量排行榜，跟 Best Sellers 一样，该榜单也是按照销量来进行排名的，但是它跟 Best Sellers 主要区别在于商品是不是新品，Hot New Releases 只针对新商品的销量进行排名，如图 2-46 所示。

图 2-46

亚马逊没有具体公布过上线多久之内的商品才属于 Hot New Releases 榜单中要求的"新品"，但是根据卖家在实践中总结出的经验，一般是上线 30 天之内的商品，当销量进入该类目新品的前 100 名时，才有可能会登上这个榜单。这个榜单的数据也是每小时更新一次的。

### 2.7.9 Movers & Shakers

Movers & Shakers 也是亚马逊的销量榜单之一，这个榜单叫作"销量波动榜单"，如图 2-47 所示。其排名的依据是在一小时内各个类目的销量波动情况，谁的销量波动最大，谁就可以登上这个榜单。该榜单不但为大家展示现在的销量波动情况，还会在每款商品的旁边展示其上次统计区间的销量排名。但是这个榜单对卖家的商品销售来说并没有多少实际意义，因为它既没有单独的流量入口，在 Listing 也没有特别的标识，只是在选品期间可以带给大家一些参考。

图 2-47

### 2.7.10 Amazon Choice

Amazon Choice 是亚马逊根据自己的系统算法推选出的优质商品，之前该标识以关键词为基准来赋予，现在亚马逊又增加了类目的基准，在某个关键词项下和某个类目中销量和转化率等数据最好的商品，将会被赋予 Amazon Choice 蓝色标签。

某款商品如果被赋予了这个标签，那么转化率肯定是能得到一定的提升的，因为该标签是"亚马逊的选择"，等于是亚马逊平台为该商品做了背书，这个标签可以打消很多买家的购买疑虑，从而提升转化率，拉升销量。

# 第 3 章

# 亚马逊成功的核心在于选品

## 3.1 选品的重要性

在亚马逊平台上有这样一种说法："七分靠选品，三分靠运营"，由此可见选品的重要性非同一般。

随着亚马逊全球开店项目的发展，跨境电商的发展势头强劲，大量的全球卖家涌入亚马逊平台。这些不断涌入的海量卖家，加剧了竞争，推高了成本，削薄了利润，每年都有很多卖家因为竞争过于激烈而不得不退出亚马逊平台。在这样的大环境下，能否有一款好卖的商品就成为一个店铺能否成功的主要因素。可以说，选品的成功基本等于店铺的成功。如果你选到了一款蓝海小类目商品，那么你将面临温和的竞争环境和较大的利润空间；反之，如果你因为选品技术落后或者其他原因选到了竞争激烈的红海类目商品，那么你的亚马逊之路注定不会平坦，因为你将面临很多实力强劲的竞争对手，如果你的实力不强，你就会很快被淹没在亚马逊的滚滚洪流之中。

很多卖家在计划入驻亚马逊平台时因为没有供应链资源而心生退意，他们担心自己因为找不到好的货源而折戟沉沙。其实这是完全不必担心的事，随着跨境电商的发展，传统的 B2B 企业早已认识到跨境电商的巨大红利，他们早已将目标瞄准了跨境电商，纷纷推出为跨境电商卖家量身打造的商品和服务方案。目前，市场上的货源平台很多，主流的平台有阿里巴巴集团的 1688 网站，另外还有其他很多专业性的网站，如主营小商品的义乌购等网站。卖家还可以根据自己身边的资源去开发一些私人供应链商品。

新卖家在初创阶段，由于资金和资源的匮乏，通常以 1688 等网站作为采购商品的主要选择。随着卖家经验的不断增加和资金链的实力不断增强，卖家可以将自己的主营商品线进行垂直开发，深挖商品的小类目根基，联合自己的供应商做出一些独一无二的商品。

## 3.2 亚马逊选品的三大总体路线

亚马逊卖家在选品之前，一定要有一个整体的选品思维框架，首先要认真审视一下自己的情况，然后把自己的情况跟选品思维框架结合起来，再去确认自己现阶段到底适合哪一种选品路线。我们把亚马逊的选品分为三条路线，亚马逊平台上所有的选品方式，基本都可以归纳在这三条路线之内。

## 3.2.1 路线一：创造性选品

创造性选品，顾名思义就是你现在卖的商品在市场上没有第二家，或者你对某款商品做出了"颠覆性"的创新，拥有了别的商品都不具备的某项核心功能。我们来看几个创造性选品的例子。

案例一：某充电宝（Power Bank）。

如图 3-1 所示，这款商品是中国跨境电商 TOP 品牌 Anker 旗下很畅销的商品，但是你仔细研究这款商品就会发现，很多买家在评论中都会吐槽，这款商品的体积非常大，不易携带。这显然为 Anker 提供了一个新的商品开发方向。

图 3-1

后来，Anker 根据买家的评论反馈和市场需求，重新推出了一款口红充电宝，如图 3-2 所示。这款商品一经面世，就受到了欧美买家的广泛好评，该商品彻底解决了之前的充电宝体积庞大、不易携带的缺点。这就是创造性选品的典型案例，从买家的需求中寻找选品的方向，从而创造出市面上没有的商品或者颠覆原有功能的商品。

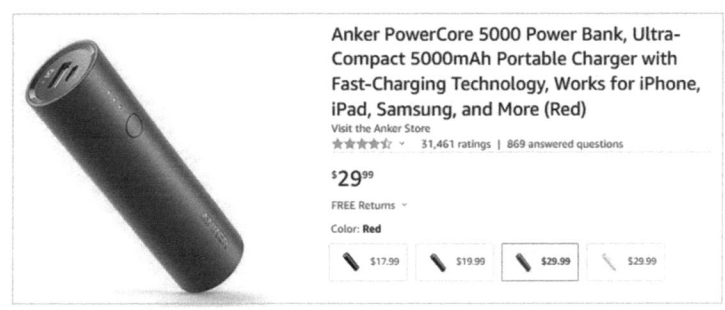

图 3-2

案例二：某猫砂盆（Cat Litter）。

宠物用品在美国亚马逊市场是一个非常热销的类目，而且这个类目比起其他红海类目来说在竞争方面相对缓和一些，新卖家在选品时可以重点关注一下宠物类目。之前，大家卖的基本都是这种带有铲子的猫砂盆（图 3-3），这个铲子主要用来清除猫的粪便，处理起来不太方便，而且一旦猫的粪便清理不及时，还可能会出现强烈的异味。

图 3-3

为了应对这种情况，宠物类目 TOP 卖家 Petsafe 调研了很多买家对猫砂盆商品的吐槽，推出了一款不用铲子的猫砂盆，如图 3-4 所示。使用这款商品后，猫主人只要轻轻推动内置的铁质栅栏，就可以轻松排出猫的粪便，而且猫主人可以方便地更换里面的猫砂，这就大大便利了猫主人清理猫粪便等一系列操作，这也是对商品功能的一种颠覆性的改变，这款商品在问世后，长期占据了美国站宠物类目排行榜前部的位置。

图 3-4

从上面两个案例我们可以看出，创造性选品对卖家的资金、供应链资源的要求是非常高的，而且需要卖家对市场和类目的研究非常深入，这种选品方式对于没有太多经验的新卖家，以及资金、资源不足的卖家，都是不友好的。

## 3.2.2 路线二：差异化选品

差异化选品就是目前亚马逊平台上已经存在某种商品，卖家对商品的搭配、外观、颜色等方面做出一些改变，然后把商品推向市场。我们来看几个差异化选品的案例。

案例一：赠品搭配差异化。

我们在厨房磨刀的过程中，可能会发生被刀具不慎割伤手指的情形，那么下面这款磨刀器（Knife Sharpener）商品，就考虑到了这种割伤手指的可能，而在商品中附赠了一只防割手套，这就是赠品搭配的差异化形式，如图3-5所示。

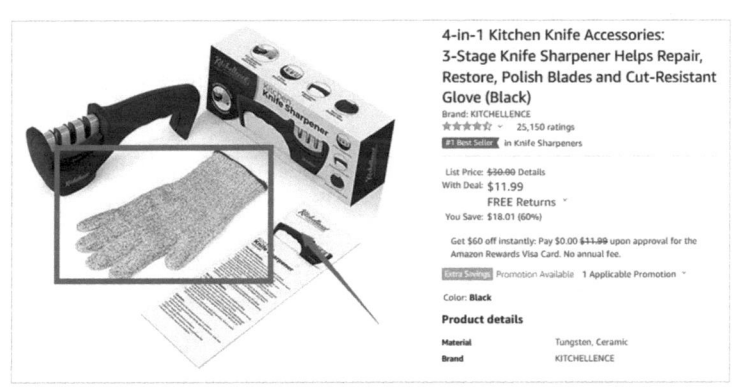

图 3-5

我们再来看厨房类目中非常畅销的一款商品：食品存储袋。如果放置固体状食品的话，直接塞进袋中就可以，单人就可以操作，但是如果往里面放液态食品的话，一个人会非常难以操作。而图3-6中的这款商品，就充分考虑到了这一点，该卖家在商品中附赠了一个专门固定袋子的夹子，有了这个赠品，当一个人进行液体灌入操作的时候，就非常方便了。

图 3-6

案例二：商品搭配的差异化。

在亚马逊经营过宠物类目的卖家都比较了解，之前在美国站的狗牙具商品中，牙刷类只有两类商品：传统牙刷（图 3-7）和手指牙刷（图 3-8），而且当卖家购买了牙刷以后，还要再单独为自己的宠物狗去购买牙膏。有的卖家想出了商品搭配差异化的方式，直接推出了"两种牙刷+牙膏"的组合套装，完美解决了一站式购买的问题，如图 3-9 所示。

图 3-7

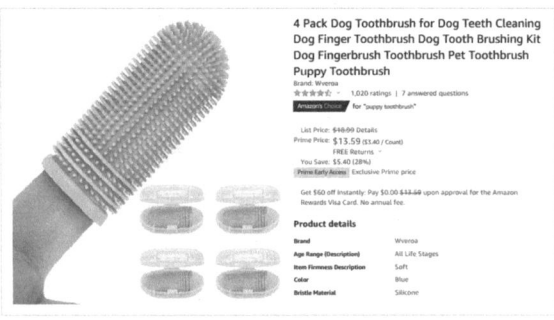

图 3-8

第 3 章　亚马逊成功的核心在于选品

图 3-9

案例三：商品色彩及搭配的差异化。

我们再来看厨房类目中的刀叉商品。之前这个类目的刀叉商品以不锈钢色系和搭配为主，商品包装也以裸装或者简易包装为主，如图 3-10 所示。这种商品比较适合家用，但是在其他场景中就显得不是很高端，后面就有卖家在颜色和包装上做了差异化改造，也获得了比较好的效果，如图 3-11 所示。

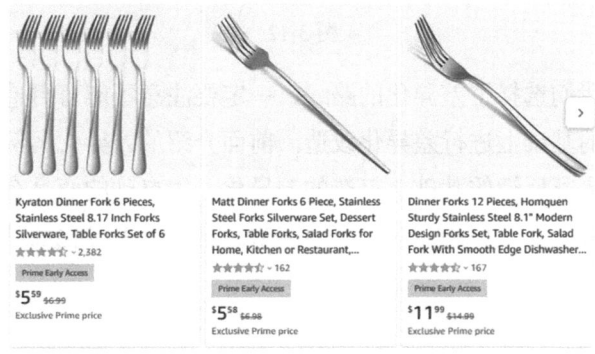

图 3-10

图 3-11

案例四：图案和设计思路的差异化。

我们再来看家居这个类目中的毛毯小类目，毛毯小类目在美国亚马逊市场上的竞争是非常激烈的，如果你以同质化的商品去进行竞争的话，很难竞争过已经站稳脚跟的卖家，所以有部分卖家就另辟蹊径，在毯子的图案和设计上做差异化改造，比如图 3-12 中的这位卖家，就把毯子的图案设计成面饼样式，从而避开了用同质化商品进行竞争的局面，商品上市后的反响很不错。

图 3-12

但是，如果我们选择了差异化的路线，一定要注意不能盲目追求差异化，而要在结合买家需求的基础上进行差异化改造。前面介绍的差异化案例，无不是在广泛调研市场需求和买家反馈的基础上打造的差异化，用自己的商品有效弥补了原有商品存在的缺陷或者填补了市场需求的部分空缺，这样的差异化商品才是有效的差异化商品。

## 3.2.3　路线三：复制平台上现有的商品

这种方式是新卖家进入亚马逊后使用最多的一种选品路线，其选品方式较为简单，就是先通过各种渠道发现市场上正在热卖的商品，然后直接"复制"这款商品进行售卖。这种选品方式的最大优点就是可以快速发现并上传商品，但是其也有致命缺陷，那就是选到的商品往往生命周期较短，当你的商品上线后，市场上马上会出现大量的同质商品，这些商品可能会以更低的售价去占领市场，整个类目也慢慢会被低价的同质商品所垄断，这种选品方式主要适用于缺乏经验或者资金和资源都不充足的新卖家。

上面就是亚马逊选品的三大总体路线，卖家在开始选品前就要先根据自身的相关情况确定好自己的选品路线，然后再进行选品工作。

在选品这个环节，我们还要明白一点，那就是选品没有适合所有人的法则。在亚马逊行业有一句话，叫"我之蜜糖，你之砒霜"，意思是一款商品在 A 卖家的手里可能卖得很好，但是把这款商品交给 B 卖家，B 卖家不一定能把它卖好，因为不同的卖家有不同的经验、不同的水平、不同的学习能力、不同的供应链资源、不同的资金实力，而这些不同的地方都可能决定一款商品最终能不能被"做起来"，所以我们在做选品工作前一定要把自身的情况摸清楚。如果你是有预算、有资源、有经验的卖家，那么你就用创造性选品的方式；如果你资源不多、预算不多、经验不多，那么选择差异化选品的方式可能比较合适；如果你是彻头彻尾的新手，没有多少预算，更没有多少资源和经验，那你就要从第三种选品方法开始了。

亚马逊的选品，往往是从第三种方式入手，慢慢向第二种和第一种方式前进，最终到达创造性选品的目标，如图 3-13 所示。但是这条路是金字塔模式，越往上走，选品的困难就越大，能最终到达第一层的卖家，是卖家中的少数人。

图 3-13

## 3.3 新卖家选品应遵循的七大原则

亚马逊上绝大部分新卖家在运营预算、供应链资源、物流资源等方面都很缺乏，这就要求他们在运营初期必须走一条较为稳妥和安全的选品路线，这样才能保证选品的成功率尽可能高，才能保证其能将有限的资金和资源实力发挥到极致。为了降低选品的风险，新卖家在选品时应该遵循七大原则。

### 3.3.1 慎选重货、抛货等类型的商品

重货，顾名思义就是非常重的商品，比如图 3-14 中的哑铃套装商品，它的售价很高，重量也很大，这款商品在采购时的采购成本和后面运输时的头程运输费用都是比较高的，这类商品的运营成本对于新卖家来说是难以承受的。

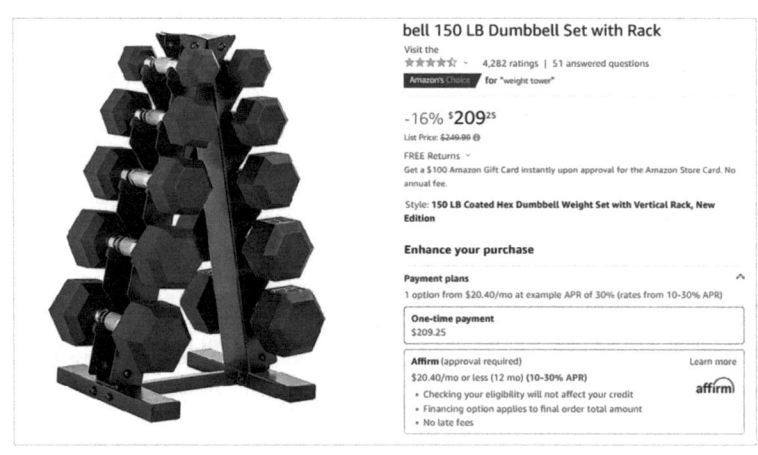

图 3-14

抛货就是商品的体积重大于实际重量的商品，我们常见的抛货商品，就是抱枕、棉被这一类的商品，这种商品的特点就是体积较大（但是实际重量不大），不管是头程服务商，还是亚马逊 FBA 仓库，都不会按照它的实际重量来进行称重计费，而是按照商品的体积重来进行计算。原因很简单，每个集装箱的空间都是有限的，如果一个集装箱装的全都是这种抛货商品，按照实际重量来进行计量的话，物流收益会受到很大的影响，这时候抛货就会被以体积重的方式来进行计量。

目前市场上的体积重计算方式一般为包装的长乘以宽乘以高再除以 6000（单位厘米），这样得出的数值再跟商品的实际重量相比，哪个数值大最后就取哪个数值，抛货商品的体积重要大于实际重量，最后都会按体积重计量。如果中国卖家想卖抛货商品的话，那么头程运输成本将会占总成本的很大比例。

### 3.3.2 慎选敏感商品

亚马逊上的敏感商品主要分为三大类。

第一种敏感商品就是液体状、粉末状、带磁、带电、带异味的商品，比如图 3-15

# 第 3 章　亚马逊成功的核心在于选品

所示的这类儿童磁力玩具商品，在跨境物流中就属于敏感商品。目前市面上的很多头程物流服务商不接收敏感商品，即便接收敏感商品，其运输价格也要高于普通商品，这在无形之中就增加了新卖家发货的难度和成本。

图 3-15

而且敏感货在运输途中存在很多不确定的风险，这构成了商品运输过程中的不安全因素，中间如果有一个环节出现问题，就会导致商品不能按时上架，甚至会引起一系列的连锁反应。

很多卖家可能会有疑问：可否把敏感商品伪装成普通商品来进行发货？这是行不通的，你的商品到达头程服务商那里时，服务商一般都会开箱验货，看看你的商品是不是你申报的商品，而且现在验货的频率越来越高，所以这种做法是完全行不通的，也是风险巨大的。

第二种敏感商品就是品牌周边商品。这类商品的商标保护都比较严格，如果你售卖的是品牌周边商品，那么在 Listing 的用语方面稍有不慎，就可能掉入侵权的坑里。

比方说 Apple（苹果）品牌周边的商品，这类商品是非常容易侵权的。如图 3-16 所示，这个手机壳是为 iPhone 13 手机设计的，但是如果你的 Listing 中直接出现了"iPhone 13"的话，是很容易侵犯苹果商标权的。这时应该写 "Designed for iPhone 13 Case" 或者 "Case for iPhone 13" 之类关键词。但是这种写法也不能保证你的商品就绝对不会侵权，在很多情况下，亚马逊的算法系统也会自动监测平台上的一些侵权行为，有时候大批按此方式写的 Listing 也会莫名被系统判定为侵权行为，品牌方也会主动发起一些投诉。

不管是什么原因导致的，你的 Listing 被下架是一定的，当你的商品被下架之后，这款商品的正常运营就会被中断。所以一些品牌的周边商品具有很大的侵权风险，即便你的 Listing 书写是没有问题的，那么也可能会被系统误伤，或者会被别人误投诉，对你的运营都有致命的影响。

图 3-16

第三种敏感商品就是 Listing 关键词涉及食品、药品或敏感成分的商品。

在亚马逊平台上，经常会出现因为 Listing 内容含有敏感关键词导致商品被强制下架的情形。这种情形之所以会发生，主要是因为亚马逊系统算法通过商品 Listing 中的一些敏感词，比如 Inhibit-Algae（抗藻）、Anti-Bacteria（杀菌）、Anti-fungal（抗真菌）、Pesticide（农药）、Insecticide（杀虫剂）、Anti-microbial（抗微生物）、Repel-Pesticides（防虫）、Destroy Fungal/Fungus（杀灭真菌）等，误认为这款商品是一些需要审核的限制商品，进而对这些商品进行下架处理。

常见的容易导致商品被误判的敏感词还有 All natural（全天然）、Repellent（驱蚊剂）、Repelling/Repel（祛除）、Anti-Fouling（防污）、Sterilize（消毒）、Stop-Microbe/Mildew（防霉）、Anti-Mites（防虫螨）、Flame retardancy（阻燃）、Anti-septic（防腐）等，如果你的商品 Listing 关键词中也包含了这类敏感词的话，就很容易被亚马逊算法系统扫描到，所以选择这类商品一定要慎重。

### 3.3.3 慎选需要类目审核的商品

亚马逊平台上的商品，从类目审核的角度，可以分为三大类。

第一种是禁售商品，也就是不允许普通的第三方卖家进行销售的商品，亚马逊平台详细的禁售商品示例如图 3-17 所示。

第 3 章 亚马逊成功的核心在于选品

图 3-17

第二种是普通商品，这类商品谁都可以卖，不需要审核。

第三种就是需要类目审核的商品。这类商品可以在亚马逊平台售卖，但是卖家在售卖前必须先通过亚马逊的类目审核，在提交亚马逊所需要的各种审核材料并通过审核之后，才可以售卖这类商品。

类目审核的商品大部分都是跟人的生命、健康、安全息息相关的商品，比如图 3-18 所示的婴儿手推车，再比如某些汽车配件商品、美妆商品等。亚马逊之所以给这些商品设置审核的门槛，就是因为这些商品可能会对买家的生命和健康安全造成损害。

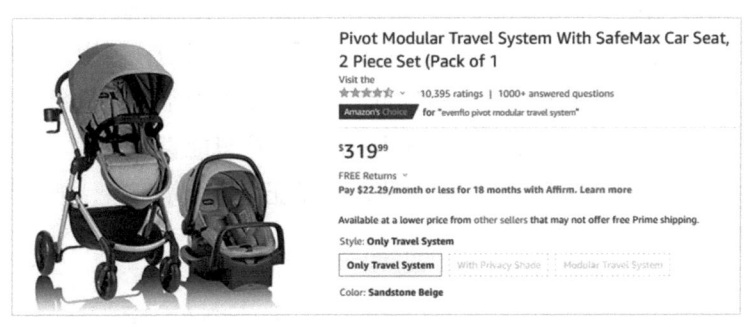

图 3-18

亚马逊平台类目审核的通过率不是 100%，这就意味着如果你的审核没通过，那么你选品所耗费的时间和精力都将付之东流。新卖家因为在初期欠缺经验和资源，一开始就运营这样的商品显然是比较吃力的。在有了一定的运营经验和资源之后，再去经营这种需要审核的商品，可能会更加得心应手。

## 3.3.4 慎选季节性或节日性商品

季节性商品，就是只适合在某个季节销售的商品，比如冬天用的一些工具，到了夏天就很难再销售。图 3-19 所示的铲雪机，就只适合在冬天销售。

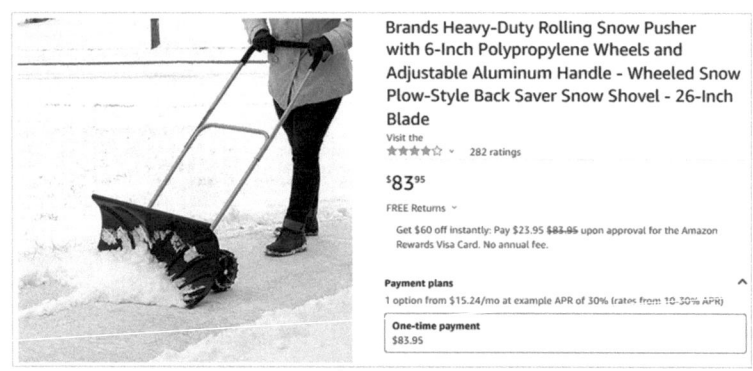

图 3-19

节日性商品，就是具备节日属性的商品，比如圣诞节周边商品、万圣节周边商品等，这类商品在节日期间非常畅销，但是该节日一旦过去，这类商品的销量立刻就会近乎归零。

对于新卖家来说，这种季节性和节日性商品的备货和推广的时间把控是非常困难的，这种商品的推广尤其需要一定的亚马逊运营经验，因为一旦把控不好运营节奏，商品可能就会出现滞销的情形，一旦该季节过去，这款商品就会积压在 FBA 仓库里面，而且这些库存商品是不能等到下一年再拿出来卖的，因为一旦某款商品在亚马逊 FBA 仓库中存储超过 365 天的时间，亚马逊就会征收长期仓储费，这种长期仓储费是非常昂贵的，这些卖不掉的商品，最后往往只能直接丢掉。所以新卖家在选品时要尽量避开节日性或季节性的商品，以保证商品全年可售，把选品失误的风险降到最低。

## 3.3.5 慎选有巨头垄断的商品

亚马逊平台开放卖家入驻已经很多年，一些有实力、有技术、有资源的先进入者已经将自己的品牌做大做强，基本已经处于商品类目的垄断地位。如果新卖家盲目进入有巨头垄断的商品类目，最终很可能以失败收场。想象一下，当你的商品评论还只有个位数,而你的竞争对手的商品评论已经超过 2000 条了,这是多大的差距?这样的差距不是在短时间内就可以消除的,而且这会直接导致你的商品的点击率和转化率非常低,进而导致你的 CPC 广告费居高不下。所以新卖家在选品时要尽量规避巨头垄断类目,尽量去寻找一些蓝海小类目。

那么我们怎样判断某个类目是不是有巨头垄断呢?一个非常简单的判断方法,就是观察一下这个类目中那些上线三个月左右的新品的销量情况如何,如果该类目中绝大部分上线三个月左右的新品的销量都非常惨淡,这个类目你就要慎重选择。如图 3-20 所示,在每款商品的 Listing 的中部都有一个"Additional Information"模块,会显示这款商品具体的上线日期,通过这个上线日期和竞品的销量排名曲线,我们就可以调研出这个竞品上线之后的销售情况。

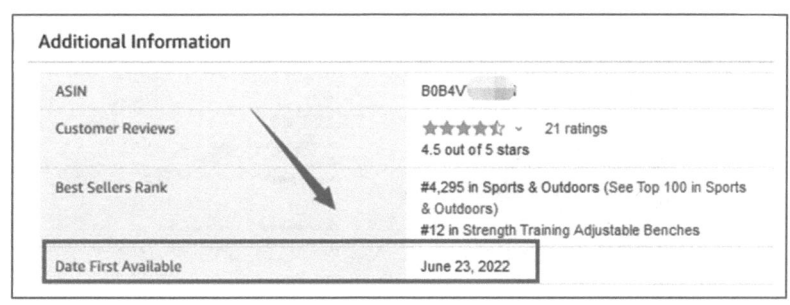

图 3-20

当你调研了一个类目大部分上线三个月左右的新品后,发现这些新品没有运营成功,这样的类目你就要慎重选择了。

## 3.3.6 慎选市场容量过小的商品

类目的市场容量,就是整个类目的销量到底有多少,很多卖家在选品时只关注了竞争程度,但是没有关注类目的总体容量,最后虽然通过竞争拿到了该类目的 Best Seller(最畅销商品),但是发现每天只能出 3~5 单,这就是类目市场容量带来的影响。

那么我们应该怎样去判断某个类目的整体市场容量有多大呢?简单来说就是看商品所在类目的销量最大的前 20 名的商品的销量之和。这个销量值不能太小,如果这个值太小的话,你经营这个类目的商品就没有意义。这里可以采用大类目排名的方式来判断竞争对手的销量,也可以使用付费软件来监测。

## 3.3.7 慎选可能会侵犯知识产权的商品

众所周知,欧美国家对知识产权的保护非常严格,如果你销售的 T 恤上出现了迪士尼的图案或文字(图 3-21),就涉嫌侵权,除非该商品取得了迪士尼官方的授权。如果遭到了品牌方的投诉,那么不仅你的商品 Listing 会面临被删除的命运,你的店铺也会面临被审查或关闭的结果。新卖家在一款商品上线前,尽量在各国的相关专利网站查询一下专利情况,避免出现侵犯知识产权这类低级错误。

图 3-21

## 3.4 新卖家在选品过程中的常见误区

相对于经验丰富的老卖家而言,新卖家最大的短板就是经验不足,不管是前期的选品经验还是后期的运营经验,都没办法跟老卖家们媲美。特别是在选品这个领域,经验不足带来的风险就更大了,因为在目前亚马逊 FBA 模式主导的前提下,一旦某款商品上线后的销售不佳,那么前期为这款商品所投入的全部时间、资金等,都将"一江春水向东流",而那些滞销的 FBA 仓库中的商品,出于预算等方面的考量,也不可能再运回国内,最后不得不销毁或者超低价处理掉。

一般来说,新卖家在选品阶段的常见误区主要有以下几点,大家在选品时一定要注意规避这些误区。

## 3.4.1 选品调研过于草率

亚马逊平台上有句名言叫作"七分靠选品，三分靠运营"，如果前期的选品工作做得不扎实，选出来的是很差的商品，那么后面的运营工作就会像空中楼阁一样，任凭你有十八般武艺，也很难把这样的商品"推起来"，可以说选品工作在很大程度上决定了某款商品能不能成功，甚至决定了某些卖家能不能顺利在亚马逊平台上生存下去。但是很多新卖家在选品时经常毫无头绪，习惯于采用"跟风式"的选品方法，看见别人卖什么，自己就去卖什么，根本不用数据去分析商品的生命周期、盈利空间、竞争程度、知识产权、供应链分布等问题，有些卖家甚至还热衷于用一些上传软件去批量跟卖别人的商品，这种商品上架之后，要么立刻就会遇到投诉导致商品 Listing 被删除，要么商品已经过时而无人问津，对这款商品的所有投入也基本上血本无归。

选品不能只看心情、只看外表和盲目跟风，而要以市场调研数据为支撑。新卖家在选品时一定不要操之过急，一定要深入地分析市场、分析类目、分析商品本身，要在深入分析各种数据之后再进行意向商品的定夺，稳扎稳打地进行选品，这样选品的成功率才会高很多。

## 3.4.2 从不详细分析竞争对手

很多新卖家在选品和运营时，都是"埋头苦干"，只关注自己的商品，从不详细分析自己的竞争对手，这其实是很大的一个误区。亚马逊平台上各个类目的销量，在市场未出现大的变动因素的前提下，往往都是比较稳定的，也就说是，每个类目的销量基本上都是一定的。在这种大前提之下，你的竞争对手多卖一些商品，你可能就要少卖一些商品，特别是当竞争对手在做一些低价大促销时，你的商品销量可能会大受影响，这就是竞争对手在运营中带给卖家的影响之一。另外在选品过程中，竞争对手对你的影响也是巨大的，当你只关心自己的商品而不去调研竞争对手的商品销量、排名曲线、上线节奏等因素时，往往会在一些虚假的数据中迷失自己选品的方向，在各种所谓"黑科技"盛行的当下，卖家在选品时一定要多去分析自己的类目竞争对手，要密切关注竞争对手的一举一动，运用工具、数据去分析竞争对手的销售模式、供应链资源等，只有透彻分析竞争对手，才能真正做到"知己知彼，百战不殆"。

### 3.4.3　忽视数据的作用

有些新卖家限于自身的资金实力，可能一下子拿不出太多的资金进行店铺和商品运营，所以很多人的想法是能省则省，这种勤俭节约的思路当然是没有错误的，特别是在竞争激烈的当下，很多时候勤俭节约的习惯能给自己降低不少运营损失。但是"勤俭节约"是要看情况的，在亚马逊运营中，有些支出是坚决不能"节约"的。例如，在选品阶段需要用到很多付费数据工具，这些工具会为你提供一些运营的数据支持和市场调研报告，为你的运营决策提供数据支撑，如在选品时你要看市场的竞争程度、竞品在首页的销量情况、商品在每年的季节性变化等，有了这些数据，你才能做出合理的选品决策。没有数据支撑的运营，就如同盲人摸象。

### 3.4.4　忽视商品的质量

在亚马逊平台上，卖家所有的运营手段都要以过硬的商品质量为基础，否则，再好的运营手段也只能是空中楼阁，无法真正落地。尤其是对于新卖家来说，在前期的选品阶段一定要扎扎实实做好商品的检测工作，在选品时要多分析竞争对手的商品评论和商品问答，尤其要重点分析商品评论中的差评部分，分析商品自身存在的缺陷或不足，当发现某款待选商品存在短板时，一定要确认是否有办法解决这些问题，如果无法解决这些问题，宁可重新选品，也不要销售有缺陷或不足的商品，即便这些商品在目前的销量还可以，否则最后受损害的往往是自己。

### 3.4.5　盲目跟风，导致商品侵权

本书多次介绍了侵权对于亚马逊店铺的危害性，侵权也是新卖家在选品阶段比较常见的误区，也是导致新卖家被亚马逊强制关店的最常见的违规行为之一。很多新卖家在选品时容易盲目跟风，在找到一款商品并对其进行简单分析后认为其市场容量很大、竞争水平中等、利润率尚可，却忽视了商品在知识产权方面的陷阱，结果商品刚刚上线就遭到了别人的侵权投诉，商品也被强制下架。在亚马逊平台上，通常那些销售火爆而竞争对手又很少的商品都有知识产权，卖家在分析这些看似火爆的商品时，一定要把知识产权的筛查工作往前提一步，这也是节省选品时间的有效方法。

## 3.4.6 忽视商品的售后服务

亚马逊是一个相对封闭的平台，亚马逊的创始人希望把所有进入亚马逊平台的买家都"锁定"在平台上，所以亚马逊平台严格保护买家的个人信息。在正常情况下卖家是得不到买家的电话、邮箱等信息的，亚马逊平台只允许卖家通过亚马逊平台的站内信和买家进行沟通，站内信是亚马逊买家和卖家站内直接对话的唯一渠道，所以卖家千万不要忽略站内信，要及时查看并回复站内信，否则卖家的差评数量可能会因为站内信回复不及时而猛增。有些买家在收到商品后如有疑问和不满会先和卖家联系，这就给了卖家一个消除潜在差评的机会。众所周知，对于一款新上架的商品，尤其是评论很少的新品，一个差评就可能将它彻底"杀死"。站内信的回复时效也会影响店铺的绩效，亚马逊规定所有的站内信都要在 24 小时内进行回复，所以即便某些站内信不需要回复，卖家也需要点击站内信页面的"不需要回复"按钮（图3-22），这样也就不会因为站内信而影响店铺的绩效了。

图 3-22

## 3.5 亚马逊选品的灵感去哪里找

很多卖家在入驻亚马逊之前，对跨境电商乃至电商都不是很了解，很多人甚至从来没有接触过"卖东西"这个行业，也根本不知道自己应该卖些什么东西。本节就介绍一下选品灵感的来源。

### 3.5.1 国外社交媒体

国外社交媒体，就是国外的一些社交网站和社交 APP，亚马逊平台上曾经出现过的很多爆款都是从这些社交媒体中先火起来，然后再"蔓延"到亚马逊的，比如前几年出现在亚马逊平台上的指尖陀螺（图 3-23），就是有人先在自己的社交媒体账号上进行了展示，然后才在亚马逊平台上风靡起来的，最终成了当年亚马逊平台上的现象级爆款商品。

图 3-23

## 3.5.2　当地人的生活习惯

我们国内跟欧美国家之间，不管是生活习惯还是风俗习惯，都存在较大的区别。以宠物类目为例，宠物在欧美国家的数量比国内高出很多，而且对于很多饲养宠物的家庭来说，宠物已经被看成家庭的一员，在宠物过生日的时候，很多欧美家庭会给宠物以家庭成员般的庆祝方式和庆祝规格，会给自己的宠物购买生日服装、生日蜡烛等，如图 3-24 所示。这种商品在国内还是比较少见的，这就是风俗习惯的不同带来的选品方式的区别。

图 3-24

如果你想在选品时选到这种在国内比较少见但是在国外比较普遍的商品，那么就要经常去浏览一些国外的网络社区或者关注一些自己商品类目的知名博主，看看当地的居民在平时都谈论什么样的话题、在分享什么样的图片等，通过这种深入性的研究和了解，往往可以找到一些意想不到的商品。

### 3.5.3 国外各大 Deals 网站

亚马逊的商品推广包括站内推广和站外推广，站内推广就是亚马逊平台内部的各种促销和运营活动，站外推广一般指亚马逊以外的各大 Deals 网站推广、红人推广。Deals 网就是站外商品促销的各大平台，一般按国家进行划分，每个国家都有自己比较流行的 Deals 网站。Deals 网站又可以按商品类目进行划分，有些 Deals 网站只适合部分类目的商品。比如美国流量最大的 Deals 网站 slickdeals（图 3-25），就比较适合电子类、高科技类商品进行促销，如果你的商品属性跟该网站属性比较匹配，就可以用其进行选品灵感的发掘。

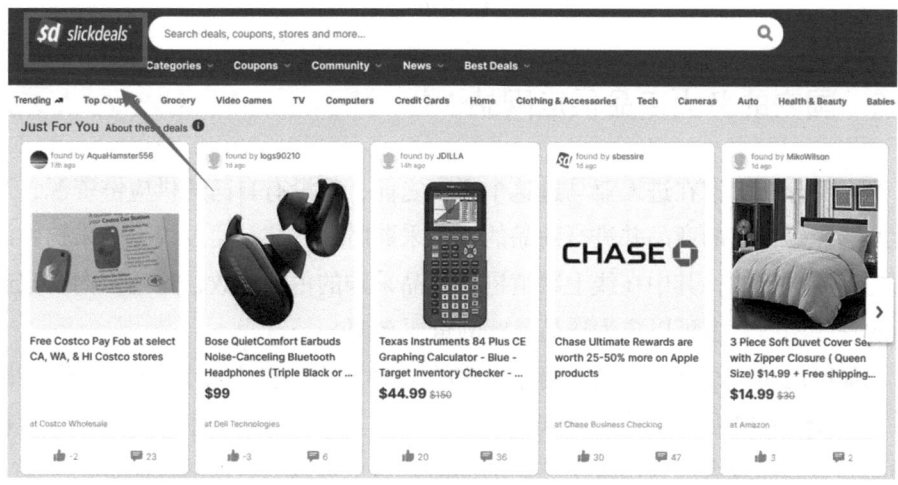

图 3-25

### 3.5.4 站内的各大榜单

本书 2.7 节介绍了亚马逊站内的三个排行榜，此外还有另外两个榜单，那就是 Most Wished For（心愿榜单）和 Gift Ideas（礼物榜单），如图 3-26 所示。如果你在进行选品时苦于找不到好的选品方向，可以先到亚马逊站内的这五大榜单中梳理一下，这些榜单中的商品可能会给你的选品工作带来很多灵感。

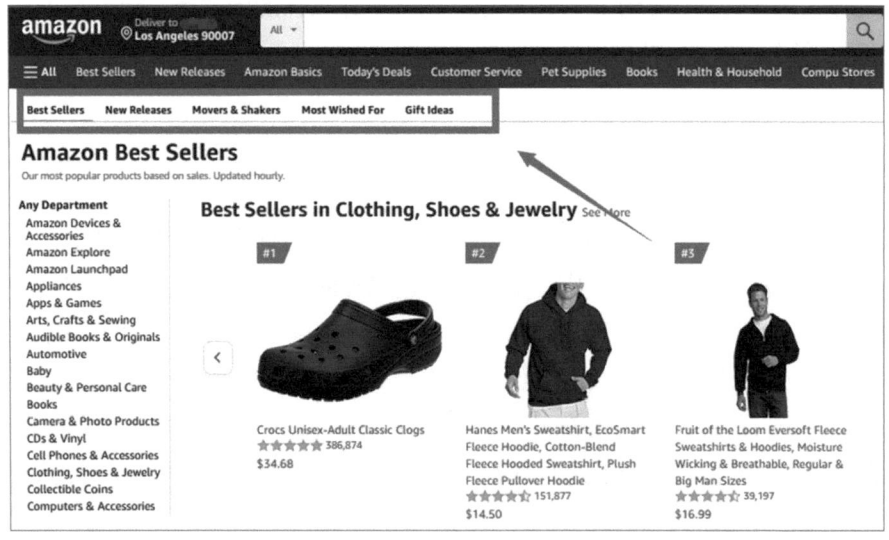

图 3-26

## 3.5.5　国内的各大商品供应网站

绝大部分新卖家在进入亚马逊这个平台之前，都没有自己的供应链资源，当这些卖家选择好自己的商品并进行商品的批量采购时，往往是通过线上的采购网站和线下的工厂进行的，其中在线上渠道进行商品采购的占大多数，这些国内卖家经常进货的一些网站，也可以成为选品灵感的重要来源。

比如国内卖家经常进行批量商品采购的 1688 网站，在主页上专门开辟了"跨境专供"，如图 3-27 所示。在"跨境专供"一栏，卖家可以根据平台设置的排行榜，来判断哪些商品或者类目出现了热销的局面，这也可以为自己的选品提供一些方向上的参考。

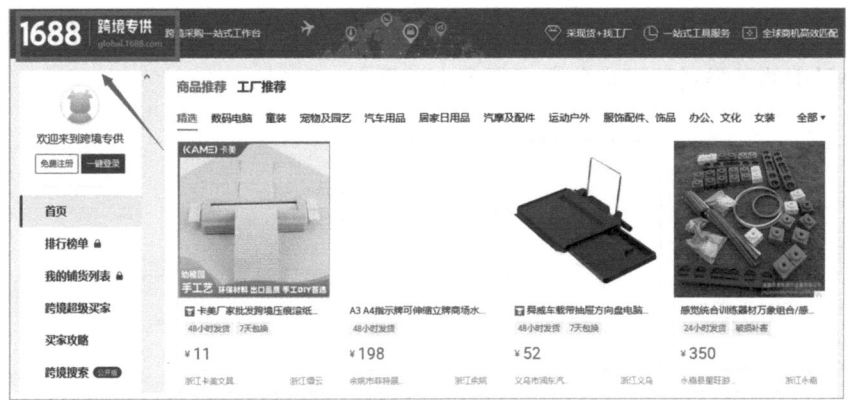

图 3-27

## 3.6 亚马逊新品的开发流程

### 3.6.1 品类立项

品类立项，主要就是指卖家在选品之前确定好商品类目。如图 3-28 所示，亚马逊的一级类目共有 37 个，每个商品类目都有不同的商品审核要求和推广方法。同样，每个商品类目也需要不同的供应链和资金实力来支撑，所以大家在选品前，一定要首先确定好商品类目。图 3-28 中框选的几个类目就是中国卖家数量最多的类目。

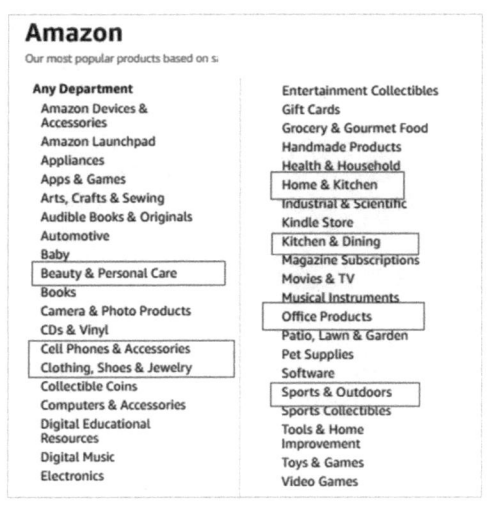

图 3-28

也可以利用亚马逊商品类目树来寻找适合自己的类目。如图 3-29 所示，亚马逊的大类目中的子类目里面也包含了很多小类目。

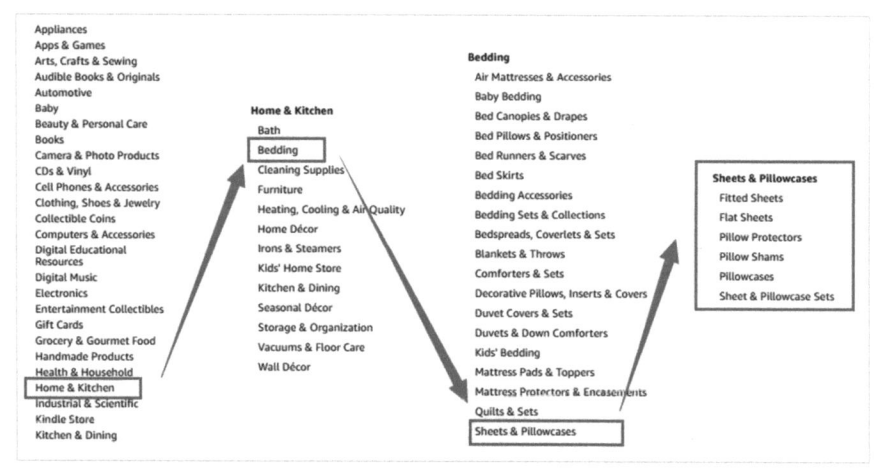

图 3-29

## 3.6.2 市场需求量调研

市场的需求量决定了每个类目的总体销量大小。以储物盒这个商品类目为例，我们先找到这个商品类目的主关键词"storage bin"，然后把这个主关键词输入亚马逊的前台搜索框，看一下商品的搜索结果是不是我们想要调研的商品。如图 3-30 所示，搜索结果确实是我们想要调研的储物盒商品，证明关键词 storage bin 没有选错。

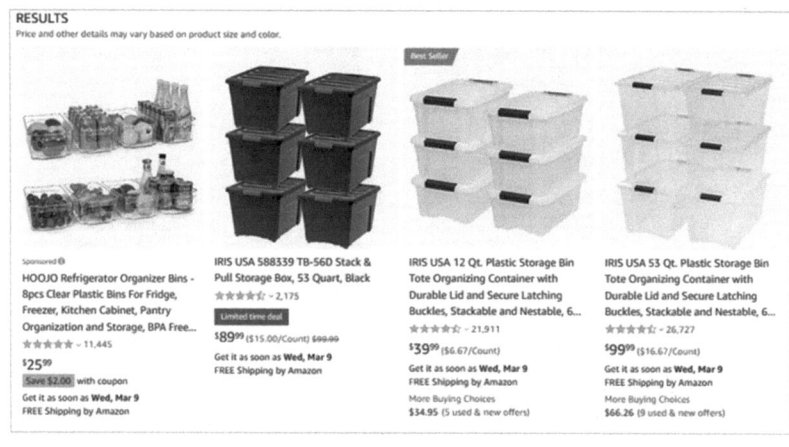

图 3-30

第 3 章 亚马逊成功的核心在于选品

我们要用到一些付费的数据工具，比如卖家精灵等。利用卖家精灵的"关键词挖掘"功能，我们能找到所有和 storage bin 有关联的关键词，如图 3-31 所示。

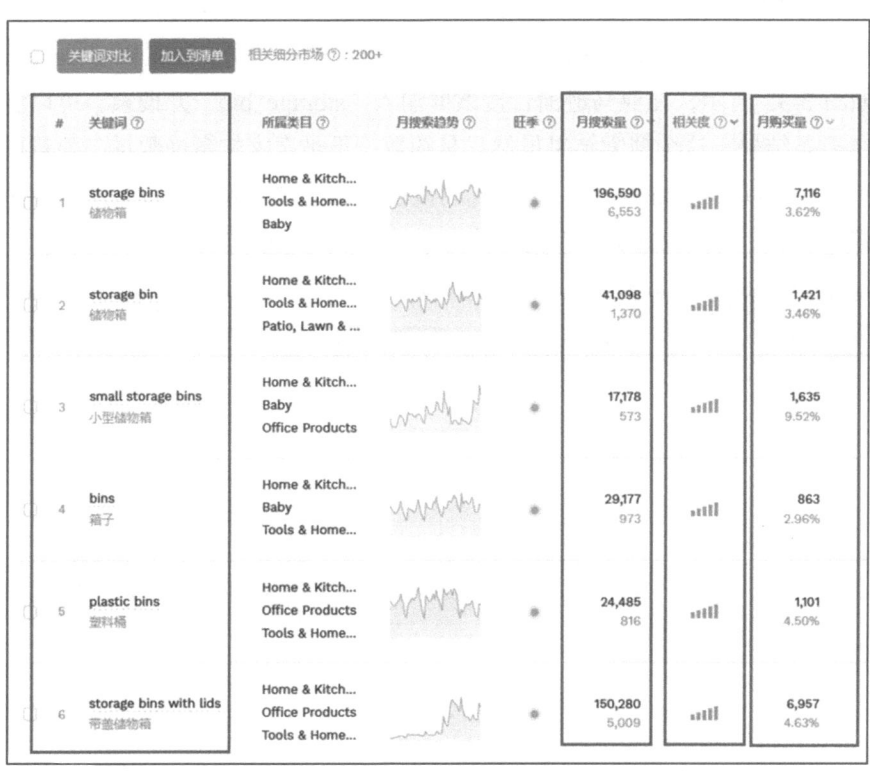

图 3-31

我们主要关注以下几个数据。

（1）关键词。点击某个关键词，就可以直接进入该关键词在亚马逊前台的搜索页面，卖家可以逐个点击某些不确定的关键词，确认是否与我们想调研的商品相关。

（2）月搜索量。月搜索量代表着买家每个月搜索某个关键词的数量，关键词的搜索量越大，相应商品的市场需求就越大。

（3）相关度。相关度代表这个关键词跟这款商品的关联程度有多高，这个指标其实是非常重要的，因为很多关键词可能搜索量很大，但是跟商品的关联程度并不高。

（4）月购买量。该数据说明每个月在每个关键词项下产生了多少订单，这可以作为市场需求量调研的一个参考数据。

### 3.6.3 市场的卖家数量调研

市场的卖家数量，也就是市场上目前有多少店铺在卖这款商品。

我们可以通过亚马逊的前台搜索栏的搜索数量进行调研。还是以 storage bin 为例，如图 3-32 所示，在亚马逊前台搜索框输入"storage bin"并搜索，可以看到有超过 7 万条结果，这个搜索结果虽然只是约数，不是卖家的精确数量，而且可能其中还有一些类目不精准的商品，但是我们依然可以从这个数据中得知这款商品的卖家的相对数量，这个数据也是判断商品竞争是否激烈的标准之一。

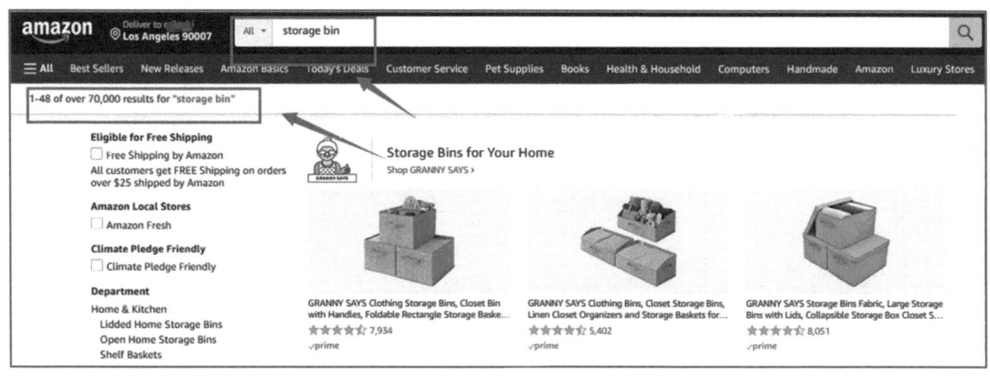

图 3-32

### 3.6.4 类目的垄断程度调研

这个调研的主要目标是看某个特定的类目中有多少商品被 TOP 商品垄断了，以及该类目的销量主要集中在哪些店铺的手里，该数据是判断类目垄断情况的核心指标，如果一个类目中前 10 名的商品垄断了本类目绝大部分销量的话，那么这个类目中新商品是完全没有生存空间的。

该数据指标我们依然可以用卖家精灵软件来进行展示，如图 3-33 所示。我们使用卖家精灵的"市场分析"功能，在该类目的市场分析结果中可以看到"卖家集中度"数据，该数据选取了该类目销量排名前 100 名的商品作为样本，统计出每个卖家的销量占比，以及该类目的集中度。

以 storage bin 商品为例，该类目的卖家集中度指标超过了 86%，而且第一名的卖家跟第二名之后的卖家的柱状图对比非常明显，这就说明第一名的商品在这个类目中处于绝对的垄断地位，再加上第一名是亚马逊自营商品，这样的高垄断类目对

第 3 章　亚马逊成功的核心在于选品

于新品来说，是很难有生存空间的。

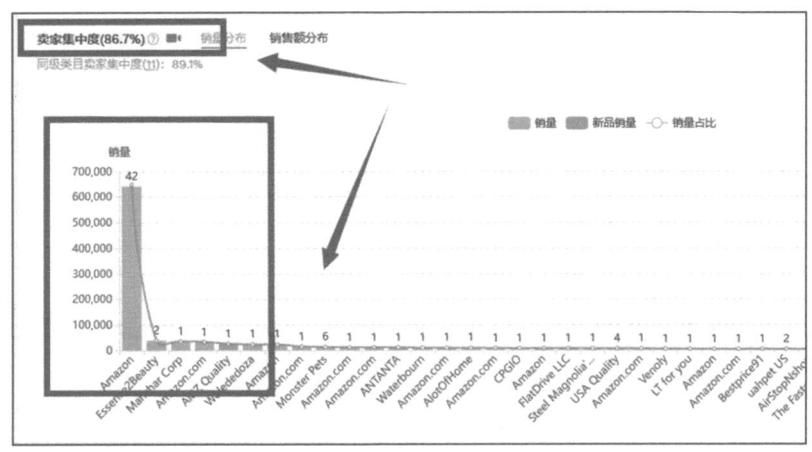

图 3-33

## 3.6.5　关键词搜索结果首页竞争程度调研

关键词搜索结果首页，是类目销量靠前的商品所聚集的地方，我们可以通过观察搜索结果首页的这些商品 Listing，来判断我们的新商品要进入首页的难易程度，以及追赶类目 TOP 商品的难易程度。如图 3-34 所示，如果这个小类目搜索结果首页的商品实力都很强，每款商品的评论数量都在 1000 条甚至 10 000 条以上，这样的类目就属于壁垒很高的类目，新品的生存会很艰难，卖家应谨慎进入这样的类目。

图 3-34

### 3.6.6　季节性商品的排除

我们可以用 Google Trends（谷歌趋势）来调研商品的季节属性。

打开 Google Trends，然后将商品的核心关键词输入搜索框进行搜索，所展示的关键词搜索曲线就可以反映出商品的季节趋势，如果一款商品的搜索曲线波动较大，且每年都存在一些固定的波峰，那么就说明该款商品的季节性较强，对季节性商品没有运营经验的卖家，可以直接排除这类商品。

### 3.6.7　侵权风险的排除

侵权是亚马逊的"绝对红线"，不管你销售哪个类目的商品，防止侵权的思维一定要时刻牢记在心。该部分内容会在 3.8 节详细介绍。

### 3.6.8　商品评论的分析

分析商品评论的目的是找出该商品存在的痛点或者值得改进的地方，这不仅可以让大家在选品时避开一些劣质商品，也可以给大家的选品提供一些差异化的灵感来源。

我们进入这些 TOP 商品的 Listing，然后点击 review 模块下方的"All stars"，就能看到图 3-35 所示的页面，我们可以根据 review 的评分来对该商品所有的 review 进行分类排序，在那些 3 星以下的 review 中，你就可以判断出该商品的问题所在。

此外，还要计算运营成本。亚马逊商品的运营成本计算方法，已经在 1.3 节进行过详细的介绍，这里不再赘述。

综上所述，卖家在对某个类目的商品进行完一系列市场调研后，再结合商品的利润情况和自身的情况，就可以找到适合自己的商品。

第 3 章 亚马逊成功的核心在于选品

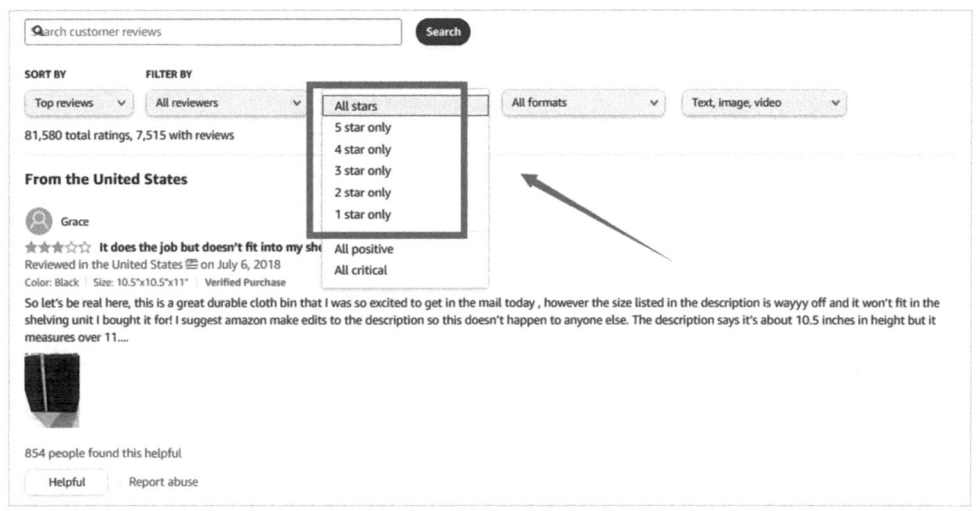

图 3-35

## 3.7 如何确定商品的审核条件

很多新卖家在选品之后经常会遇到一个问题：当初步选中销售某款商品以后，不知道这款商品在亚马逊售卖具体需要什么样的审核条件。

现在亚马逊的选品风险非常大，如果卖家前期投入了很多金钱和精力在某款商品之上，最后却发现这款商品并不能在亚马逊上销售，或者亚马逊审核所需要的条件卖家并不具备，那么不但会对卖家选品和运营积极性造成伤害，对卖家的预算而言也是一笔不小的损失。所以我们在选品之前就要确定这款商品在亚马逊上究竟能不能卖，或者说究竟需要什么样的条件才能卖。

在亚马逊查询商品审核条件的方式主要有两种。

### 3.7.1 利用亚马逊的合规性参考功能

卖家可以直接在亚马逊后台右上角的搜索框搜索"合规性参考"这五个字，在搜索结果中点击"合规性参考"，就可以进入合规性参考的页面，如图 3-36 所示。

这个页面需要卖家输入一些商品的元素。如果运营的是美国站，并且从中国发货，这里就要选择发货地"China"、销售地"United States"，然后在下方的商品栏按照实际类目进行选择，可以直接输入，也可以从图中的类目框中进行逐级点击确认。

图 3-36

假设我们选择的商品是"Infant Walkers"（婴儿车），那么我们直接在搜索框输入关键词"Infant Walkers"进行搜索，在搜索结果中可以看到 Infant Walkers 这款商品在亚马逊平台的审核要求，如图 3-37 所示。

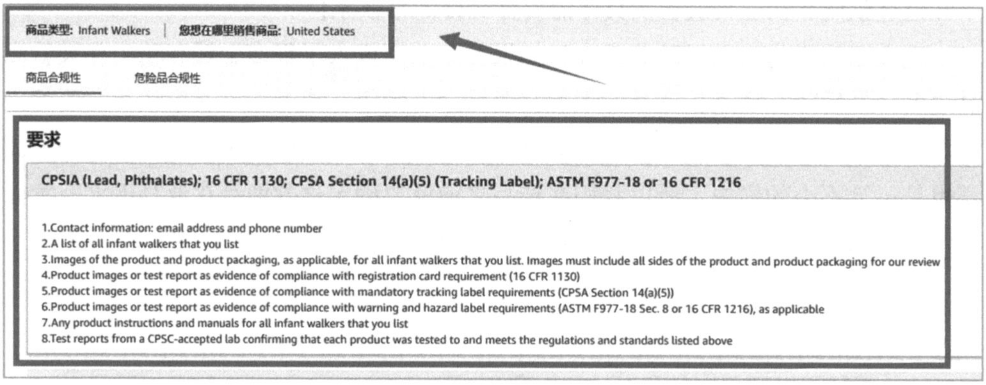

图 3-37

这里不仅可以展示商品的审核条件，还列出了可以出具这些审核报告的服务提供商。如图 3-38 所示，卖家可以直接从这些服务提供商处获取自己商品需要的审核服务，非常方便。

# 第 3 章 亚马逊成功的核心在于选品

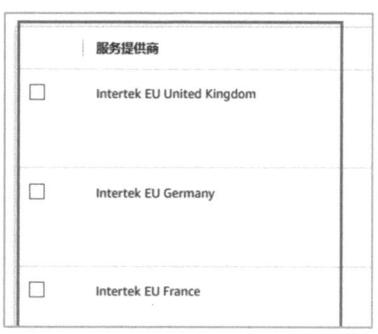

图 3-38

## 3.7.2 跟卖测试法

跟卖测试法利用创建虚拟 Listing 的方式来测试某款商品是否需要亚马逊平台的审核,我们只要完成三个步骤就可以知道某款商品的审核要求。

第一步,在亚马逊前台找到一款自己想售卖的商品,并复制其 ASIN(Amazon Standard Identification Number,亚马逊标准识别码)。假设我们想在亚马逊销售瓶装纯净水,那么我们就在亚马逊上找一款纯净水商品,然后复制这款商品的 ASIN,如图 3-39 所示。

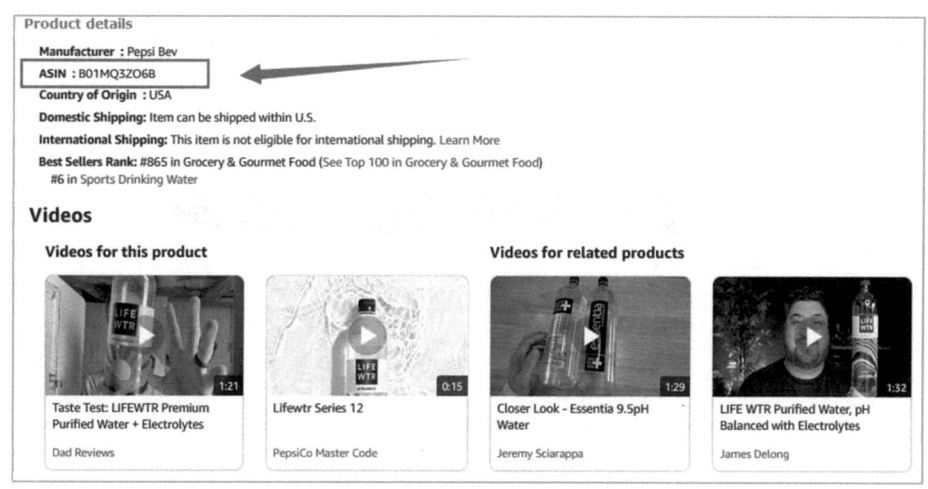

图 3-39

第二步,打开亚马逊上传商品的页面,在搜索框中输入该商品的 ASIN,然后点击后面的"申请销售"按钮,如图 3-40 所示。

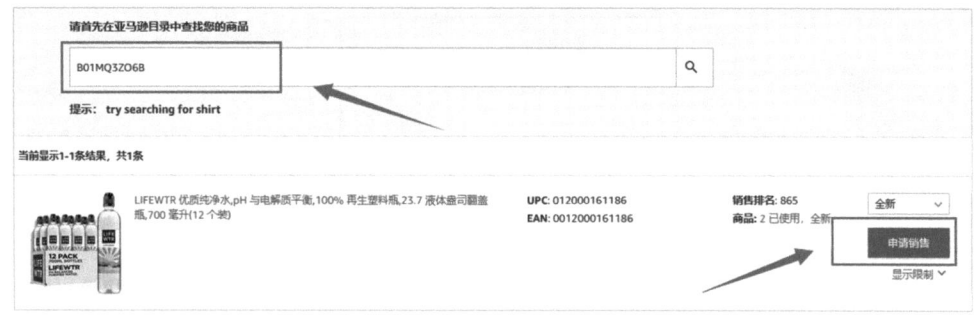

图 3-40

第三步,在搜索结果中,我们可以看到"您的账户不符合条件"的醒目提示,如图 3-41 所示。这说明普通第三方卖家在美国站是没有纯净水商品的销售资格的。

图 3-41

用同样的方法,当我们去测试其他某些商品时,系统出现的提示可能是让我们出示某些审核资料,如图 3-42 所示。当我们准备好合规的审核资料提交并通过后,就具有这个类目的销售权限了。

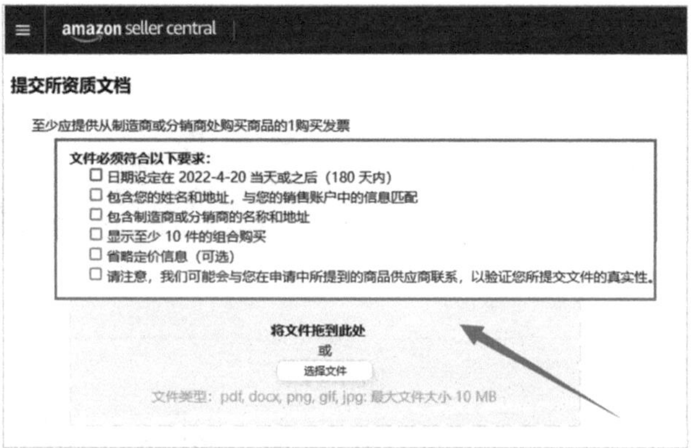

图 3-42

除了上述两种情形外，绝大部分商品都属于不需要审核的普通商品，当你在创建 Listing 并进行商品跟卖的测试中，发现某款商品并未弹出"您的账户不符合条件"的提示，也没有要求提交审核资料的提示，那就说明该类目的商品是可以直接售卖的。

当然，亚马逊上还有很多商品的审核程序是后置的，也就是当商品收到大量差评或者敏感词投诉的时候，亚马逊才会要求卖家提交一些审核材料，卖家遇到这种情况也不要慌乱，按亚马逊的要求去准备和提交材料即可。

## 3.8 如何避免商品的侵权风险

侵权是亚马逊平台绝对不能踩的"红线"，如果卖家不慎选到了侵权的商品，轻则商品被强制下架，重则店铺也会被强制关闭。除此之外，被侵权方还有可能会要求侵权方赔偿侵权行为带来的经济损失，所以卖家在选品时一定要做好商品的侵权风险排查，避免选到侵权商品或者 Listing 文案中出现别人的商标而导致的一系列不良后果。

### 3.8.1 商标侵权

商标侵权是亚马逊平台最为常见的侵权行为，该侵权行为的判定也比较简单，只要别人已经针对某个类目在美国注册了某个商标，那么如果你未经商标权利人的许可，在亚马逊美国站该类目下使用这个商标，就属于商标侵权行为。商标侵权的范围主要包括两个方面。

第一种是 Listing 内容的侵权，也就是如果你在 Listing 当中用了别人的注册商标关键词，就构成了侵权。如图 3-43 所示，"MAGIC TAPE"在美国是别人注册的商标，如果你在该类商品中使用"MAGIC TAPE"这个关键词，就是 Listing 内容的侵权行为。

United States Patent and Trademark Office

Home | Site Index | Search | FAQ | Glossary | Contacts | eBusiness | eBiz alerts | News

Trademarks > Trademark Electronic Search System (TESS)

| | Serial Number | Reg. Number | Word Mark | Check Status | Live/Dead | Class(es) |
|---|---|---|---|---|---|---|
| 1 | 88839632 | | MAGIC TAPE | TSDR | DEAD | |
| 2 | 85734752 | 5008329 | THE MAGIC SPORTS TAPE | TSDR | LIVE | |
| 3 | 77669705 | 3672814 | MAGIC TAPE | TSDR | DEAD | 017 |
| 4 | 76640521 | 3190562 | MAGIC TAPE | TSDR | LIVE | 026 |
| 5 | 73163831 | 1129261 | MAGIC PATCH TAPE | TSDR | DEAD | 017 |
| 6 | 72311446 | 0875439 | SCOTCH BRAND MAGIC TRANSPARENT TAPE | TSDR | DEAD | |

Current Search: S1: (magic tape)[COMB] docs: 6 occ: 26

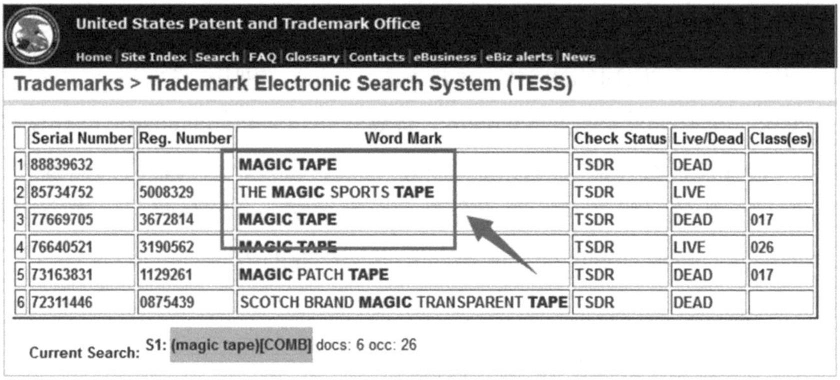

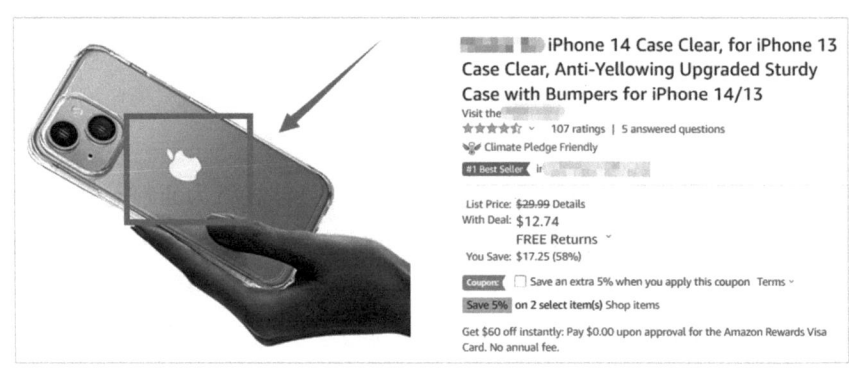

图 3-43

第二种是商品包装上打上了别人的商标的 Logo，这也是比较常见的商标侵权行为。这种最常见的就是大牌商品的一些周边附属商品，因为擅自在商品上和商品宣传图片上使用大牌的 Logo，导致侵权行为的发生。如图 3-44 所示，这种未经过苹果公司授权就把苹果 Logo 印在商品上的行为，就构成了商标侵权。

图 3-44

卖家在选品时，如果想排查商标侵权的风险，就要去美国商标局的官方网站进行商标的细致检索（其他站点的卖家选择其他国家的商标局网站），详细步骤如下。

（1）首先进入美国商标局的官方网站，选择“Trademarks”（商标）菜单，然后选择下拉框中出现的“Searching trademarks”（查询商标），如图 3-45 所示。

## 第 3 章　亚马逊成功的核心在于选品

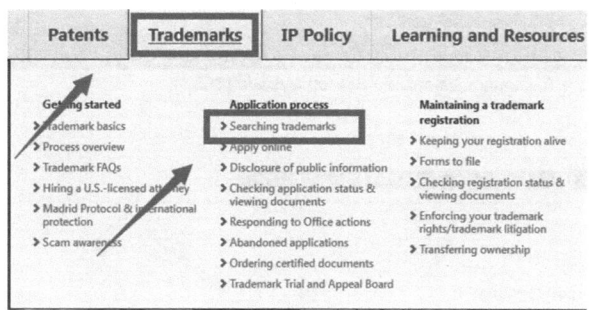

图 3-45

（2）在页面中选择"Trademark Electronic Search System"（商标电子检索系统），如图 3-46 所示。

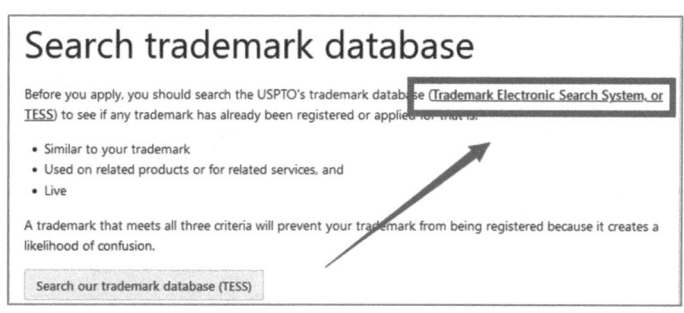

图 3-46

（3）这里会出现三种商标检索方式，如果只是检索字母商标，选择第一种检索方式即可，如图 3-47 所示。

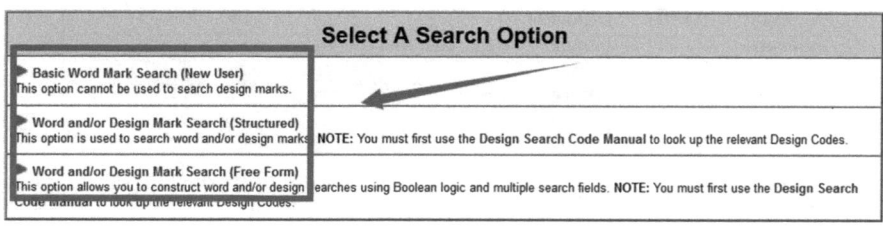

图 3-47

（4）我们在搜索框中输入某个要检索的商标，以"ANKER"商标为例，我们在搜索框中输入"anker"（不区分大小写），然后点击"Submit Query"按钮，如图 3-48 所示。

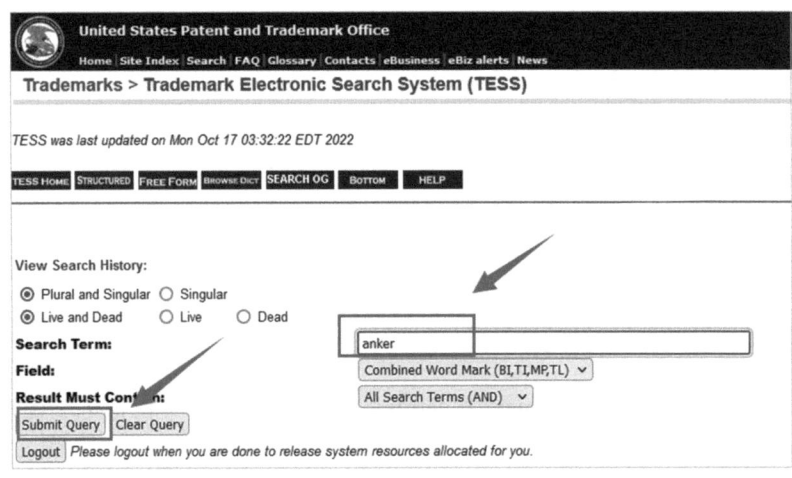

图 3-48

（5）在弹出的搜索结果中，我们就可以看到在美国商标局的查询系统中，所有含有"ANKER"这个关键词的商标，如图 3-49 所示。

| Serial Number | Reg. Number | Word Mark | Check Status | Live/Dead | Class(es) |
|---|---|---|---|---|---|
| 97237784 | | ANKERMAKE | TSDR | LIVE | |
| 97044287 | | GAN-ANKER | TSDR | LIVE | |
| 97097808 | | ANKERWORK | TSDR | LIVE | |
| 97236938 | | ANKER | TSDR | LIVE | |
| 90476651 | | ANKERS AIR PET RELOCATION | TSDR | DEAD | |
| 90879382 | 6838142 | SUZANNE ANKER | TSDR | LIVE | |
| 90745451 | | ANKELINK DIRECT | TSDR | LIVE | |
| 90653967 | | ANKER-HOME | TSDR | LIVE | |
| 90646856 | | ANKER-HOME | TSDR | LIVE | |
| 90190658 | | TOPANKER | TSDR | DEAD | |
| 90049603 | 6695001 | ANKER ARTIST | TSDR | LIVE | |
| 90096671 | | ANKER | TSDR | DEAD | |
| 88477841 | | AI.MAP | TSDR | DEAD | |
| 88891396 | | ANKER & KLEMM | TSDR | DEAD | |
| 88309387 | | ANKER | TSDR | DEAD | 032 |
| 88086544 | | ANKER | TSDR | DEAD | 014 |
| 88315750 | | ANKER | TSDR | DEAD | 025 |
| 88068557 | 5854394 | ANKER | TSDR | LIVE | 007; 009; 011 |

图 3-49

在上面这些搜索结果中，你可以找到自己商品所在的类目，看这个商标在你所从事的这个类目中有没有注册过，如果注册过，那你就不能使用这个商标。这就是商标侵权的排查方式。

## 3.8.2 专利侵权

专利侵权跟商标侵权一样，对于别人已经申请到的专利，如果你未经权利人许可，擅自使用该专利制造商品，就属于专利侵权。

亚马逊曾有一款很火爆的商品，叫作"Book lamp"（书灯），如图 3-50 所示。但是当你在美国商标局官网上进行检索后就会发现，该商品的外观设计已经被别人申请过了专利，如图 3-51 所示。

图 3-50

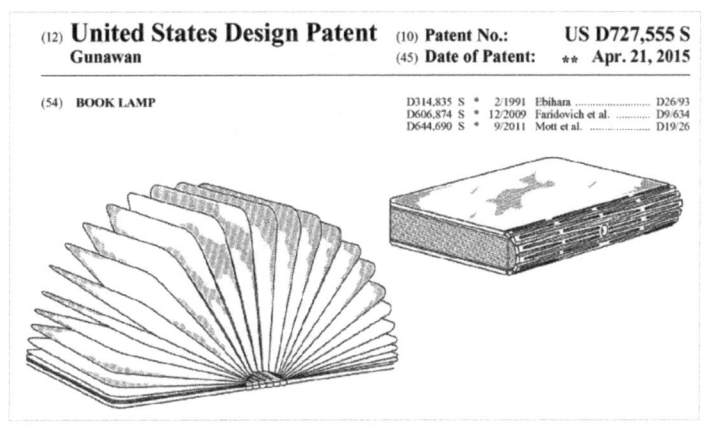

图 3-51

卖家在日常的选品中，如果想最大限度地避开侵犯别人专利权的风险，可以按照下面的步骤来进行专利筛查。

（1）打开美国商标局官方网站，选择"Patents"（专利）菜单，然后在下拉框中选择"Search for patents"（查询专利），如图 3-52 所示。

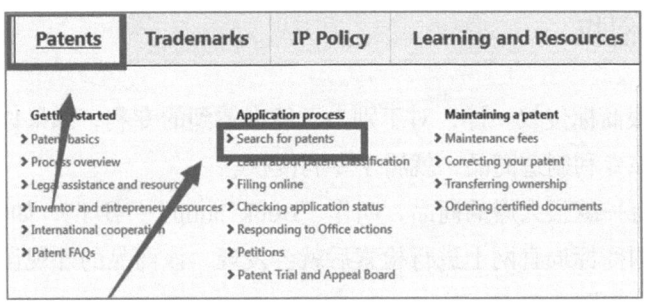

图 3-52

（2）在搜索框中输入想要查询的商品主关键词（以 Book lamp 为例），并点击"Search"（查询）按钮，如图 3-53 所示。

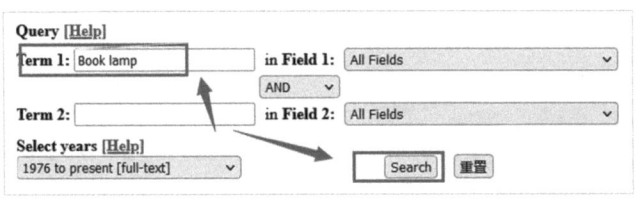

图 3-53

（3）在搜索结果中，我们就可以看到很多关于 Book lamp 的专利，如图 3-54 所示。我们可以手动点击这些专利的标题，进入每个专利的详情页进行专利的排查。

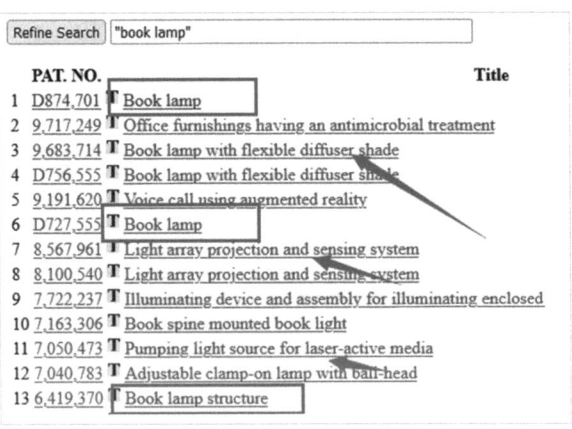

图 3-54

（4）如果你不熟悉专利的专业术语和专业名字，就点击每个专利详情页的"Images"（图片）按钮，可以看到包括图片和设计结构等在内的一些专利信息，如

图 3-55 所示。这样会大幅提升专利排查的工作效率。

图 3-55

最后还要提醒一下大家，在亚马逊平台的侵权风险排查中，商标侵权一般是比较简单的，通过各国商标局网站的商标信息就可以进行风险的排查，但是专利与商标不同，不管是发明专利还是外观设计专利，都有很多专业知识在里面。专利侵权有时候远远超出了亚马逊卖家所具备的知识范畴，所以如果卖家想要百分之百避免专利侵权带来的影响，最好还是委托专业的知识产权机构进行查询。

## 3.9 如何选择可以长期合作的供应商

### 3.9.1 如何寻找供应商

卖家在选定商品以后，下一步工作就是寻找该商品的供应商。目前，在跨境电商行业开发供应商主要以线上资源和线下资源相结合的方式进行。线上资源就是我们通常所说的货源网站，以 1688 网站为主，除此之外还有很多垂直类目的专业货源网站。在 1688 网站上选择供应商时，需要选择 5~10 家供应商的样品进行分析，这样不仅能将供应商的样品做详细的横向对比，还可以为卖家储备备用的供应商资源。

通过线下资源寻找供应商是指通过自己熟悉的人或曾经合作过的工厂，去寻找合适的商品供应商。这种方式适用于有一定经验和人脉的卖家，对中、小卖家来讲，应以通过线上资源寻找供应商的方式为主。

## 3.9.2 如何判断供应商的实力和服务水平

在选择供应商时，如何判断该供应商的实力和服务水平呢？可从以下几个方面入手。

### 1．观察供应商寄发样品的细节

通常实力较强的供应商拥有一套完善的工作流程和模式，所以当他们接到一个卖家的索样请求时，他们会快速地将样品发送至卖家备注的地址，而且其样品的准备时间较短、样品的包装和配件齐全，从邮寄样品这样一个简单的环节中，就可以看出某个供应商的专业性如何。

### 2．观察供应商的个性化定制实力

随着跨境电商的发展，其周边服务行业也逐渐发展起来，其中就包括供应商。供应商紧紧围绕卖家的个性化需求，推出了很多个性化服务。例如，商品的外包装定制服务，以前卖家需要自己定制好包装盒，然后交由工厂进行包装，现在实力较强的供应商可以代为设计和制造内、外包装盒，卖家只要和供应商对接，就可以为自己的商品定制个性化包装。所以卖家在和供应商洽谈的过程中，可以在满足定制化需求等方面观察供应商的个性化定制实力，进而判断供应商的实力和服务水平。

### 3．观察供应商的商品价格

卖家在选择供应商时，不能只选择商品价格低的供应商，要综合考虑商品的价格和质量，在确保商品质量的前提下尽量选择商品价格低廉的供应商。因为这样的供应商的生产规模较大，所以分摊在每款商品上的生产费用较低，这样的供应商的实力较强。

### 4．观察供应商的问题处理能力

判断供应商是否值得长期合作，还要看该供应商的问题处理能力。在卖家和供应商的合作过程中时常出现一些问题，如商品的标签贴错了、部分商品的质量不合格、商品的交期突然发生变化等。如果供应商对这些问题有一套完善的应急处理预案，能快速、有效地解决问题，就适合长期合作；反之，如果供应商在出现问题时，不是积极地解决问题，而是逃避责任，就不适合长期合作。

当卖家的店铺逐渐走上正轨，卖家的商品销量实现突破时，卖家可以向供应商要求更低的价格，以便将节省下来的成本用于商品的推广，从而降低商品的运营成本，以获得更多的利润。

在商品的交期上，卖家也可以为自己争取更短的交期。在竞争日趋激烈的环境中，保证商品不断货将是打造一款成功商品的前提，而只有得到供应商的商品交期保证，才能大大提升商品不断货的可能性。

# 第 4 章

# 亚马逊发货的主流模式

# 第 4 章 亚马逊发货的主流模式

## 4.1 FBA 与 FBM 概述

### 4.1.1 FBA 与 FBM 两大模式

亚马逊目前有两种发货的模式，一种是 FBA，一种是 FBM。

FBA 即"Fulfillment by Amazon"的简称，也就是我们平时所说的"亚马逊物流配送"。选择 FBA 服务的卖家需要首先将自己店铺的商品运送到亚马逊平台预先分配的 FBA 仓库，接下来的入仓、分拣、仓储、发货、客服等工作全部由亚马逊平台代替卖家完成，卖家只要按照不同的费率缴纳相应的 FBA 费用即可。采用 FBA 发货模式的卖家，在商品购物车的下方都会显示"Ships from Amazon"（由亚马逊配送）的字样，如图 4-1 所示。

图 4-1

除了 FBA 模式之外，还有一种发货模式就是 FBM。FBM，即"Fulfillment by Merchant"的简称，也就是我们平时所说的"自发货"模式。采用 FBM 发货模式的卖家，当商品售出以后，商品从卖家仓库到买家地址的全部投递流程，都将由卖家负责打理和监控。采用 FBM 发货模式的卖家，在商品购物车的下方不会显示"Ships from Amazon"（由亚马逊配送）的字样，而是直接显示卖家的店铺名称，如图 4-2 所示。

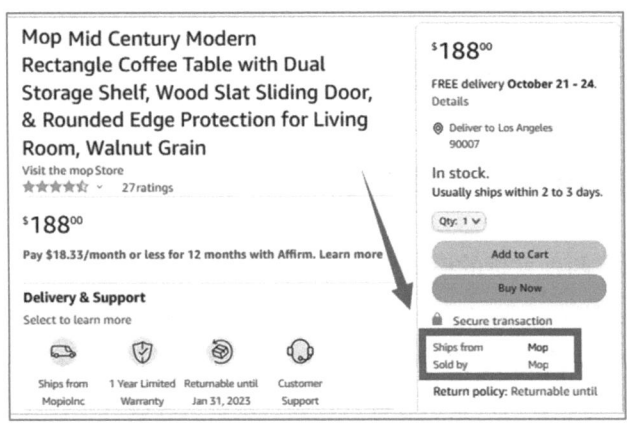

图 4-2

对卖家来讲，选择 FBA 发货模式是减少日常客服工作量和提升商品转化率的有效手段。当卖家选择了 FBA 模式之后，货物从入仓到出仓之间的所有流程都是由亚马逊平台负责的，即使出现退货或者需要销毁货物的情形，也不需要卖家处理，亚马逊平台会处理好所有事情。

但是，FBA 服务也有缺点。卖家选择了 FBA 服务就意味着卖家的商品要运送到美国或其他站点的 FBA 仓库，这些商品一旦启程，就不会再返回卖家手中，即便是商品上线后遇到销售不佳的情形，这些商品最后也只能低价处理或者直接弃置，FBA 模式带来的资金风险是巨大的。

## 4.1.2　FBA 模式的优缺点

亚马逊 FBA 模式的优点可以总结为六个方面。

优点一：流量倾斜。

FBA 是亚马逊的收费项目，卖家每卖出一件商品，就要为 FBA 服务支付一定的费用。既然是付费服务，那么亚马逊为了推行 FBA 服务，就会把流量倾斜到 FBA 商品上来，对于同一款商品来说，FBA 模式下的流量会远大于 FBM 模式。

优点二：提升转化率。

亚马逊上所有的商品，在其 Listing 右上角都会显示亚马逊系统预估的到货时间，如图 4-3 所示。FBM 自发货模式的商品，到货时间会落后于 FBA 模式下的商品，特别是从国内发货的商品，到货时间更是长达几周甚至更长，这就会影响买家对该商品的最终购买决策，因为在同等的条件下，谁都想买一个可以尽快拿到手的商品，这就是 FBM 模式对转化率的影响。

图 4-3

优点三：购物车的获取。

Buy Box 购物车并不是所有商品在上线后都会自动被系统赋予的，如果是 FBM 发货模式，商品在正式上线后一般不会立即获得 Buy Box 购物车，只有当商品成功售出几单之后，系统才会识别并赋予该 FBM 商品 Buy Box 购物车的功能，而 FBA 模式下的商品，基本上上线之后都可以立即获得 Buy Box 购物车。

Buy Box 购物车对商品的影响主要体现在最终的转化率上，很多情况下当商品有购物车按钮的时候，买家就可以选择加入购物车或者直接购买，但是当某商品的 Listing 没有 Buy Box 购物车按钮的时候，部分买家可能就会出现犹豫，或者是转而去选择其他的商品，购物车会通过影响买家的购买决策来影响商品的转化率。

优点四：FBA 模式下的售后工作较少。

在 FBA 模式下，商品的售后工作基本上都是由亚马逊的客服来完成的，偶尔可能有一些卖家通过站内信的方式来进行咨询，但是这毕竟是少数，这个工作量相对于 FBM 模式来讲，几乎可以忽略不计了。FBM 发货模式在发货前、发货中和发货后的买家咨询工作都比 FBA 模式繁重得多。

优点五：FBA 可以配送其他渠道的订单。

亚马逊 FBA 物流是支持远程配送的，举个例子，假设你正在运营北美站，但是在北美站内，你目前只在美国站上传了 FBA 商品，并未在加拿大站和墨西哥站上传，这个时候如果你想把美国站的 FBA 库存商品直接销售到加拿大站或墨西哥站时，就可以直接开通亚马逊的远程配送功能来进行销售和配送。

优点六：部分负面反馈可以申请删除。

在 FBA 模式下，商品销售后的物流配送等工作都由亚马逊来负责完成，所以如果你的 feedback（店铺反馈）里面出现了一些关于配送或者物流的负面反馈时，可以向亚马逊官方申请删除，而且这种删除效率极高，基本上提交申请后可以做到"秒删"。

但是，FBA 模式也是一把双刃剑，它的劣势也是非常明显的。

劣势一：FBA 库存会占用资金。

在 FBA 模式之下，卖家如果想要运营某款商品，首先就要把这款商品从中国发送到美国的 FBA 仓库，这个时候由于物流的时效问题，可能就会有好几批货物来占用有限的资金，FBA 仓库里面的货会占用资金，为了保证在售的商品能不断货，路上可能还有一批货物，这批货物也会占用资金，如果卖的是畅销品的话，供应商那里可能还预定了一批货，这三批货物所需要的采购资金加起来，会让资金链压力很大。

劣势二：运营的风险大。

现在亚马逊的政策越来越趋于严格，各种因为违规行为被封店的情况几乎每天都在发生。一旦店铺被关，FBA 仓库里面的商品就会立刻成为一堆毫无价值的"吃灰利器"。如果 FBA 商品被下架且没有了再继续销售的可能，很多卖家可能想找当地的服务商把这些滞销库存低价处理掉，但是一旦到了这个阶段，这些库存低价处理带来的资金可能就很少了，很多人甚至直接就把滞销库存弃置了。所以说 FBA 模式下卖家运营的风险是越来越大的，压的货越多，商品线越多，库存越多，风险就会越大。

劣势三：FBA 收费越来越高。

FBA 费用在每年的 2 月份都会进行调整，虽然说是调整，但是一般只"向上"调整。亚马逊几乎在每年的 2 月份都会发布官方消息，通知卖家下一年度的 FBA 费用要上涨，这个上涨的惯例已经持续了很多年。

劣势四：FBA 收费"陷阱"很多。

FBA 服务有很多收费项目，这些收费项目有按月收取的，也有超出一定期限才收取的，很多卖家在不了解 FBA 收费规则的前提下，稀里糊涂地付出了一些本不该有的费用，比如 FBA 仓储费中的长期仓储费，某一批货物在 FBA 仓库中的存储时间超过了 365 天就要被收取，很多卖家就是因为店铺中有大量的滞销货物未及时清理而被征收了高额的长期仓储费。所以大家一定要熟悉亚马逊的 FBA 收费标准，否则可能会遭遇很多收费陷阱。

## 4.1.3　FBM 模式的优缺点

FBM 自发货模式曾经是亚马逊卖家的主流选择，但是在目前亚马逊大力推广 FBA 模式的前提下，选择 FBM 模式的卖家比起从前来说，已经是大为减少了。

FBM 模式主要有两个优势。

优势一：资金成本低。

因为大部分国内 FBM 卖家都是从国内直接发给国外买家的，这种模式就决定了卖家不用多备货，甚至很多卖家在出单后才去采购商品，这种模式可以减小库存资金带来的压力。

优势二：运营风险低。

正因为在 FBM 模式下不用提前备货和大批量备货，所以运营的风险相较 FBA 模式就低很多，假如店铺里的某款商品出了什么问题，也不会像 FBA 模式那样损失整个 FBA 库存，遭遇库存损失和资金损失的风险较低。

但是在目前 FBA 模式占据绝对主流的前提下，FBM 呈现出来的劣势要远远超过它的优势。

FBM 模式的劣势主要有五点。

劣势一：到货期过长对转化率不利。

FBM 模式下的商品 Listing 显示的到货期会非常长，有的甚至会长达一个月，很多买家就不愿意等这么长的时间，所以可能就会转而选择同等情况下的 FBA 商品，这就是到货期过长对转化率的影响。

劣势二：流量无倾斜。

因为亚马逊在主推自己的 FBA 付费业务，所以在平台流量获取上，FBA 商品就会被赋予更多的优势，在这种大环境下，FBM 模式下的商品上线后，在流量获取方面要先天落后于同类目的 FBA 商品。

劣势三：店铺指标容易不合格。

在亚马逊的店铺指标中，"配送绩效"就是专门针对 FBM 模式设置的店铺绩效指标，如图 4-4 所示。这里面有三个细分指标，一个是迟发率，一个是配送前取消率，还有一个是有效追踪率。很多 FBM 卖家在刚开始运营的时候，因为不了解亚马逊后台的绩效指标或者缺乏必要的物流资源，所以这三个指标（尤其是迟发率指标）经常会出现不合格的情形，这三个指标如果长期不合格，就会严重影响到店铺的安全。

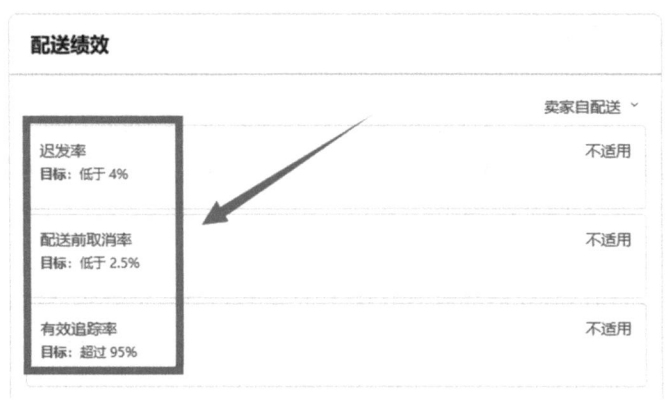

图 4-4

劣势四：高货值商品退换货风险大。

FBM 一般分为从国内直发和国外海外仓直发两种模式，大部分国内卖家选择的是从国内直发给买家的国内直发模式，在这种模式下，商品如果出现换货或者退货等情形，对卖家是非常不利的，尤其是销售高货值商品的卖家，一旦出现换货或者退货等情形，昂贵的运费也会成为卖家较大的负担。

劣势五：购物车难获取。

这一点我们在前面已经讲过，这里不再赘述。

## 4.2　FBA 费用的计算方式

当卖家选定一款商品后，需要对该商品的成本和利润进行计算，以确保经营该商品是有利可图的。在商品的成本中，FBA 费用占比很大。计算 FBA 费用主要有两种方式，一种是使用亚马逊平台提供的 FBA 费率表进行计算，另一种是使用亚马逊官方的 FBA 费用计算器进行计算。

### 4.2.1　使用 FBA 费率表进行计算

卖家登录自己的后台，在右上角的搜索框中输入"FBA 费用"，在搜索结果中点击"亚马逊物流配送费"，即可看到 FBA 费率表，如图 4-5 所示。

## 第 4 章　亚马逊发货的主流模式

| 标准尺寸商品分段 | | | | |
|---|---|---|---|---|
| 商品类型 | 尺寸分段 | 发货重量 | 非高峰期配送费用[1] | 高峰期配送费用[1] |
| 大多数商品（非危险品和非服装商品） | 小号标准尺寸 | 不超过 6 盎司 | $3.07 | $3.28 |
| | | 6 至 12 盎司（不含 6 盎司） | $3.22 | $3.43 |
| | | 12 至 16 盎司（不含 12 盎司） | $3.77 | $3.98 |
| | 大号标准尺寸 | 不超过 6 盎司 | $3.72 | $4.03 |
| | | 6 至 12 盎司（不含 6 盎司） | $3.96 | $4.27 |
| | | 12 至 16 盎司（不含 12 盎司） | $4.75 | $5.06 |
| | | 1 至 2 磅（不含 1 磅） | $5.40 | $5.71 |
| | | 2 至 3 磅（不含 2 磅） | $6.08 | $6.60 |
| | | 3 至 20 磅（不含 3 磅） | $6.44 + $0.32/磅（超出首重 3 磅的部分） | $6.96 + $0.32/磅（超出首重 3 磅的部分） |

图 4-5

这种计算方式是以商品的尺寸和重量作为计算依据的，尺寸和重量都在某一计算阶段内的商品，才可以执行这一阶段的费用，反之，尺寸和重量如果有一项超出某一计算阶段，则应按照下一计算阶段进行计费。

如果你不清楚自己的商品处在哪个尺寸和重量阶段，可以先在后台搜索框搜索"商品尺寸分段"，在搜索结果中就可以看到亚马逊平台对于商品尺寸的详细分段情况，如图 4-6 所示，卖家可以根据这个分段表去确认自己商品的计算基准。

| 商品尺寸分段 | 单件重量* | 最长边 | 次长边 | 最短边 | 长度 + 周长 |
|---|---|---|---|---|---|
| 小号标准尺寸 | 16 盎司 | 15 英寸 | 12 英寸 | 0.75 英寸 | 不适用 |
| 大号标准尺寸 | 20 磅 | 18 英寸 | 14 英寸 | 8 英寸 | 不适用 |
| 小号大件 | 70 磅 | 60 英寸 | 30 英寸 | 不适用 | 130 英寸 |
| 中号大件 | 150 磅 | 108 英寸 | 不适用 | 不适用 | 130 英寸 |
| 大号大件 | 150 磅 | 108 英寸 | 不适用 | 不适用 | 165 英寸 |
| 特殊大件 | 超过 150 磅 | 超过 108 英寸 | 不适用 | 不适用 | 超过 165 英寸 |

图 4-6

## 4.2.2 使用亚马逊官方 FBA 费用计算器进行计算

这种计算方式较为简单、快捷，卖家无须自己动手计算，只需找到一款相同或高度相似的商品，然后根据这款商品来推算自己商品的 FBA 费用。具体操作步骤如下。

（1）在百度首页的搜索框中输入"Fulfillment by Amazon Revenue Calculator"，在搜索结果中找到亚马逊官方 FBA 费用计算器的链接并打开它，或者通过亚马逊门户网站 AMZ123 找到亚马逊 FBA 计算器，如图 4-7 所示。

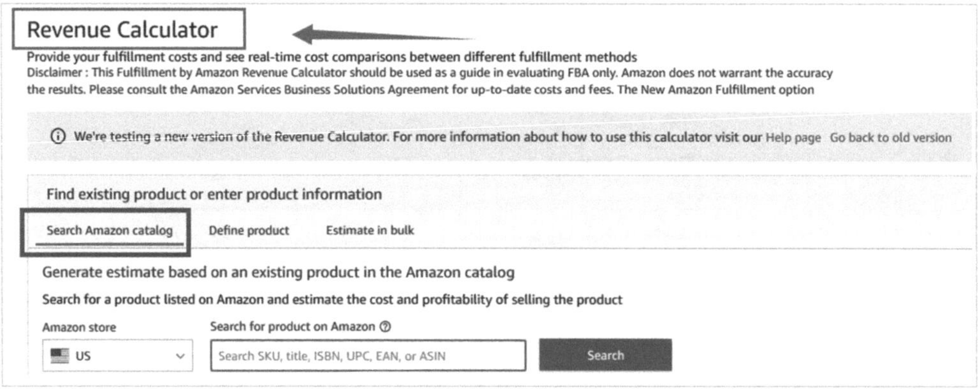

图 4-7

（2）我们可以选择第一项"Search Amazon catalog"，然后在亚马逊平台上找到一款和自己的商品相同或高度相似的商品，复制该商品的标题或 ASIN 至图 4-7 中的搜索框中，单击"Search"（搜索）按钮，就可以看到我们所搜索的这款商品的 FBA 收费情况以及商品的利润情况，如图 4-8 所示。

（3）如果售卖的商品在亚马逊平台上找不到类似的商品，亚马逊也为卖家提供了直接输入商品尺寸和重量来计算 FBA 费用的方式。如图 4-9 所示，只需要输入商品的尺寸或者重量，然后点击"Estimate"（估价）按钮，即可得出该商品所需支付的 FBA 费用。

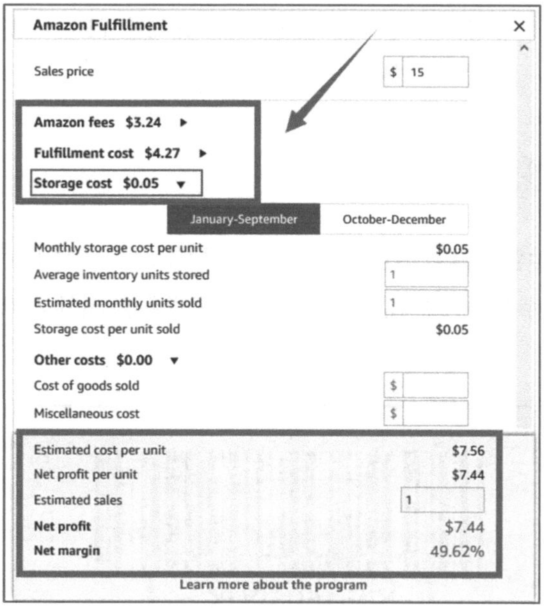

图 4-8

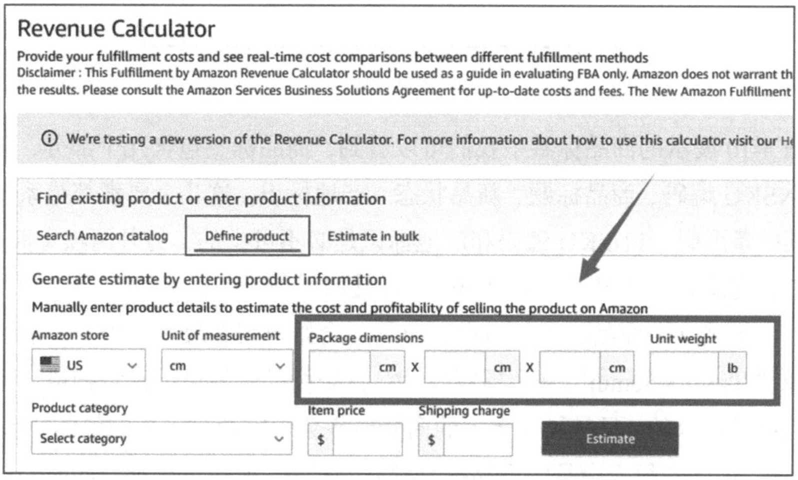

图 4-9

## 4.3 亚马逊 FBA 五大必备标签

亚马逊卖家在发货时，商品包装和外箱上需要按照亚马逊的要求来张贴一些标签，如果这些标签的内容或者张贴方式不正确，可能会对商品的按时接收产生影响，所以卖家在发货前一定要做好标签的检查工作。亚马逊 FBA 模式常用到的标签主要有五种。

## 4.3.1 商品标签

商品标签，是在每款商品发往 FBA 仓库前都要在商品身上或者商品包装上张贴的标签，亚马逊仓库会通过扫描商品标签的方式进行商品的入库和计量，商品标签如图 4-10 所示。

图 4-10

从图 4-10 展示的商品标签中我们可以看到，商品标签包含几个部分，分别是条形码、FNSKU 编码、商品标题、新品状态、产地标识，这几个要素都是系统自动生成的，其中条形码、FNSKU 编码和产地标识是必不可少的，另外两项（商品标题、新品状态）在缺失的情况下也不会影响入库接收。

在后台下载这个商品标签的时候，亚马逊会给出很多尺寸选项，一般情况下卖家会选择"30mm×50mm"这个标签尺寸，只要商品标签可以正常扫描，标签尺寸再大一点也是可以的，只是尺寸太大的商品标签会影响商品包装的整体效果。另外，同一个商品 SKU 的每批商品的商品标签都是一样的，所以下次补货的时候可以继续沿用之前的商品标签文件。

这里还有一点大家一定要注意，那就是在张贴商品标签的时候，一定要保证商品标签张贴在一个平面上，这样亚马逊仓库在扫描的时候就不会出现扫描困难的情形，可以保证商品顺利入仓。

另外，在打印完商品标签并张贴之后，可以自己拿手机扫一下试试，只要标签是可以被识别的，不管识别之后有没有内容，都证明这个标签没有问题。

## 4.3.2 外箱标签

外箱标签是贴在外箱上的标签，如图 4-11 所示，这个标签跟商品标签的尺寸不同，商品标签基本上都是 30mm×50mm 的，外箱标签默认的尺寸基本都是 10cm×10cm 的，而且每一个外箱标签都是不一样的，上面有不同的外箱编号，这一点也跟商品标签不同。

图 4-11

外箱标签上的内容跟商品标签不同，但是大家一定要记住，这个"Made In China"的标识也是不可缺少的，缺少这个标识，可能会遭到目的国的海关罚款或者扣货等处罚。

大家在进行商品装箱时，箱子可以使用之前用过的旧箱子，但是一定要注意把之前张贴的其他物流的一些标签、二维码或条形码处理掉，而且在日常张贴外箱标签的过程中，一定注意不要把外箱标签张贴在箱子的开口处，这种张贴方式可能在运输过程中或者海关查验中导致外箱标签割裂，从而影响商品的正常接收。如图 4-12 所示，左图就是错误的外箱标签张贴方式，右图为正确方式。

图 4-12

### 4.3.3 防窒息标签

很多卖家对这个标签不是很了解,防窒息标签是为了防止出现儿童把袋子套在头上导致窒息等情况。亚马逊官方规定,所有口径大于或等于 5 英寸(合 12.7cm)的塑料材质的包装袋都必须张贴防窒息标签。如图 4-13 所示,左侧是英文版的防窒息标签,主要用于英语系国家站,右侧是日文版的防窒息标签,主要用于日本站。在亚马逊的商品运营中,只要你用了塑料材质的包装袋,并且袋子的开口是大于或等于 5 英寸的,就必须张贴防窒息标签。

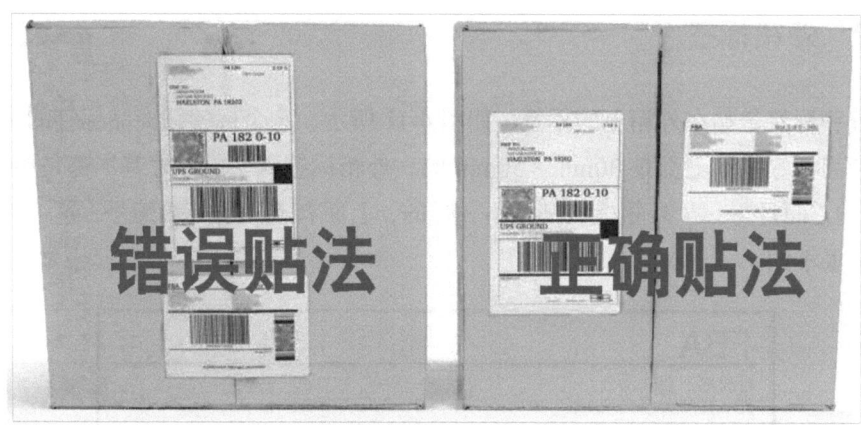

图 4-13

## 4.3.4 超重标签

亚马逊各个站点对于单个商品外箱的重量和尺寸都是有明确限制的，比如美国站的单箱最大重量不能超过 22.5kg（欧洲站和日本站是不能超过 15kg），如果你的商品的单箱重量超过了这个限制，那你就要在外箱上多张贴一个超重标签，标签要说明箱子的重量超出了亚马逊的限制，如图 4-14 所示。

图 4-14

除了这个标签之外，如果你的美国站商品的单项重量超过了 45kg（欧洲站是 30kg），你就必须张贴一个"Mech Lift"（机械搬运）标签，如图 4-15 所示。这个标签提示港口或者 FBA 仓库的工人，这个箱子已经超过了 45kg，需要叉车来进行搬运。

图 4-15

### 4.3.5 套装勿拆标签

这个标签是对于售卖套装商品的卖家来说的,假设你售卖的商品是两本书的套装,那么这两本书要提前包装在一个套装里面,并贴上商品标签,亚马逊不会在商品出库时自动帮你搭配不同的包装,只能由你自己在商品发往 FBA 仓库前完成包装。

这个时候,为了防止在入仓和出仓的时候误拆你的这件套装商品,最好是在套装商品的外面贴上一个"This Is A Set, DO NOT SEPARATE"(套装勿拆)的标签,如图 4-16 所示。这样做就可以最大限度地提醒仓库的工作人员:这是一个套装,不要把这个套装拆开。

图 4-16

## 4.4 FBA 头程运输

### 4.4.1 什么是"头程运输"

头程是跨境电商行业的一个术语,是指货物从国内的出发港到亚马逊仓库之间的这一段路程。

头程物流服务商是服务商群体中非常重要的组成部分,因为商品从工厂发出之后，必须经过头程运输，才能安全到达亚马逊 FBA 仓库，可以说，头程物流服务商的服务水平和服务时效会在很大程度上决定商品上架前的运营稳定性。但是，近些年由于头程物流服务商的水平问题或者低级失误问题造成卖家重大损失的事件屡有发生，所以选择一家值得信赖的头程物流服务商并与之建立稳定的合作关系是卖家不可忽视的事。

## 4.4.2 如何选择合适的头程物流服务商

既然选择一家可靠的头程物流服务商如此重要，那么经验不足的新卖家该如何选择适合自己的头程物流服务商呢？

**1. 看头程物流服务商的服务水平**

目前，卖家的数量在逐年增长，头程物流服务商的数量也在相应地增长，各服务商之间的市场争夺非常激烈。头程物流服务商之间的竞争既可以降低头程物流服务商的运输价格，又可以提高头程物流服务商的服务水平，而服务水平的高低往往可以从侧面反映出头程物流服务商的综合实力。例如，现在的头程物流服务商基本可以做到同城免费上门收货、代贴外包装箱标签和进行一定的商品抽检工作，而这些服务项目的提供与否都可以作为衡量头程物流服务商服务水平的重要标准。

**2. 看头程物流服务商的价格水平**

这里所说的看价格水平，并不是一味地要求头程物流服务商降低其价格，因为任何行业都是有成本的，一旦价格低到成本以下，就可能出现缺斤少两、滥竽充数的质量问题。这里所说的看价格水平是指要看头程物流服务商的服务价格是否和行业的平均价格基本持平。因为随着竞争的加剧，商品的利润空间越来越小，卖家如果忽视了节约成本的问题，可能就没有利润了，所以卖家在选择头程物流服务商时，一定要将其价格水平纳入头程物流服务商的考核体系中。

**3. 看头程物流服务商的经济实力**

选择一家经济实力雄厚的头程物流服务商对卖家今后的资金链周转有很大的帮助。当卖家的商品运营达到一定规模时，卖家可以向经济实力雄厚的头程物流服务商申请一定的账期，以使自己有限的资金发挥出更大的作用，同时缓解资金紧张的局面。所以选择一家可以提供一定账期、经济实力雄厚的头程物流服务商，对卖家的后续运营非常重要。

**4．看头程物流服务商的运输时效承诺**

作为一家运输服务机构，头程物流服务商最重要的工作是安全、快速地把卖家的商品送至亚马逊仓库中。因此，运输时效问题可以说是头程物流服务商的服务是否达标的核心问题。如果头程物流服务商承诺的时效过长或者并不能保证其所承诺的合理的运输时效，就会影响商品的稳定运营和权重积累，给商品带来很大的负面影响。所以卖家在选择头程物流服务商时要考虑其运输时效承诺。

**5．看头程服务商出现问题时的解决方式**

头程运输的路程通常很长，而且要跨越不同国家的海关，中途还要切换不同的运输方式，所以在头程运输的各个环节都可能出现货物的丢失或者毁损等情形，当出现这些问题的时候，有些头程服务商往往只会推卸自身责任，将绝大部分原因归结为一些不可抗力因素，而对自己应该承担责任的部分却避而不谈，如果遇到这样的头程服务商，最好是尽快结束合作关系，否则这种出了事情以后不负责任的服务商今后会大大影响你商品运营的稳定性。

### 4.4.3　常见的头程运输方式

头程运输方式根据价格和运输时效的不同，可以分为很多种。下面列举了几种常见的头程运输方式，卖家可以根据自己商品的种类和性质，结合自己的成本预算，综合进行选择。

**1．国际商业快递**

国际商业快递是目前最为快速的头程运输方式，其运输时效为 3～5 天。这种方式的运输时效性强，但是价格也较高，所以一般只适用于对运输时效要求高的商品、重量尺寸都不大的以及紧急补货的商品。目前，市场上主要的国际商业快递有 UPS、DHL、FedEx 等。

## 2. FBA "空运+派送"

FBA "空运+派送"也是较为快速的一种运输方式,它先通过空运将商品运输至亚马逊仓库所在国,再利用当地的快递公司将商品运输至亚马逊仓库,其运输时效为5~10天。这种方式对重量较小的商品来说是一种不错的选择。

## 3. FBA "海运+派送"

FBA "海运+派送"是一种价格比较低廉的运输方式,但是其运输时效较长,通常为25~45天。目前,海运主要分为海运快船和海运慢船,海运快船和海运慢船的价格和运输时效又有很大区别,卖家可以根据商品的重量和尺寸,结合自己的经济实力和运营策略进行综合选择。

### 4.4.4 常见的头程服务陷阱

#### 1. 虚报走货渠道

虚报走货渠道是比较常见的服务陷阱。有的头程服务商在收货时答应的是快船运输,到货后卖家发现其实是慢船;有的头程服务商答应卖家走商业快递渠道,结果最后却变成了 "空运+派送" 的形式,当卖家质疑其运输时效违背之前的承诺时,很多服务商就会以 "遇到了海关的查验" 作为搪塞卖家的借口。所以大家在把货物交给头程服务商之后,一定要及时索要各个环节的单据,通过这些单据,就可以看到各个时间节点的具体日期以及各个节点的运输方式,我们可以通过时间节点以及各环节单据来进行甄别。

这里还有一点大家要注意,就是头程服务商收货的截止日期。以船运中的美森快船为例,美森的惯例一般是 "五截三开","五截三开" 的意思就是本周五截止收货然后下周三开船,那么以 "五截三开" 为基准,本周五之前到达头程服务商那里的货,下周三都可以装船发走,但本周五之后到的货,就会赶不上这一批的船期,就要等到下下周三了。很多卖家在发货时不会计算这个日期,结果让自己的货物在到达头程服务商的仓库后,白白浪费一周多的等待时间,给商品增加了更多的断货风险。

## 2. 超低价收货陷阱

目前国际物流行业的竞争非常激烈，所以很多头程服务商为了扩展自己的业务，不惜用远低于市场价的方式进行收货，然后以各种理由要求卖家加钱。其实这一点很好预防，现在整个国际物流市场的价格是非常透明的，竞争也比较充分，如果你遇到了给你报价严重低于市场价的情形，一定要谨慎一点，因为这样的价格显然是会亏本的，后面很可能会有各种其他费用在等着你，所以遇到超低价的情形，一定要谨慎。

## 3. 夸大货物尺寸或重量

很多卖家在收到头程服务商的账单时，往往发现账单里面的金额跟自己计算的金额存在很大的差距，这种情形可能的原因有两个：第一种情形就是你的箱子因为挤压导致了变形，而部分箱子面凸起又会造成红外线扫描的尺寸偏大，这是抛货商品比较常见的情形，卖家只要使用质量好一点、瓦楞多一点的纸箱就可以解决。还有一种情形就是服务商虚报尺寸，故意在原有尺寸上增加一些尺寸或重量，以达到多收取运输费的目的，这种情形就要求卖家精通国际物流的计费方式，在发货前自己先计算好这批货的大概物流费用，如果出现了双方计算物流费用差额较大的情形，要及时联系服务商进行处理。

## 4. 服务合同陷阱

卖家在进行大批量的头程运输合作时，最好是事先签订服务合同，如果这份合同是服务商发过来的，那么一定要看清合同的内容，尤其是涉及商品损失后赔偿责任的部分，这是头程服务合同里面对于卖家来说最为重要的条款，大家一定要多关注一下合同里面的这部分内容，若发现对自己不利的，及时跟服务商协商解决。

## 4.5 首批备货数量的确定

### 4.5.1 根据店铺的整体思路确定首批备货

首批备货数量，就是当卖家确定某款商品后，在发送首批FBA货件时到底需要发送多少。

首批备货数量要根据卖家的资金实力和商品战略来定。如果卖家选择了一款节日性的商品，如圣诞节的商品，那么卖家的首批备货数量要充足到可以覆盖整个圣诞节旺季。如果卖家选择的是非节日性的商品，那么卖家可以根据竞争对手的销量来推断自己的销量，一般保证商品的在库数量是月销量的 1.5 倍即可，这是根据海运快船的运输时效推断出的安全库存。但是对于空运的商品来说，其补货速度较快，为缓解资金紧张局面，卖家可以采用少批量、多批次的补货方式，最大限度地降低因意外事件造成的断货风险。

另外，首批备货数量还要结合亚马逊传统的淡旺季进行分析。如果在传统的淡季发货，那么亚马逊仓库和各大物流服务商的业务量一般为正常水平，不会出现爆仓或者排队入仓等意外情形，发货可以按照正常计划进行。但是如果在传统的旺季发货，那么卖家需要把相应排队入仓和因为爆仓而耽误的时间纳入考虑范围。特别是在传统的旺季之前，一般需对参加旺季促销的商品确定最迟入仓时间（通常为 11 月中上旬），争取将商品在最迟入仓时间之前送进亚马逊仓库。

## 4.5.2　尽量避免断货

虽然采用 FBA 发货方式的好处很多，但在商品销量出现波动或者头程物流出现意外时，商品就难以准时到达亚马逊仓库，甚至可能产生断货的风险。断货的危害非常大，如可能导致自己商品的权重、销量大幅下降，进而被竞争对手超越，而若想重新超越竞争对手，可能要重新付出很大的代价。

断货的影响如此之大，卖家一定要做好充分的应对准备。首先，卖家要准确地预估自己商品的销量，备货数量要略多于预估的销量。其次，卖家要扩大自己的供应商队伍，以避免某个供应商交货不及时而导致断货。

如果断货已经不可避免，那么卖家可以提高商品的售价，以使剩余的商品可以支撑到补货到库。虽然提高商品的售价会降低商品的销量，但是两害相较取其轻，断货与销量降低的危害相比，断货的危害更大，所以将商品的售价提高，以保持库存的完整是必要的操作手法。

## 4.6 FBA 商品被分仓的原因及默认合仓的设置

### 4.6.1 FBA 商品被分仓的原因

众所周知，亚马逊在美国有很多 FBA 仓库，也正是依赖于这些遍布全美的 FBA 仓库，亚马逊才能将"Prime 会员两日达"运行得如此顺畅。为了提升送货效率，亚马逊会在默认的情况下把卖家准备发往 FBA 仓库的一整批货件分割为单独的几个小货件，以减少 FBA 仓库后期的货件调配时间和成本，亚马逊内部称之为"分布式库存配置"，这样做的目的其实就是确保买家可以更快地收到其购买的商品。

在卖家没有对后台 FBA 模块进行设置的情况下，亚马逊系统对 FBA 货件的设置默认为"分布式库存配置"，也就是卖家默认允许亚马逊将其 FBA 商品进行分仓。

### 4.6.2 FBA 商品默认合仓的设置

分仓会给卖家带来不利影响，最直接的当属头程运费的提高，因为头程运输的费率和商品的总体重量或体积息息相关，商品的总体重量或体积越大，其头程运输的费率就会越低。但是当一批商品被分为几小批以后，商品的重量或体积也被分成了几部分，所以商品头程运输的费率会增加。那么，卖家怎样在后台设置 FBA 商品为默认合仓呢？

（1）卖家登录自己的后台，单击右上角的"设置"按钮，然后在下拉框中选择"亚马逊物流"选项，如图 4-17 所示。

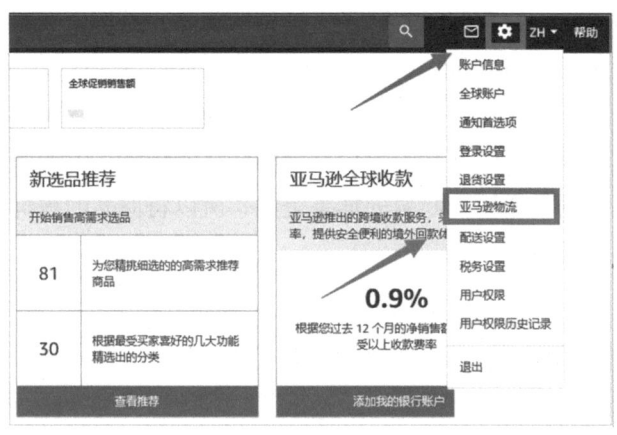

图 4-17

（2）在页面中找到"入库设置"一栏，并单击右上角的"编辑"按钮，如图 4-18 所示。

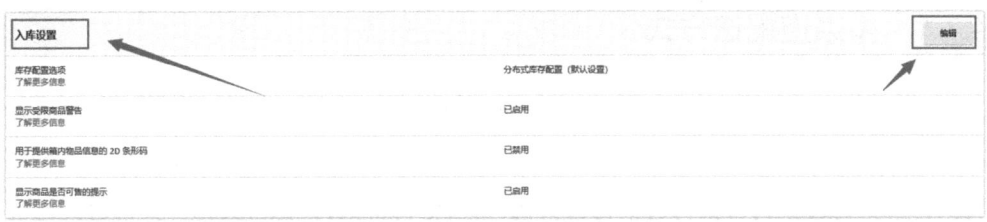

图 4-18

（3）选中"库存配置服务"单选按钮，再单击"更新"按钮，如图 4-19 所示。

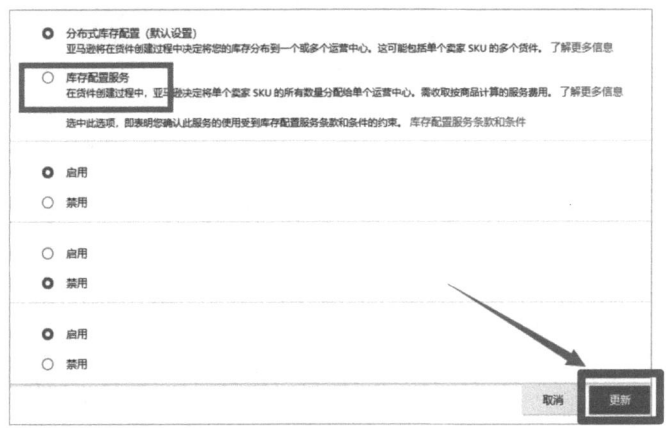

图 4-19

（4）这样就完成了 FBA 商品默认合仓的设置。但是这种合仓的操作是要付费的，亚马逊官方提供的合仓费率表如图 4-20 所示。

| 标准尺寸商品（按件收取） | |
| --- | --- |
| 小于或等于 1 磅 | $0.30 |
| 1-2 磅 | $0.40 |
| 超过 2 磅 | $0.40 +（超出首重 2 磅的部分）$0.10/磅 |
| 大件商品（按件收取） | |
| 小于或等于 5 磅 | $1.30 |
| 超过 5 磅 | $1.30 +（超出首重 5 磅的部分）$0.20/磅 |

图 4-20

129

## 4.7 滥用移除订单的陷阱

### 4.7.1 多渠道配送方式

在亚马逊 FBA 模式下，FBA 物流是支持配送其他平台产生的订单的，比如你在 eBay、Walmart 等平台产生的订单，都可以使用你 FBA 仓库中的可售库存来进行发货。这种发货的方式在亚马逊平台被称为 "Multi-Channel Fulfillment"（多渠道配送）。

如果你想使用多渠道配送，那么就可以直接在后台的 "订单" 中选择 "创建 MCF 订单"，如图 4-21 所示。

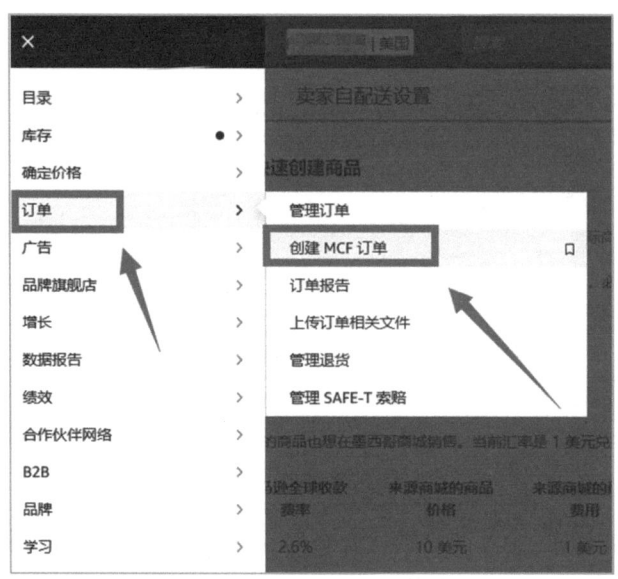

图 4-21

在创建多渠道订单的页面，卖家只要简单地输入买家的联系地址及商品信息（图 4-22），就可以用 FBA 物流去配送其他电商平台的商品，当买家有一些补换货需求时，卖家也可以用这种方式来进行商品的配送。

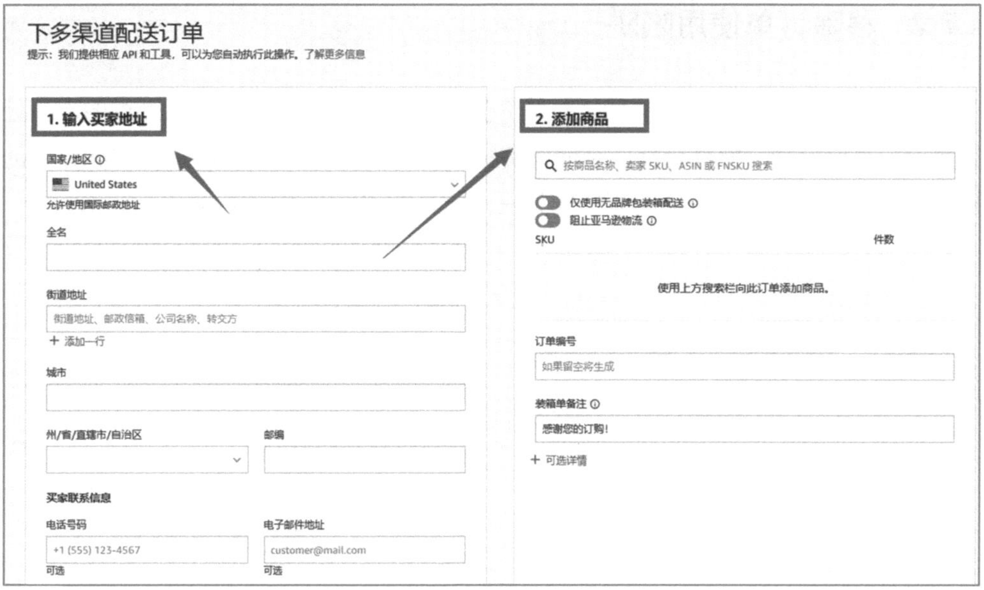


图 4-22

但是这种多渠道配送的方式有个缺点，就是配送费用非常贵，以 2~6 盎司（约 56.7~170.1 克）的小号标准尺寸商品为例，即便选择“标准配送”的方式，多渠道配送费也高达 5.29~5.55 美元，如图 4-23 所示。如果选择“加急配送”或者“优先配送”，多渠道配送费就会更贵，最高可达 13.44 美元。

| 小号标准尺寸（2 至 6 盎司 [不含 2 盎司]） | | |
|---|---|---|
| 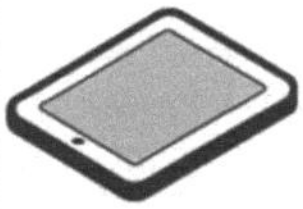 | 平板电脑保护套<br>尺寸：10.6 x 8.1 x 0.7 英寸<br>单件重量：4.96 盎司<br>发货重量：5 盎司 | |
| 配送速度 | 未禁用 Amazon Logistics | 禁用 Amazon Logistics（加收 5%） |
| 标准配送 | $5.29 | $5.55 |
| 加急配送 | $6.26 | $6.57 |
| 优先配送 | $12.80 | $13.44 |

图 4-23

很多卖家出于对成本的考量，使用另一种比较便宜的配送方式，那就是利用亚马逊后台的“移除订单”来进行配送。殊不知，这样的行为可能导致亚马逊对其进行关闭店铺的处罚。

## 4.7.2　移除订单使用陷阱

移除订单是亚马逊为那些卖家打算弃置、捐赠、低价处理的商品提供的库存处置选项，在后台的"库存管理"页面，卖家可以对任何一条 Listing 进行移除订单的操作，这个功能跟"多渠道配送"的另一入口是相邻的，如图 4-24 所示。

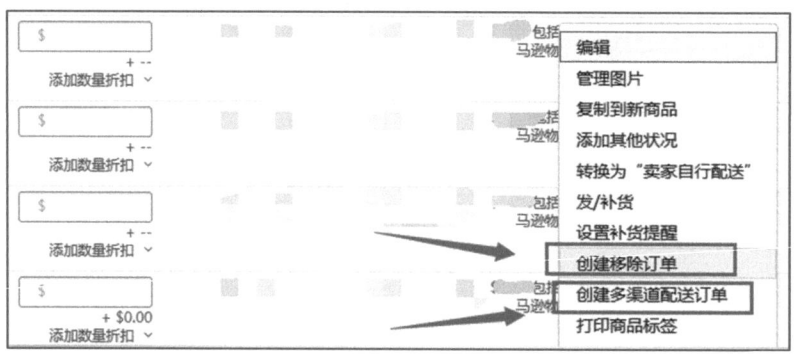

图 4-24

当我们点击"创建移除订单"按钮后，选择第二项"配送地址"，然后添加配送地址，即可以把你的某个库存"移除"到你输入的地址那里，如图 4-25 所示。

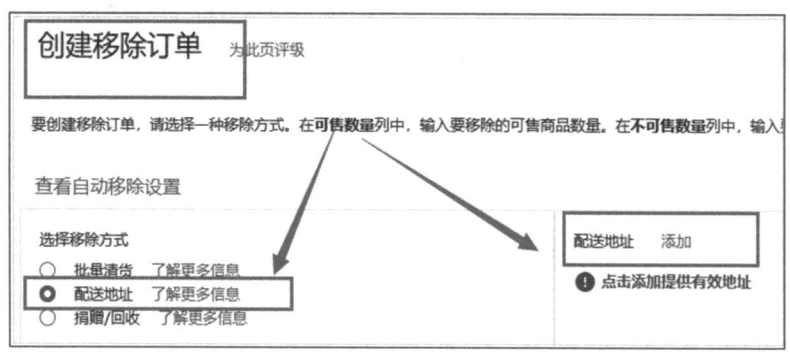

图 4-25

而且更为重要的是，这个移除订单的费用是很低的，标准尺寸的最低费用只需要 0.52 美元，如图 4-26 所示，所以很多卖家就开始使用移除订单这种方式来处理自己本该使用多渠道配送来处理的订单。

# 第 4 章  亚马逊发货的主流模式

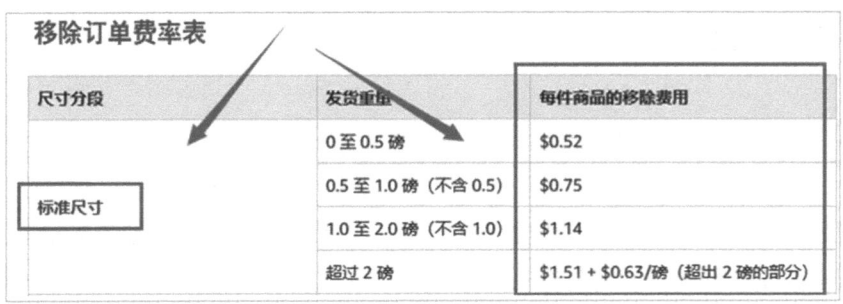

图 4-26

但是亚马逊对移除订单方式的使用是有严格规定的，亚马逊卖家条款规定，移除订单不能用于卖家的正常经营，所以卖家这种利用移除订单来处理多渠道配送的方式，是严重违反亚马逊规则的，之前就有很多卖家因为使用这种方式遭到了亚马逊的警告，如图 4-27 所示。

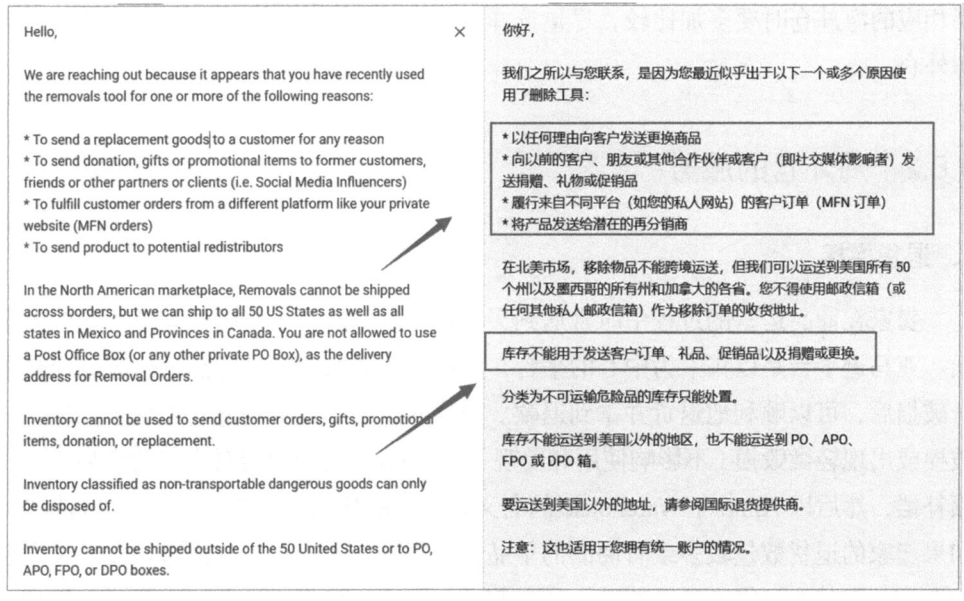

图 4-27

在这封警告邮件中，亚马逊明确说明了对于移除订单（删除订单）的使用限制，卖家不得使用移除订单去处理礼品、促销品，以及捐赠、更换等事务或其他渠道产生的订单。在亚马逊，合规永远是最平稳的运营之路，永远不要想着去钻亚马逊平台的空子。

## 4.8 海外仓

### 4.8.1 海外仓的概念

海外仓是指在销售目标国设立的集仓储、分拣、包装、换标等服务于一身的立体式跨境物流仓储体系。海外仓在跨境电商兴起之前就已广泛存在，随着跨境电商的发展，海外仓的发展也被跨境电商卖家推上了一个新的高度。海外仓其实和 FBA 仓库是同一个概念，只是服务的提供者有所不同，FBA 仓库是亚马逊官方为卖家提供的服务，而海外仓是非官方提供的仓储服务。

目前，一些大型的跨境电商公司基本都拥有自己的海外仓基地，一些中小型卖家如果需要海外仓，可以直接与海外仓进行对接。市面上的海外仓虽然数量众多，但质量参差不齐，有些海外仓的服务水平低、隐性费用多、出货速度慢，卖家在选择相应的海外仓时要多加比较，尽量选择服务水平高、费用透明、时效稳定的优质海外仓。

### 4.8.2 海外仓的服务

**1. 退货换标**

卖家在商品运营的过程中时常遇到买家退货的情况，退货的处理事关利润的高低。亚马逊平台是以买家为中心的平台，所以很多买家购买的商品的包装或商品本身破损后，可以顺利地退货并拿到退款。当这些退货到达亚马逊仓库后，如果包装破损或出现轻微毁损（不影响使用和美观），亚马逊平台通常会对卖家的商品进行小额补偿，然后以 Amazon Warehouse 的名义将该商品挂在卖家的商品下面进行跟卖。如果卖家的退货数量较多或者商品的单品价值很高，卖家可以选择直接发送至同自己合作的海外仓，将商品重新贴标和包装后，再次上架售卖。这种对退货的处理方式既可以大大提升退货商品的利润率，又可以防止亚马逊官方对卖家的商品进行跟卖。

除此之外，在商品运营过程中，还有可能出现标签贴错、账户被关、商品被强制下架等问题。如果出现这些问题，存放在 FBA 仓库中的商品就失去了正当的身份标签，卖家必须对这些商品进行挪仓和重新贴标，这时海外仓也可以发挥巨大的作用。

## 2. 一件代发

一件代发是指跨境电商卖家将商品批量存储在同自己合作的海外仓中，如果有买家下单，那么海外仓会完成后续的分拣、包装、出库等工作。由于卖家一般都是大批量地将商品发送至海外仓的，而且海外仓服务的价格普遍低于 FBA 服务的价格，因此存放在海外仓中的商品的平均物流成本一般较低。但是使用 FBA 服务的商品会得到更多的流量，卖家在选择仓储服务时要根据自己的情况综合考虑。

## 3. 作为 FBA 仓储的中转站和补给站

海外仓承担着一项很重要的任务——作为 FBA 仓储的中转站和补给站。亚马逊为了提升 FBA 仓库的货物流转效率，要对存放在 FBA 仓库超过一定期限的商品征收长期仓储费，所以很多卖家不敢在 FBA 仓库中备货太多，他们害怕高昂的长期仓储费会消耗掉他们的资金。而且这几年亚马逊又对卖家的店铺库存总容量做出了不少限制，这让很多卖家想发货但是又面临 FBA 仓储容量不够的情形，而海外仓的出现恰好消除了卖家的这个顾虑。

卖家将批量商品存储在目的国的海外仓中，当其在 FBA 仓库中的库存快要耗尽时，卖家可以快速地从海外仓中进行调拨，由于海外仓和 FBA 仓库在同一个国家，因此省去了很多的中间环节，从而最大限度地保证了商品的稳定运营。特别是在圣诞节等传统节日期间，海外仓的作用更是可以得到充分发挥，卖家可以避开物流高峰，直接选择从海外仓进行 FBA 补货或直接从海外仓发货，这为卖家旺季的大丰收创造了有利条件。

## 4.9 上传商品到亚马逊店铺的方式

上传商品的方式有两种：一种是单独上传，即每次只能上传一款商品；另一种是批量上传，即每次可以上传多款商品。

### 4.9.1 单独上传

单独上传商品的操作步骤如下。

（1）卖家登录自己的后台，选择"目录"选项卡中的"添加商品"选项，如图

4-28 所示。

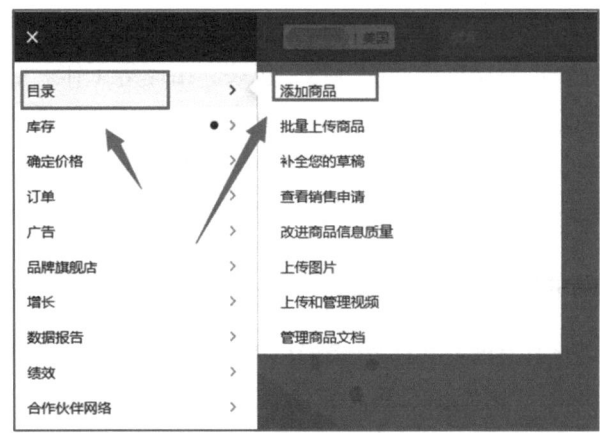

图 4-28

（2）如果是上传自己的新商品，单击"我要添加未在亚马逊上销售的新商品"，如图 4-29 所示。

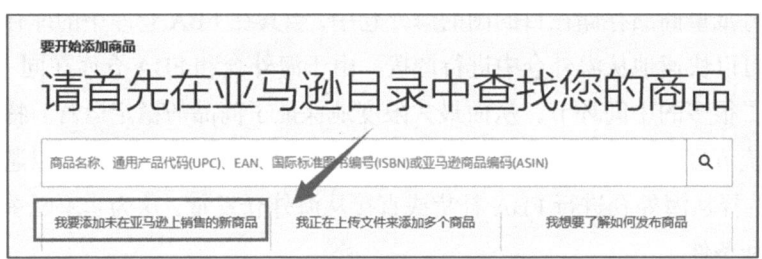

图 4-29

（3）选择自己要上传的商品所属的类目，如图 4-30 所示。如果不了解自己要上传的商品所属的类目，可先在平台上找到一款相同的商品，依据这款商品所属的类目来确定自己要上传的商品所属的类目。这里可以自己按照大类目来逐渐找到并确定商品的小类目，也可以通过"选择商品类别"中的搜索框直接进行类目的精确搜索。

（4）进入商品的详情填写页面，这里共包含 8 个选项卡（没有变体的商品是 7 个选项卡），其中带有"*"的内容是必填的，缺少这些内容将导致商品上传失败，不带"*"的内容是选填的，卖家根据自己商品的具体情况选择填写即可。亚马逊每年都会对商品 Listing 的上传页面进行简单改版，其中部分填空项的位置可能会前移或者后移，但是这些填空项的内容基本不会发生什么变化。

# 第 4 章 亚马逊发货的主流模式

图 4-30

① 第一个选项卡是"商品识别",这里填写商品的基础信息,如图 4-31 所示,这四项填写完毕,才能进行下一步的填写。

图 4-31

变体:这里按照实际情况选择,没有变体的话就直接单击"否"按钮。
商品名称:商品的标题,标题是有字符数限制的,一般不超过 200 个字符。
品牌名:填写自己的品牌名称,如果暂时还没有注册品牌,单击选中下方的"此商品没有品牌名称"复选框。

外部商品 ID：上传商品需要的身份编码，一般使用 UPC（通用商品代码）的居多，缺少 UPC 的卖家可以向服务商购买。品牌备案后可以申请 UPC 豁免，豁免通过后再上传 Listing 就不再需要 UPC 了。

填写完毕后，单击"保存并完成"按钮进入下一页面。

② 第二个选项卡是"重要信息"，是四项关于商品制造信息的内容，如图 4-32 所示。

图 4-32

商品类型名称：跟自己的商品类目相关，如果你卖的是手表，那么这里就可以填入"watch"，其他类目以此类推。

型号：跟商品的具体属性有关，如果自己的商品并不具备具体的型号数据，也可以自己编辑一个型号进行填写。

型号名称：这个是自己商品型号的英文名称，是由制造商或卖家自己定义的商品型号名称，不能包括商品类型、颜色、品牌或尺寸描述词。假设你的商品是苹果笔记本，这里就可以填写"Macbook Pro"。

制造商：指商品的具体制造商的名字。

这一步填写跟商品的具体类目是相关联的，不同类目的商品，在这个页面的填写内容可能会有所区别。

③ 第三个选项卡是"报价"，在此处填写商品的价格等信息，如图 4-33 所示。

第 4 章　亚马逊发货的主流模式

图 4-33

您的价格：指商品的定价，也就是你的商品打算在亚马逊平台卖多少钱。

提供条件类型：指商品的状态，比如是全新还是二手的等，这里一般选择"New"（全新）。

配送渠道：也就是商品的配送方式，如果是自己配送，就选择第一项，如果是委托亚马逊配送，就选第二项。

④ 第四个选项卡是"商品详情"，商品 Listing 中除图片之外的大部分 Listing 信息都在此页面进行填写，这里不但包含商品的详情描述（Product Description）、五行特性（Bullet Point）等信息，还包含商品的颜色、材料、配件、高度、长度等专属信息，如图 4-34 所示，卖家按商品的实际情况填写即可。如果商品有多重属性需要填写，可以点击空格下方的"Add More"（增加更多）来进行填写。

图 4-34

⑤ 第五个选项卡是"变种"，卖家可以在这里新建商品变种、删除商品变种、

合并单独商品成为变种。

⑥ 第六个选项卡是"安全与合规",在此处填写商品的安全合规信息,如图 4-35 所示。

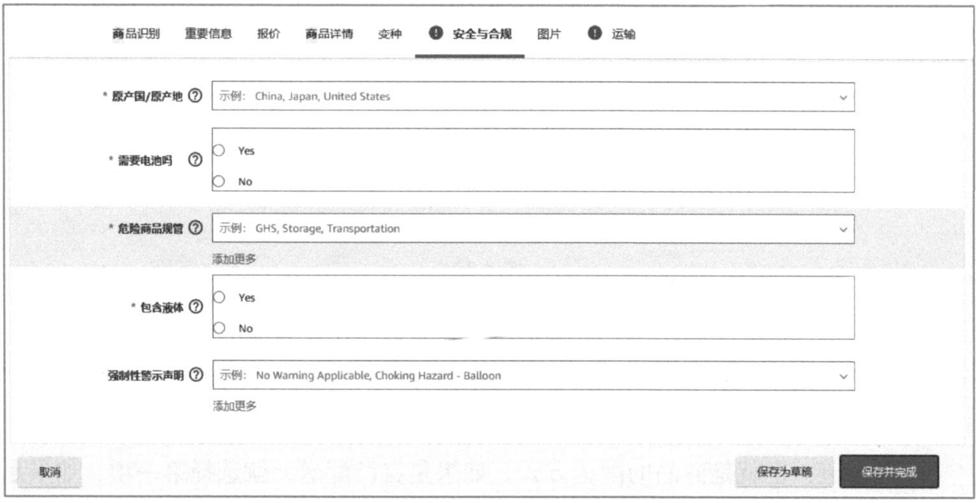

图 4-35

原产国/原产地:指商品的产地是哪个国家或地区,要按照商品生产的实际情况进行填写,在下拉框中进行选择。

需要电池吗:这里是选择商品是否需要电池来"带动",如果商品不需要电池,这里点击选择"No",如果商品需要电池,在单击选择"Yes"之后,还会弹出一个额外的选项,询问商品本身是否附带电池,这里按照实际情况进行选择即可。

危险商品规管:这里主要针对的是在运输、储存过程中可能存在危险的商品,如果自己的商品不属于任何危险商品,直接在下拉框中选择"Not Applicable"(不适用)即可。

包含液体:指商品是否含有液体成分,不含液体的直接选择"No"即可,如果单击选择"Yes",系统还会弹出一个填空项,让卖家填写液体的体积等信息。

强制性警示声明:这里是指商品是否有造成窒息或者其他风险的可能,如果有的话,需要在下拉框中选择相应的风险种类,并张贴相应的标签。如果没有此类风险,就直接选择"No Warning Applicable"(没有适用警告)。

⑦ 第七个选项卡是"图片",在此处上传商品的图片信息,如图 4-36 所示。图片的具体要求会在 6.3 节进行详细介绍。

# 第 4 章　亚马逊发货的主流模式

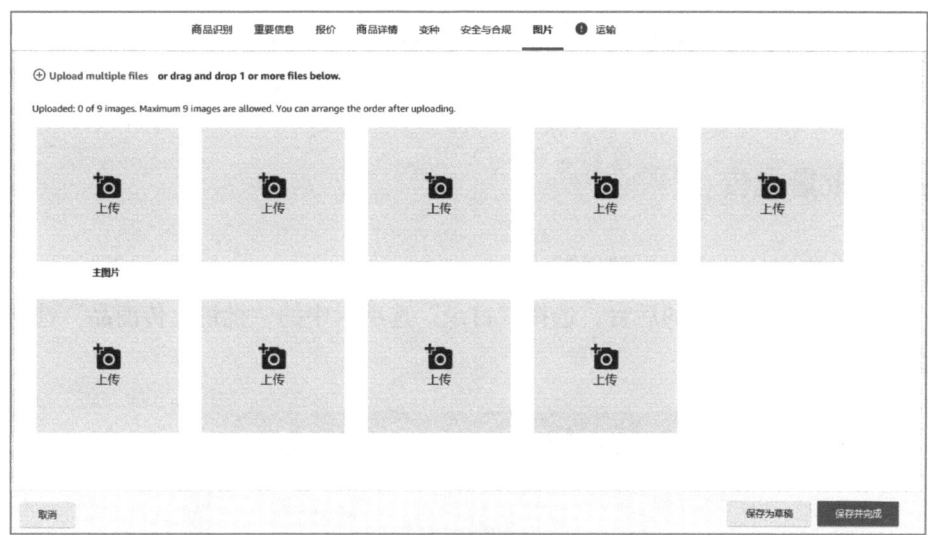

图 4-36

⑧ 第八个选项卡是"运输"，在此处主要填写商品包装尺寸、包裹重量等信息，如图 4-37 所示。

图 4-37

141

填写完所有必填信息后,单击"保存并完成"按钮,即可完成商品的上传。一般15分钟后卖家即可在自己的后台看到自己刚刚上传的商品。

### 4.9.2 批量上传

批量上传商品的操作步骤如下。

(1)卖家登录自己的后台,选择"目录"选项卡中的"批量上传商品"选项,如图4-38所示。

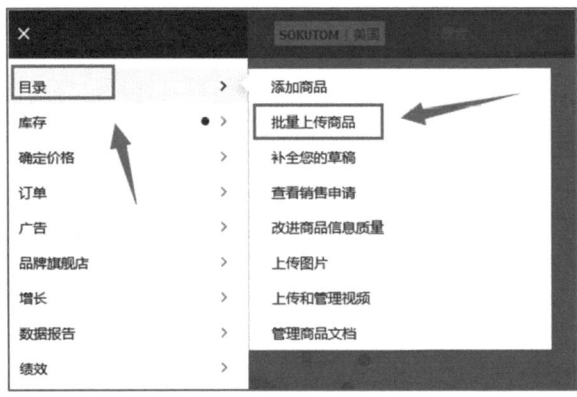

图 4-38

(2)这里有多种模板,如果是上传新品Listing,就选择"发布当前亚马逊目录中没有的商品",如图4-39所示。

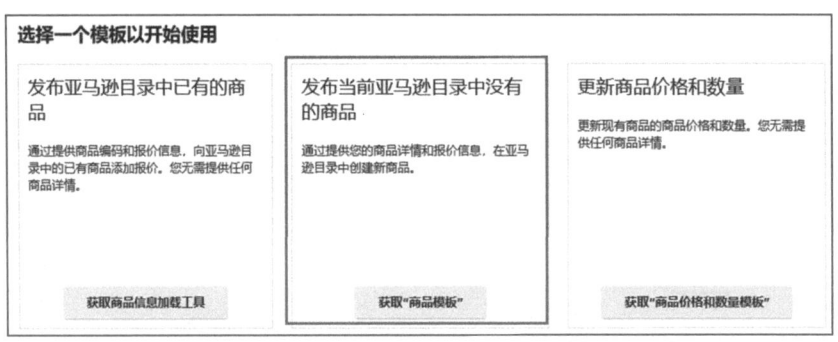

图 4-39

(3)如图4-40所示,卖家既可以在上方的搜索框中输入自己商品的名称来进行搜索,也可以在下方的商品类目中分级寻找。

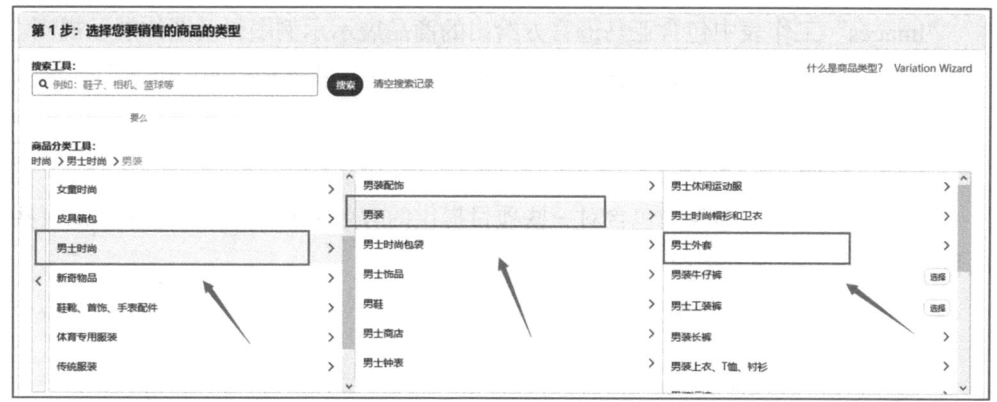

图 4-40

（4）如图 4-41 所示，选择模板类型，一般选择"高级"选项，然后点击右下角的"生成模板"按钮。

图 4-41

（5）打开模板 Excel 表格，这里有很多工作表，卖家需要将 Listing 的内容填写到其中的"Template"工作表中，如图 4-42 所示。

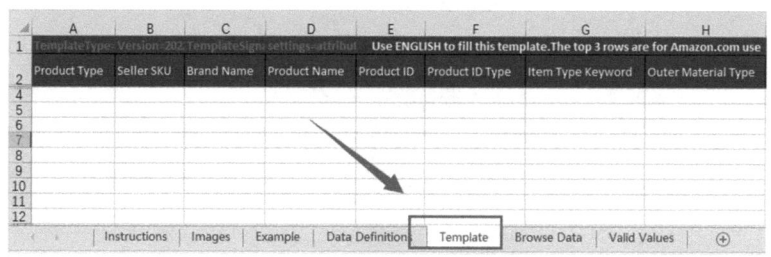

图 4-42

（6）"Example"工作表中包含亚马逊官方给出的填表范例，卖家若遇到不知如何填写的项目，可以从"Example"工作表中查找相应的表格填写范例进行参考。

"Images"工作表中包含亚马逊官方给出的商品展示示例图以及图片展示规则。

"Data Definitions"工作表中包含对模板中每个项目的解释说明。

"Template"工作表中包含卖家需要填写的模板。

"Browse Data"工作表中包含对商品的类目路径的说明。

"Valid Values"工作表中包含对一些项目提供的有效值限制，即对模板中的有些项目来讲，必须选择其下拉列表中的选项。

（7）填写商品的详细信息，如图4-43所示。

图4-43

这里填写的信息和单独上传商品时填写的信息是一致的，此处不再赘述。但是在批量上传商品图片时，要在此处填写图片的存储网址，而不是直接上传图片。这就需要卖家通过网上的图片存储空间进行图片的网址转化。网上有很多免费的图片存储空间可供卖家选择。

（8）接下来是上传我们填写完毕的 Excel 表格，我们回到下载表格的页面，选择"上传您的库存文件"，然后把 Excel 表格拖到上传文件的位置，就可以上传自己填好的模板文件了，如图4-44所示。

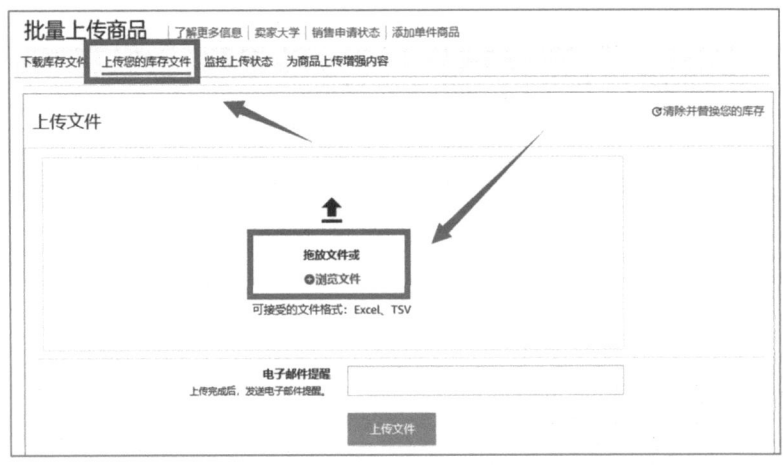

图4-44

模板文件上传成功 5~15 分钟后,卖家就可以在自己的后台看到自己刚刚批量上传的商品了。

## 4.10 商品入仓时常见的问题及其应对措施

目前,大多数卖家会选择 FBA 服务,所以 FBA 仓库的吞吐量非常大,这使得 FBA 仓库工作人员的劳动量很大,从而可能导致商品进入 FBA 仓库时产生一些问题。这些问题可能会给卖家造成不必要的损失。下面介绍商品进入 FBA 仓库时常见的问题及其应对措施。

### 1. 商品的入仓时间过长

很多卖家都曾遇到过自己的商品迟迟不能入仓的情况。商品的入仓时间过长会导致商品迟迟不能上架。这就需要卖家在自己的商品被 FBA 仓库签收之时就联系亚马逊客服进行友善的催促,美国客服有部分权限可以为入仓的商品加上"紧急"或"较为紧急"的标签,被加上"紧急"或"较为紧急"标签的商品的入仓时间会大大缩短。如果你的商品即将断货,你可以直接打电话联系美国客服,向美国客服说明问题的紧要性,请求美国客服协助你进行催促。

### 2. 商品的入仓重量和尺寸误差过大

FBA 费用是按照商品的重量和尺寸来计算的。卖家在填写自己商品的重量和尺寸信息时,要按照商品的实际重量和尺寸来填写,工作人员在商品入仓的过程中会对商品的重量和尺寸进行复检。但有时由于 FBA 仓库工作人员的失误可能导致误差过大,进而导致该商品被多收取 FBA 费用,所以当卖家发现自己商品被征收的 FBA 费用超出自己的预估时,一定要及时在后台开 Case 申请尺寸复测,这样就可以及时避免被多收取 FBA 费用。

### 3. 商品入仓后丢失或毁损

商品是通过人工和机器人装卸搬运进入 FBA 仓库的,在装卸搬运过程中难免出现商品的丢失或毁损,这就需要卖家通过后台及时跟踪自己的商品,在自己的商品丢失或毁损时,及时向亚马逊平台提供证据进行索赔,以求将自己的损失降到最低。

# 第 5 章

# 令亚马逊卖家头痛的销售方式：跟卖

第 5 章　令亚马逊卖家头痛的销售方式：跟卖

## 5.1　认识跟卖活动

### 5.1.1　跟卖的存在形式

跟卖是指卖家在上传新商品时不是自己创建新的商品 Listing，而是通过目标商品的名称、UPC 等搜索出该目标商品，并将自己的商品挂在他人的商品 Listing 下进行售卖。跟卖可以说是一种"坐享其成"的销售方式。

如果一个商品 Listing 的卖家多于一个，那么这些卖家会共享一个 Listing，除占据购物车的商品之外，其他卖家的商品也会出现在 Listing 的购物车的下方，如图 5-1 所示。

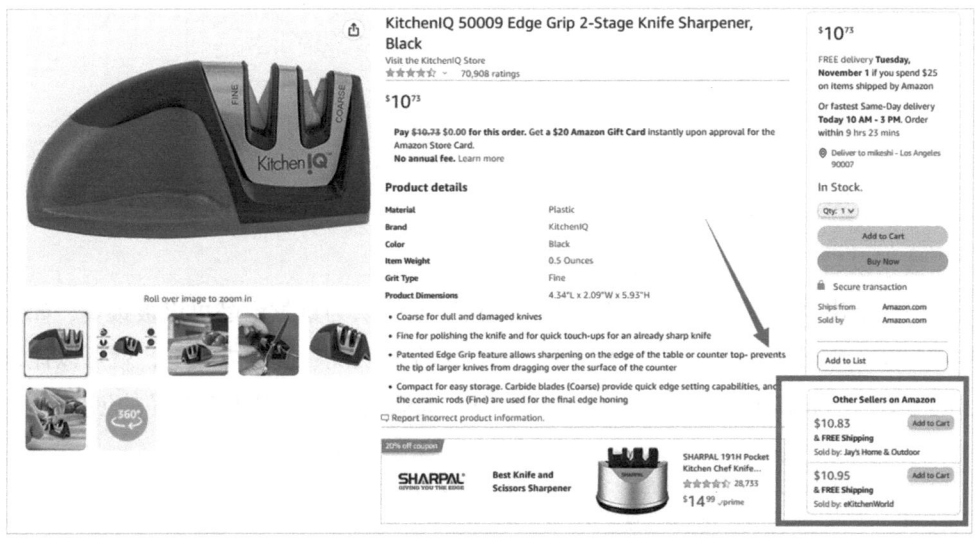

图 5-1

### 5.1.2　跟卖的创建方式

如果我们想要对某款商品进行跟卖，那么只需要先在后台的"目录"中选择"添加商品"，如图 5-2 所示。

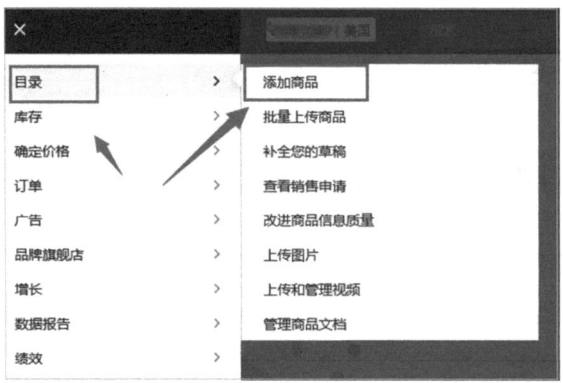

图 5-2

然后我们把想要进行跟卖的商品 ASIN 输入搜索框进行搜索,如图 5-3 所示。

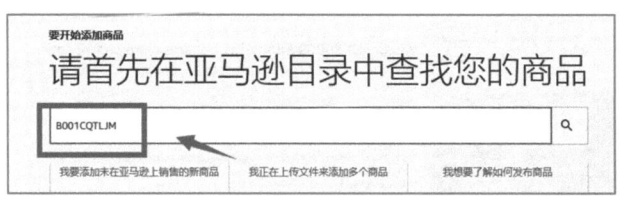

图 5-3

搜索以后,可能会出现几种不同的结果。

(1)当出现 Listing 的编辑页面时,就证明系统认为这款商品可以被跟卖,如图 5-4 所示,卖家只要输入商品的 SKU、价格、商品状况、配送方式等,就可以让自己的 SKU 出现在被跟卖的商品的 Listing 中,也就完成了一次跟卖商品的创建。

图 5-4

## 第 5 章　令亚马逊卖家头痛的销售方式：跟卖

（2）如果出现的并不是 Listing 的编辑页面，而是"销售申请"的页面，那就证明这款商品处于品牌保护的状态，如果想要跟卖，需要点击"请求批准"按钮进行申请，如图 5-5 所示。

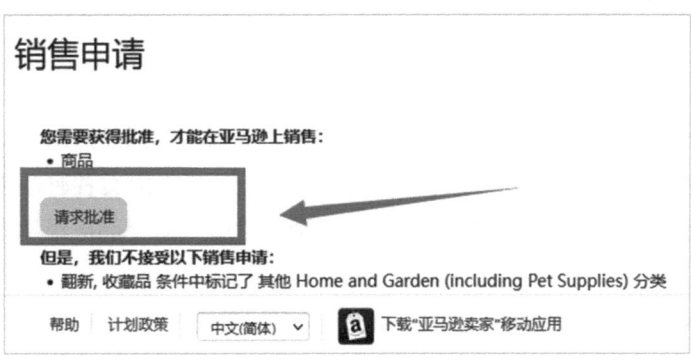

图 5-5

当我们点击"请求批准"按钮以后，系统会让我们选择申请文档，如图 5-6 所示，一种是购买发票，另一种是品牌授权书，提交任意一种并通过品牌方的许可后，卖家方可对该商品进行跟卖。

图 5-6

## 5.2 饱受争议的跟卖

### 5.2.1 卖家为什么痛恨跟卖

**1. 抢夺商品流量和销量**

每个商品 Listing 能获得的流量都是有限的，如果你的商品被跟卖，则跟卖者的 SKU 就会分走你的商品 Listing 的一部分流量和销量。如果跟卖者通过恶意降低价格来抢夺购物车，那么你的商品 Listing 的流量和销量就可能全部被跟卖者抢走。这就相当于你在线下商城里开了一间店铺，而跟卖者把同样的商品摆在你的店铺门口进行销售，因为商品是相同的，而跟卖者的价格往往更低，所以他势必会抢走你一部分销量。

**2. 抢夺 Listing 的编辑权**

当商品遭遇跟卖后，亚马逊系统会决定哪个卖家会拥有商品的购物车按钮，如果购物车长期被跟卖者占据，则该商品 Listing 的编辑权也有可能被跟卖者抢走。一旦 Listing 的编辑权被抢走，你辛苦打造的商品 Listing 就会脱离你的掌控，Listing 内容会被对方篡改，你为这件商品所投入的时间和金钱也都会付之东流。

**3. 影响商品的评分**

跟卖的原理是不同的卖家共同享用一个商品 Listing，所以当有买家不慎买到跟卖者提供的劣质商品时，可能会对商品进行差评，而这个差评最终会留在商品的 Listing 上，虽然跟卖可能以后会离开，但是这个差评却一直留在 Listing 上面。

**4. 影响商品参加促销的价格**

亚马逊站内的各种促销都会有对参与价格的限制，高于系统算出的最高价的商品是不能参与某些促销的，而亚马逊判定这些价格的依据就是商品在 30 天或更长时间内的价格水平。一些跟卖者往往采用降价的方式来抢夺商品的购物车，由于大家共享 Listing，所以跟卖者的价格也会影响亚马逊系统对商品最低价的判断，进而会影响商品参与促销的价格。

## 5.2.2 亚马逊为什么不禁止跟卖

跟卖的存在是有理由的。当卖家在后台创建了一个商品 Listing 时，这个商品 Listing 的所有权就不再属于卖家，而属于亚马逊平台了，卖家所拥有的仅仅是这个商品 SKU 的所有权，这也是卖家有时不能修改商品 Listing 而要向亚马逊客服申请修改的原因之一。亚马逊官方之所以允许并鼓励合理的跟卖，主要是由于以下几点原因。

### 1. 跟卖可以凸显商品的价格优势

亚马逊平台允许跟卖存在的初衷，就是鼓励同一品牌下的各个经销商进行"让利比赛"，谁的价格低谁就可以暂时获得购物车。亚马逊平台期望以此种模式来降低平台上的商品价格，促使卖家通过竞争将更多的利润让给买家，从而增加平台对买家的吸引力。所以，在亚马逊平台的角度，合理跟卖可以促使卖家降低商品价格、提升服务质量，使买家获益。

### 2. 跟卖可以合并重复页面，提升购物体验

跟卖可以让多个相同的商品共用同一个 Listing，这就可以使亚马逊平台上重复的商品页面得到合并，从而在搜索结果中给买家更多的选择，最终提升买家的购物和搜索体验。所以，对亚马逊平台来说，跟卖是一种利大于弊的行为，亚马逊官方是鼓励并允许合理的跟卖行为的。

## 5.3 跟卖的应对策略

### 5.3.1 利用后台的品牌投诉功能

无论做传统贸易，还是做电商，卖家都应将目光放得长远一些，大家从入驻亚马逊平台开始就要树立品牌运营的思路，让自己的商品在品牌的保护下实现生存和发展。可能有些卖家会说，现在没有足够的资金和精力去进行品牌运营。其实这种说法并不正确，因为在品牌运营的前期，卖家并不需要投入过多的资金和精力，只需要按照自己商品的特点和类目注册相应的商标，在拿到商标注册证书之后卖家的店铺就可以进行品牌备案了。这时卖家已经迈出了品牌运营的第一步，之后卖家可

以根据自己的运营阶段和资金实力来慢慢进行品牌运营。拿到商标注册证书的卖家就拥有了商标权利人身份，而以商标权利人身份投诉跟卖者可以有效制止跟卖者。下面详细介绍以商标权利人身份投诉跟卖者的方法。

（1）进入商标权利人投诉页面，在资料填写页面中，选中"Rights Owner"（权利所有者）单选按钮，在"The primary complaint pertains to"下拉列表中选择第二个选项，如图 5-7 所示。

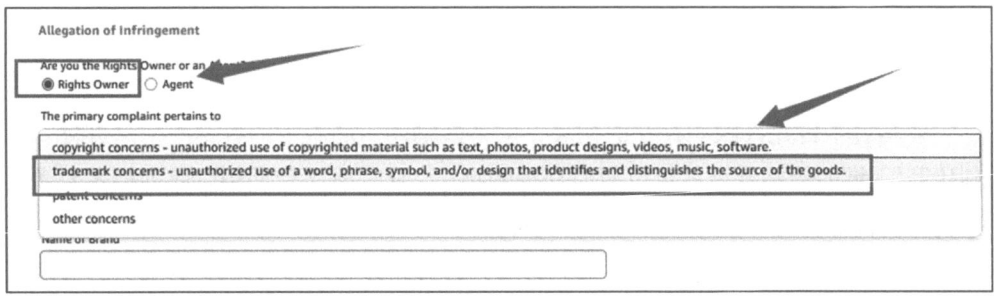

图 5-7

（2）在"The specific concern is"下拉列表中选择第二个选项，即告诉亚马逊平台这是假冒伪劣商品，如图 5-8 所示。第一个和第三个选项也可以选择，但是选择第二个选项的效率更高，因此建议选择第二个选项。填写商标名称，在下方选择"Yes"。

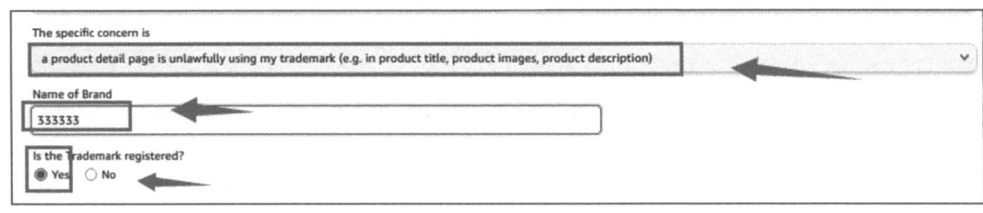

图 5-8

（3）填写自己的商标注册号码以及附加信息，如图 5-9 所示。注意，这里的商标必须是已经拿到商标注册证书的商标，如果商标还是"TM"状态的话，可能提交后并不会有任何结果。

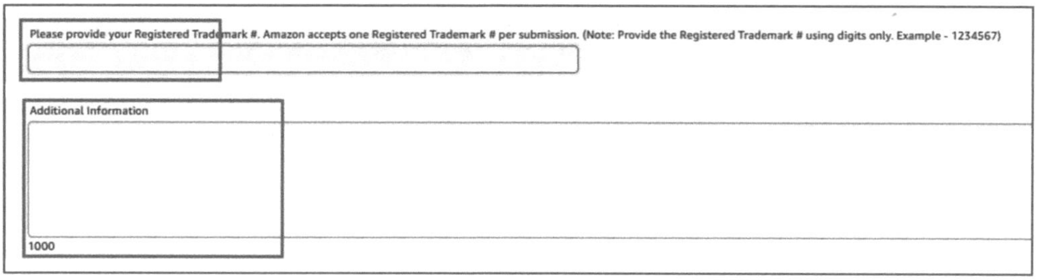

第 5 章　令亚马逊卖家头痛的销售方式：跟卖

图 5-9

（4）输入要投诉的商品信息，即输入被跟卖的商品的链接。在"Scope"下拉列表中选择"Specific sellers"选项。这一步非常关键，很多卖家遗漏了这一步，导致商品 Listing 被下架，自己的商品也被强制删除了。在左下方选择要投诉的卖家，如图 5-10 所示。

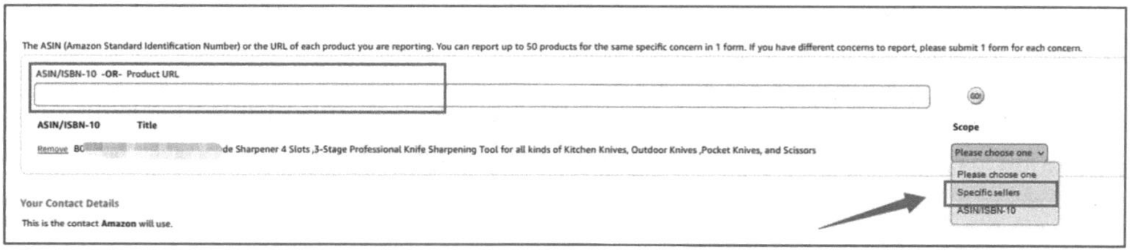

图 5-10

（5）填写你的个人信息与通信方式，这里要注意，此处有两个位置填写联系信息，位置一的联系信息是填写给亚马逊看的，如图 5-11 所示，而位置二的联系信息是会发给第三方的，也就是发给跟卖者的，如图 5-12 所示。这里的联系信息可以填写跟店铺注册信息无关的信息。

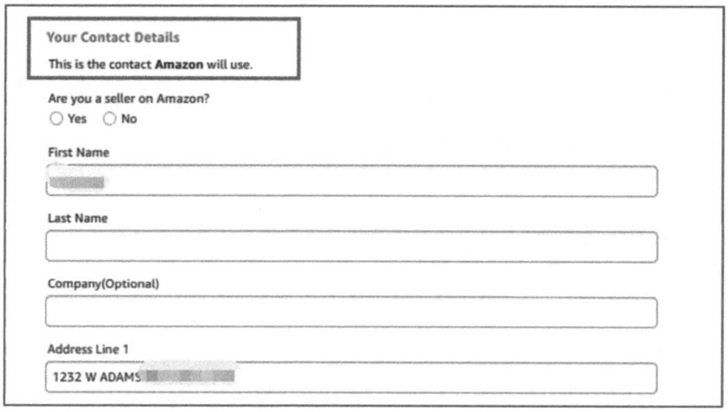

图 5-11

图 5-12

填好之后可直接提交，通常在提交 2～8 小时后跟卖者会被停止跟卖。

## 5.3.2 对跟卖者进行邮件警告

在被跟卖时，很多卖家因为害怕跟卖者对自己的店铺和商品进行报复，所以往往会选择"以和为贵"的解决方式，对跟卖者进行邮件警告，邮件的内容可以中英文并行，这样可以保证跟卖者能读懂邮件。

邮件警告的方法：先点击进入跟卖者的店铺，然后单击其店铺详情页面的"Ask a question"按钮，即可向跟卖者发送警告邮件，如图 5-13 所示。

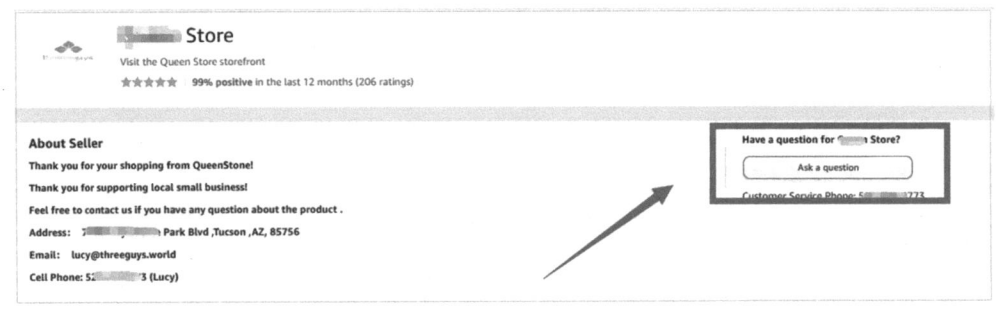

图 5-13

但是随着专业跟卖者的涌现，邮件警告所起的作用越来越小，现在这种警告性质的邮件沟通，往往只能吓走初级跟卖者。

## 5.3.3 加入亚马逊的透明计划

亚马逊透明计划是亚马逊官方推出的打击假冒伪劣商品、保护品牌卖家利益的一项计划。该项目是付费加入的，目前主要收取购买条码的费用，官方收费标准为：12 个月内条码申请数量在 100 万个以下的，价格为 0.05 美元/个。条码申请数量为

100万~1000万个的，超出部分价格为 0.03 美元/个。申请数量在 1000 万个以上的，超出部分价格为 0.01 美元/个。

凡是加入亚马逊透明计划的商品，都会被事先贴上一个条码标签，标签的类型有四种，如图 5-14 所示，每个条码都是唯一的。

| 特点 | 标签1 | 标签2 | 标签3 | 标签4 |
| --- | --- | --- | --- | --- |
| | | | | |
| 可自定义产品标识信息 | ✓ | ✓ | | |
| 可添加 LOGO 和品牌名称 | | | | ✓ |
| 适用于亚马逊条形码入仓 | ✓ | ✓ | | ✓ |
| 适用于制造商条形码入仓 | ✓ | ✓ | ✓ | ✓ |
| 无须另贴产品相应的入库条形码 | | | ✓ | ✓ |

图 5-14

卖家在自己的后台上传商品时，系统会分配相应的透明计划条码给每个要上传的商品，没有张贴该条码的商品是无法进行商品上传和入库的，这就从源头上阻止了跟卖者的跟卖行为。同时，买家在购买到加入亚马逊透明计划的商品时，可以用手机扫描该条码，这时商品的生产日期、有效期、原材料等信息就会显示出来，这对买家了解商品和卖家构建商品品牌形象都具有很大的作用。

# 第 6 章

# 成功打造商品的必要条件：Listing 设计

# 第 6 章　成功打造商品的必要条件：Listing 设计

## 6.1　商品 Listing 的概念和重要性

### 6.1.1　商品 Listing 的概念

大多数卖家都知道商品 Listing 的重要性，亚马逊的运营人员也把优化商品 Listing 作为一项常规工作来做，而在各大亚马逊培训机构中，商品 Listing 的创建与优化更是被放在了重要的位置。那么究竟什么是商品 Listing 呢？

商品 Listing 是指商品的详情页面，即商品的详细展示信息的集合。它是众多展示模块的集合体，既包括卖家自主编辑的部分，比如商品的图片/视频、标题、价格、五行特性、详情、问答、评论等，如图 6-1—图 6-6 所示，也包括亚马逊算法为商品自动匹配的一些关联流量，如"Buy it with""Compare with similar items"等模块，如图 6-7、图 6-8 所示。

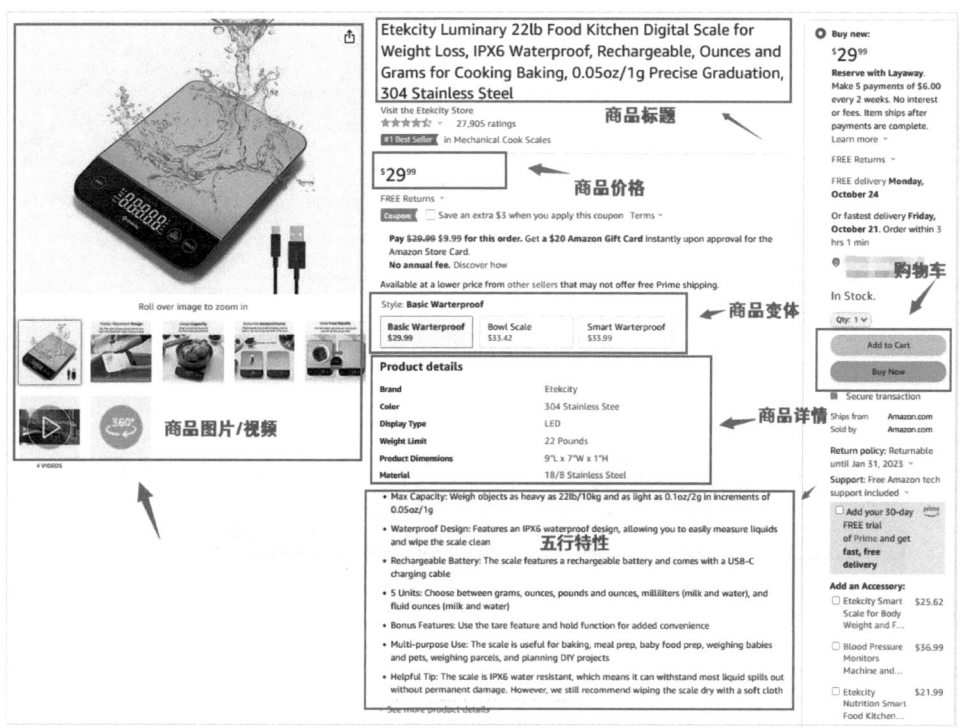

图 6-1

图 6-2

图 6-3

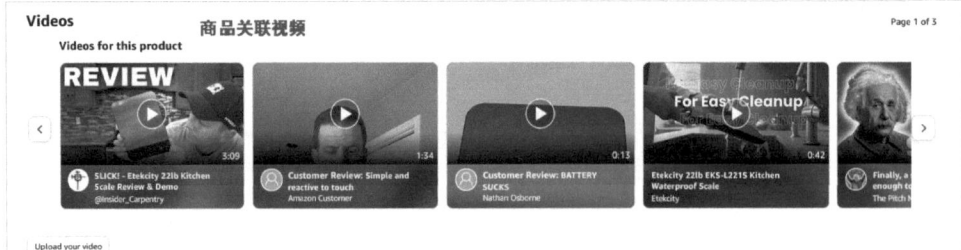

图 6-4

# 第 6 章　成功打造商品的必要条件：Listing 设计

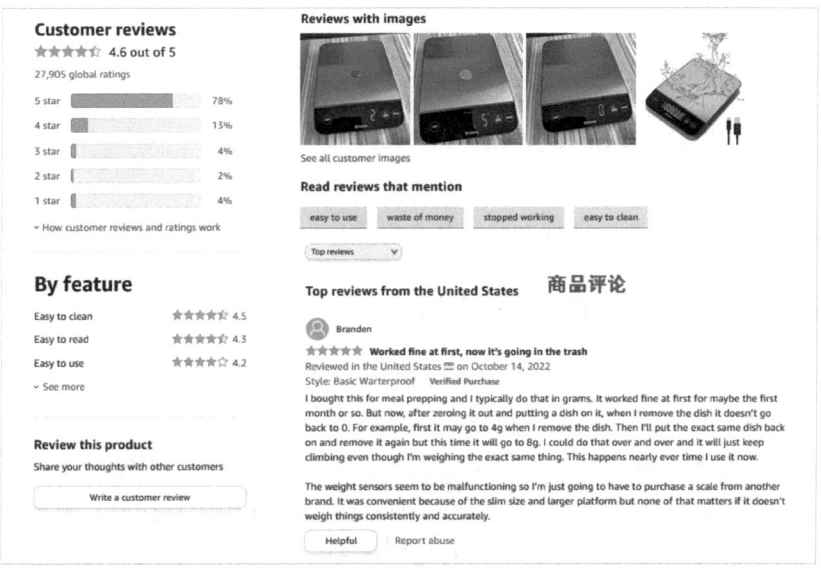

图 6-5

图 6-6

图 6-7

图 6-8

## 6.1.2 商品 Listing 的重要性

商品 Listing 的重要性体现在以下几个方面。

### 1. 商品 Listing 是商品关键词的植入地

在亚马逊平台上，绝大部分流量是关键词的搜索流量，而一款商品要想卖得好，就要尽量出现在搜索结果靠前的位置。亚马逊平台上有那么多商品，亚马逊怎样决定哪些商品会被展示在首页的前排位置呢？这取决于亚马逊的系统算法对商品识别和排序的结果。而将合适的商品关键词写到商品 Listing 中则是让商品被系统算法识别的基础。你的商品关键词跟商品自身属性做到完全匹配，亚马逊算法系统更容易认为你这款商品就是买家所需要的商品，再结合其他的因素，才会把你的商品推荐给搜索这些关键词的买家，如果关键词嵌入不精准，则会在很大程度上影响商品的流量获取。

### 2. 商品 Listing 是商品内容的外在表现

亚马逊是电商平台，电商平台与传统商店不同，电商平台的买家在购物之前是看不到真实商品的，只能根据商品 Listing 中的图片、评论、描述等一系列信息来判断该商品是否值得购买。如果你的商品 Listing 不能吸引买家，买家就不会购买你的商品。从某种意义上讲，你的商品 Listing 把你的商品展示成什么样子，你的商品在买家的眼中就是什么样子。如果你的商品是一款很好的商品，但是你的商品 Listing 却很差劲，那么你这款商品在买家潜意识里就会是一款很差劲的商品，因为 Listing 的模样就决定了你商品的模样。我们可以把商品比作我们自己，商品 Listing 就是我们的形象，在商务礼仪中，形象是非常重要的，而在电商平台上，商品 Listing 的重要性也是不言而喻的。

### 3. 商品 Listing 是分析竞争对手的主要途径

知己知彼才能百战不殆，所以分析竞争对手是十分必要的，而竞争对手的一些操作方法会通过他们的商品 Listing 展现出来。一定要学会从竞争对手尤其是优秀竞争对手身上寻找可取之处。在优秀竞争对手的商品 Listing 中，其评论里面有一些买家吐槽比较多的点，这些问题的解决方法你可以通过一些文字、视频，或者图片反映在你的 Listing 当中，从而让买家在浏览你的商品 Listing 的时候打消这些购买疑虑，成功实现订单的转化。

## 6.1.3 优秀 Listing 的两大判定标准

### 1. 标准一：可搜索性（searchable）

可搜索性是针对亚马逊的搜索系统来说的。大部分亚马逊买家在进行购物时，都会对关键词进行搜索，当买家输入某个关键词并点击"搜索"按钮时，亚马逊的搜索结果中就会展现出很多商品，那么亚马逊的搜索系统怎样决定哪些商品展现在搜索结果中呢？这要靠两点：第一是类目树，就是卖家在上传商品时输入的商品类目节点，第二是商品 Listing 中嵌入的一些关键词。亚马逊通过这两个方面的识别，确认你这款商品正是买家正在搜索的商品，才会把你的商品推给买家。但是如果 Listing 中的关键词不精准或者不够全面，那么这款商品被系统推荐的次数和精准度就会不理想。举个例子，假如你是卖苹果手机的，就需要把"iPhone"等跟苹果手机相关的关键词写进你的 Listing 中，再加上你上传商品 Listing 时输入的商品类目树信息，亚马逊才会把你的苹果手机商品推给搜索"iPhone"等关键词的买家。

### 2. 标准二：可阅读性（readable）

"可搜索性"是我们看不见的部分，那是给亚马逊算法系统看的，而"可阅读性"

是我们肉眼可见的，是给在亚马逊购物的买家看的，这就要求我们在编辑 Listing 的关键词时，不能把调研收集到的关键词进行简单的堆砌，我们在达到了"可搜索性"的标准后，一定还要兼顾 Listing 的"可阅读性"。

因为人都有爱美的本性，当买家看到一堆凌乱的单词堆砌在某款商品的 Listing 中，毫无阅读的快感时，以及当买家看到你的商品图片做得很差劲，视频也模糊不清时，你认为这名买家还会选择购买你的这款商品吗？

所以说"可阅读性"跟"可搜索性"处于同样重要的地位，当你把商品关键词和其他一些 Listing 必备要素调研搜集完毕后，一定要结合当地买家的阅览习惯和商品的特点、优势、卖点等，用优美的语言把这个 Listing 写出来，只有做好可搜索性和可阅读性两个必备要素的，才是一个真正完美的亚马逊的 Listing。

## 6.1.4 Listing 编辑前的几项准备工作

亚马逊 Listing 的创建和编辑其实就像我们日常生活中建房子的活动，在建造 Listing 这所"房子"之前，你必须提前准备好一些"建筑材料"，这样才能保证你的 Listing 编辑效率得到大幅提升。

**1. 建立好关键词词库**

关键词的搜集方法在 6.2 节会有详细说明，这里不做赘述。

**2. 准备好商品 Listing 的编辑素材**

上面的关键词其实也是素材的一部分，除关键词外，素材还包括商品的图片、视频、review（评论）资源、QA（问答）资源等。review 和 QA 要等 Listing 编辑完毕且商品正式上线销售以后才会有，但是图片和视频这些素材需要提前准备好，如果没有准备好的话，你的 Listing 编辑工作就会被迫停下来，此时再找美工作图，前后可能会耽误一两周的时间。

**3. 准备好商品参数**

当你在浏览很多商品的 Listing 时，在该商品价格标签的下方，会显示一些商品的参数，如图 6-9 所示。这些参数跟商品的具体属性有关，商品不同，这里显示的参数就不同，有些复杂的商品甚至会显示一长串参数信息。你在采购商品的时候可

第 6 章　成功打造商品的必要条件：Listing 设计

能并不清楚这些参数，需要向服务商索取或者在网上查询。如果你选择的商品是需要输入一些复杂参数的，那么一定要在编辑 Listing 之前把这些参数确定下来，不要让参数影响了编辑 Listing 的连贯性。

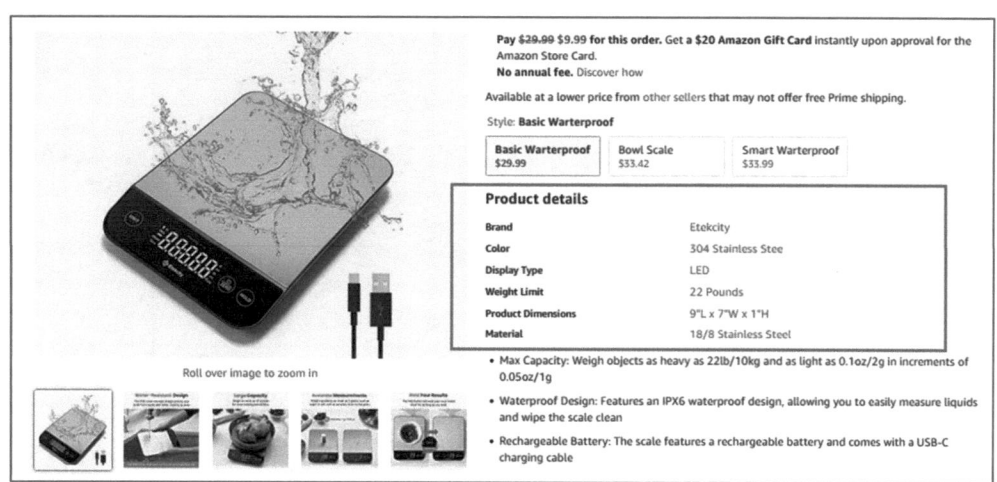

图 6-9

### 4. 保证 Listing 的完整性

在 Listing 编辑中，有些选项是带有"*"标识的，这些选项是必填项，那么不带"*"标识的，就是非必填项。虽然不填这些非必填项也可以正常上传 Listing，但是这些选项如果都能完善一下，也可以让自己的流量变得更加精准。如图 6-10 所示，在宠物类目的 dog toys（狗玩具）这个小类目中，当你上传 Listing 的时候，就会出现一些这个类目的特殊选项，比如口味、适用狗的品种、气味等参数。大家一定要根据自己的商品情况做选择，这样才会让亚马逊在推荐你的商品的时候更加精准。

所以说我们一定要把 Listing 编辑页面的内容研究透彻一点，该填的内容都不要空着，为自己的商品成功增加一些砝码。

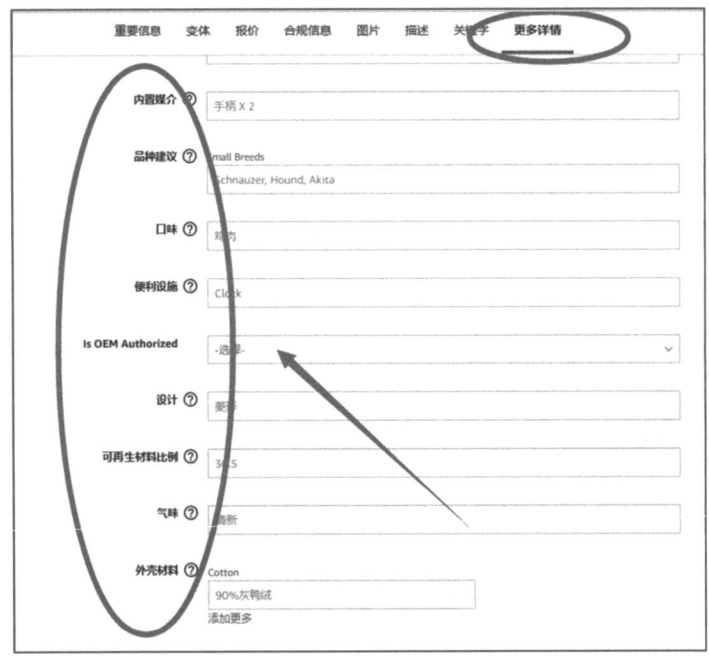

图 6-10

## 6.2 搜集商品关键词的途径

### 6.2.1 免费搜集关键词

**1. 竞品的 Listing**

众所周知，向高手学习，会学到很多我们并不具备的能力，在亚马逊也一样，那些排在头部的商品，永远是卖家们学习的榜样。在竞品 Listing 的 title（标题）、bullet points（五行特性）、description（商品描述）、QA（问答）、review（评论）等模块，我们可以得到很多关键词灵感，如图 6-11 所示。

在研究竞品时，可以将竞品 Listing 中出现频率较高的词进行统计，通常出现频率最高的那个词就是该商品的主要关键词。通过这种方法可以快速地找到竞品的精准关键词，特别是对那些在小类目排名中排在前列的竞品，一定要深入研究其 Listing 中商品关键词的排列方式。

## 第 6 章　成功打造商品的必要条件：Listing 设计

图 6-11

### 2. 亚马逊的商品搜索框

当你在亚马逊的搜索框中输入某个关键词时，亚马逊会根据买家搜索量的大小和匹配程度，把与这个搜索词相关的一些关键词推荐给你。假设你想卖的是刀具（knife）商品，在亚马逊的搜索框中输入"knife"，则下方会出现很多与 knife 相关的关键词，如图 6-12 所示。

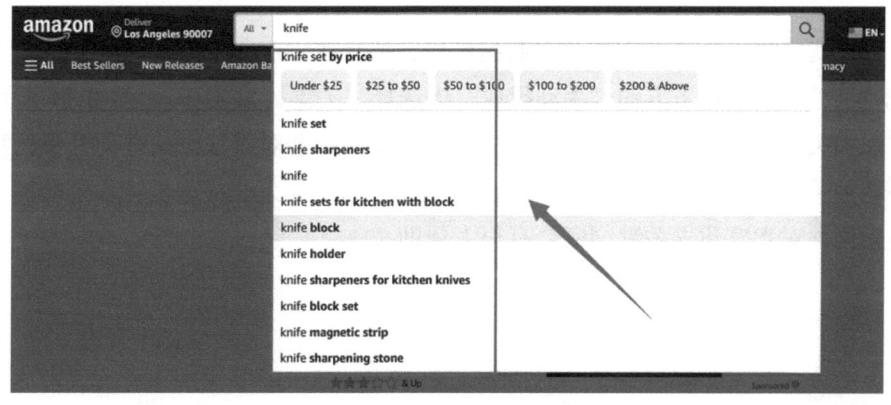

图 6-12

在确定自己要销售的商品后，要首先确定该商品英文名称的核心关键词，然后才可以用这个关键词进行搜索测试。系统下拉框推荐的这些商品关键词，基本都是亚马逊算法系统列出的跟这个搜索词最为相关且搜索量最大的词，这些词将带给你很多关键词灵感。

### 3. 商品自动广告报告

在新品刚刚上线时，卖家可以首先开启亚马逊的自动广告。自动广告不需要卖家设定目标关键词，系统算法会根据商品 Listing 中的内容自动为买家进行广告的展示，当有买家点击卖家的自动广告时，商品自动广告报告中会产生点击记录。在自动广告上线 15 天左右的时候，卖家可以下载商品自动广告报告，将其中产生点击的词进行梳理和筛选，把筛选过的词优化后加入商品 Listing 中，如图 6-13 所示。

| 广告活动名称 | 客户搜索词 | 展现量 | 点击量 | 点击率(CTR) |
|---|---|---|---|---|
| auto 001 | knife sharpener | 82562 | 591 | 0.7160% |
| auto 001 | b07lcgub3j | 65658 | 634 | 0.9649% |
| auto 001 | knife sharpener | 58462 | 1086 | 1.8572% |
| auto 001 | knife sharpeners | 6587 | 55 | 0.8421% |
| auto 001 | b00vqh6d3g | 9987 | 239 | 2.3906% |
| auto 001 | sensu knife sharpener | 415 | 6 | 1.4458% |
| auto 001 | edgeware knife sharpener | 387 | 2 | 0.5168% |
| auto 001 | sharpener knife | 306 | 2 | 0.6536% |
| auto 001 | knife steel sharpener | 289 | 1 | 0.3460% |
| auto 001 | kitchen knife sharpener | 197 | 1 | 0.5076% |
| auto 001 | knives sharpener | 181 | 2 | 1.1050% |
| auto 001 | steel rod | 180 | 3 | 1.6667% |
| auto 001 | diamond knife sharpener | 150 | 2 | 1.3333% |

图 6-13

## 4．在为商品创建手动广告组时系统推荐的关键词

如果卖家想要为商品创建手动商品广告，那么在"定向策略"这一栏就要选择"手动投放"，然后在下方的"手动投放"中选择"关键词投放"，如图 6-14 所示。在"添加关键词"阶段，当输入某个关键词时，系统会对以这个关键词开头的很多核心相关关键词进行系统推荐，如图 6-15 所示。这些词是亚马逊系统收录的商品高频搜索词，对卖家建立关键词库会有很大帮助。

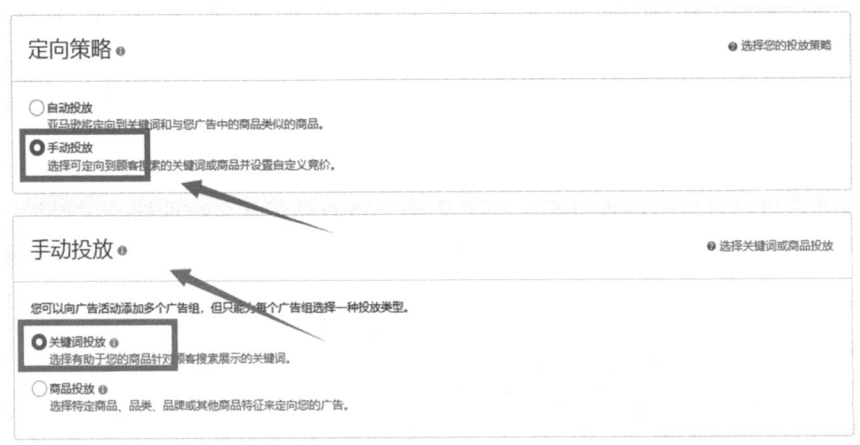

图 6-14

# 第 6 章  成功打造商品的必要条件：Listing 设计

图 6-15

### 5. 亚马逊品牌分析功能

亚马逊在后台的品牌分析页面，展示了很多官方的数据，关键词的搜索数据就是其中之一。如图 6-16 所示，当卖家点击"品牌"菜单中的"品牌分析"时，就可以进入亚马逊品牌分析的页面。

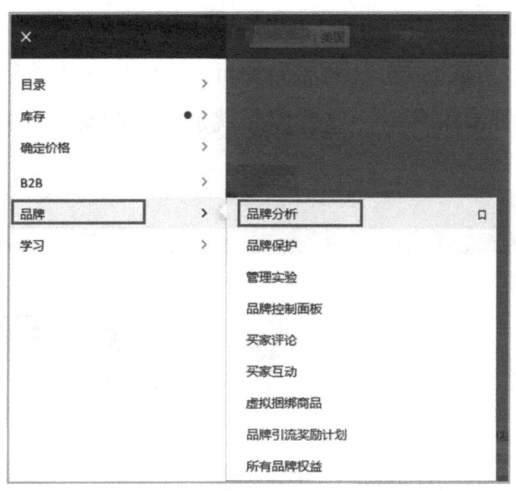

图 6-16

在这个页面中，如果你想查询某个关键词在亚马逊搜索系统中的搜索排名或者与该词相关联的一些其他关键词，直接在搜索框中进行搜索即可，如图 6-17 所示。

在下方的搜索词一栏，亚马逊会自动显示该词的搜索排名以及包含该词的一些其他关键词的情况，这些是亚马逊官方的数据，准确性是相当高的。

图 6-17

## 6.2.2 付费获取关键词

付费方式就是使用一些付费软件的关键词查询功能来确定商品的关键词，市面上有很多软件都可以使用，这里我们用卖家精灵来演示。

第一步，首先我们确定好自己的商品类目，然后找到该类目中排名在前 10 名或前 20 名的商品，如图 6-18 所示，这些商品就是我们调研类目关键词的最好样本。

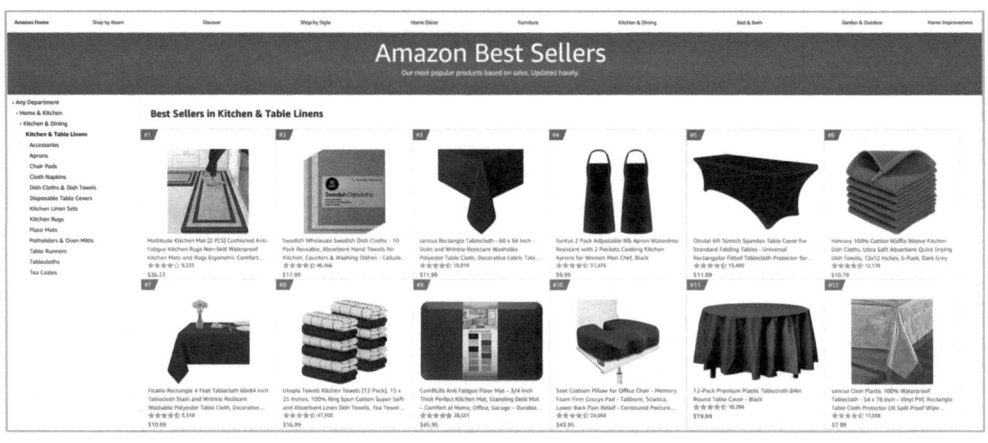

图 6-18

第 6 章　成功打造商品的必要条件：Listing 设计

第二步，我们挨个进入商品的 Listing，获取商品的 ASIN，将其输入软件的"关键词反查"搜索框，如图 6-19 所示。

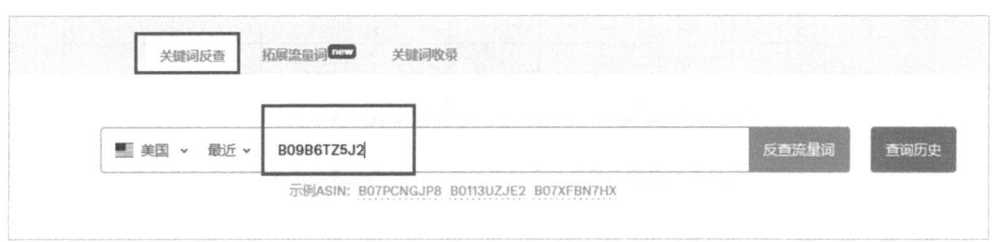

图 6-19

第三步，点击"反查流量词"按钮，就可以看到该商品的流量词来源，如图 6-20 所示。

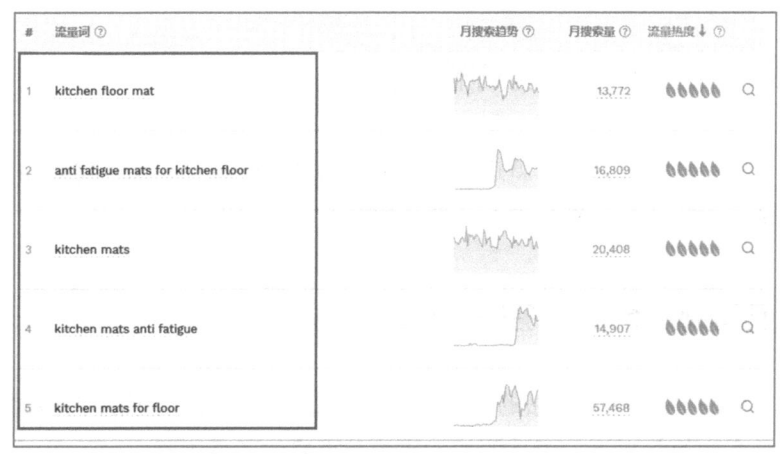

图 6-20

## 6.2.3　对商品关键词的处理

当你调研了很多商品后，就可以搜集到很多商品关键词，先对搜集到的关键词按照其搜索量进行排序，排序后逐一检查这些关键词与自己商品的相关性，然后确定哪些关键词可以使用在自己的 Listing 中，如图 6-21 所示。其中那些搜索量大、与自己商品的相关性强的关键词就是自己商品的核心关键词。而对于那些虽然搜索量大却与自己商品的相关性很弱的关键词，应将其删除或者在手动广告组中选择否定，否则这些词会影响自己商品的转化率，增加广告费用。

169

| 关键词 | 搜索量 | 相关度 |
|---|---|---|
| kitchen | 207,319 | 4 |
| kitchen mat | 149,750 | 5 |
| kitchen rugs | 136,903 | 4 |
| todays deals | 59,160 | 3 |
| kitchen mats for floor | 57,468 | 5 |
| kitchen accessories | 56,740 | 4 |
| kitchen essentials | 32,046 | 4 |
| anti fatigue mat | 27,687 | 4 |
| kitchen & dining room tables | 25,919 | 5 |
| rugs for entryway | 23,946 | 3 |
| kitchen sink accessories | 21,284 | 4 |
| kitchen mats | 20,408 | 5 |
| kitchen & table linens | 19,958 | 4 |

图 6-21

## 6.3 商品 Listing 之图片模块

确定了商品的关键词后，就进入一个关键的环节——创建和优化商品 Listing。下面我们来看一下亚马逊平台的商品图片要求和设计思路。

### 6.3.1 亚马逊平台的商品图片要求

如果说商品 Listing 是商品的整体形象，商品图片就相当于商品的脸面。买家在看不到商品实物的前提下，商品图片就成为其重要的考量因素。

亚马逊商品图片分为主图和副图，主图展示在搜索结果、广告页面，Listing 打开后默认展示的是商品主图，所以亚马逊对商品主图和商品副图有不同的要求，其中对主图的要求更为严格。

我们来看一下亚马逊对于商品图片的要求（包括主图和副图）。

（1）图片必须准确展示待售商品。

（2）图片必须与商品名称相符。

（3）商品形象必须占据图片区域中 85% 或以上的面积。

（4）要在详情页面达到最佳缩放效果，文件最长边最好不小于 1600 像素。如果想要使用图片缩放功能，可进行缩放的文件的最小尺寸为 1000 像素。

（5）图片最长边不得超过 10 000 像素。

（6）图片必须采用 JPEG（.jpg 或 .jpeg）、TIFF（.tif）、PNG（.png）或 GIF（.gif）文件格式。首选文件格式为 JPEG。亚马逊服务器不支持 GIF 格式的动图。

（7）图片必须清晰，未经过像素化处理且没有锯齿边缘。

（8）图片不得包含裸体或性暗示意味，不得在人体模特上展示儿童和婴幼儿的紧身衣、内衣和泳衣。

（9）图片不得包含任何亚马逊徽标或商标、亚马逊徽标或商标的变体，或者任何容易让人混淆的与亚马逊徽标或商标相似的内容。这包括但不限于任何含有 Amazon、Prime、Alexa 或 Amazon Smile 设计的文字或徽标。

（10）图片不得包含亚马逊商城使用的任何标记、标记的变体、任何容易让人混淆的与标记相似的内容。这包括但不限于 "Amazon's Choice" "Premium Choice" "Amazon Alexa" "与 Amazon Alexa 合作" "Best seller" "Top seller"。

除上述十个要求以外，亚马逊的主图还必须满足以下几个要求。

（1）主图必须采用纯白色背景（RGB 色值为[255,255,255]）。

（2）主图必须是实际商品的专业照片（不得是图形、插图、实物模型或占位图片）。不得展示无关配件或可能令买家产生困惑的道具。

（3）主图内的商品上方或背景中不得有文字、徽标、边框、色块、水印或其他图形。

（4）主图不得包含单款商品的多角度视图。

（5）主图必须完整展示待售商品。图片不得紧贴图片框边缘或被图片框边缘遮挡（珠宝首饰商品除外）。

（6）主图展示的商品必须去除外包装。包装箱、包装袋或包装盒不应显示在图片中，除非它们是重要的商品特色。

（7）主图不得展示坐姿、跪姿、靠姿或躺卧姿的人体模特，但建议使用辅助技术（轮椅、假体等）表达各种移动性。

（8）多件装服装和配饰的主图必须采用平面拍摄形式（非模特展示）。

（9）无论人体模型是何种外观（透明、纯色、肉色、框架或衣架式），服装配饰的主图都不得展示人体模型的任何部位。

（10）主图展示的女装和男装必须由真人模特穿着。

（11）儿童和婴幼儿服装的所有图片必须采用平面拍摄形式（非模特展示）。

（12）主图展示的鞋靴必须是单只，呈 45 度角朝左摆放。

如果你上传到亚马逊平台的图片违反了上述图片规则，那么你的商品就会被系统设置为"禁止显示"。如果你想查看哪些商品因为图片违规而被系统设置为"禁止显示"的话，就直接进入后台的"管理库存"页面，然后点击筛选栏中的"已禁止显示搜索结果"单选框，如图 6-22 所示。

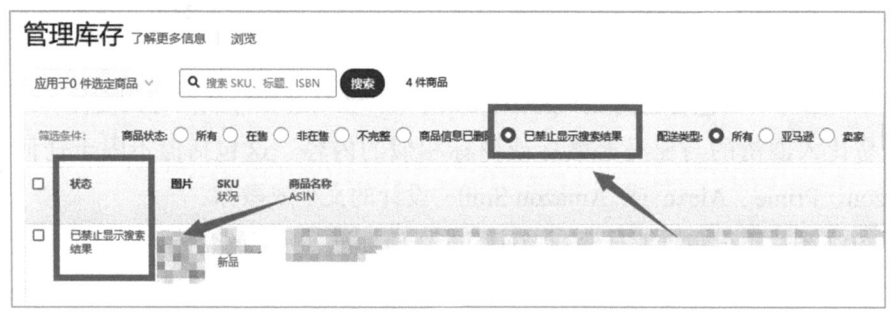

图 6-22

在图 6-23 所示的页面中，你就可以看到所有因为图片违规而被禁止显示的 SKU 信息，如果你想要解除禁止显示的惩罚措施，可以点击后面的"编辑"按钮。

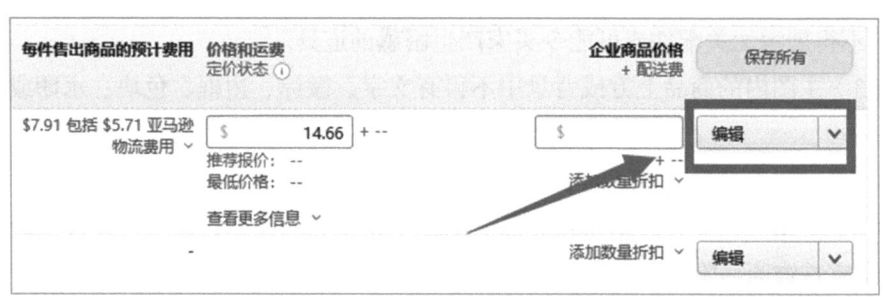

图 6-23

点击"编辑"按钮以后，就可以进入商品的 Listing 编辑页面。在这个页面，你可以看到在"图片"一栏的左侧，出现了红色的感叹号，如图 6-24 所示。

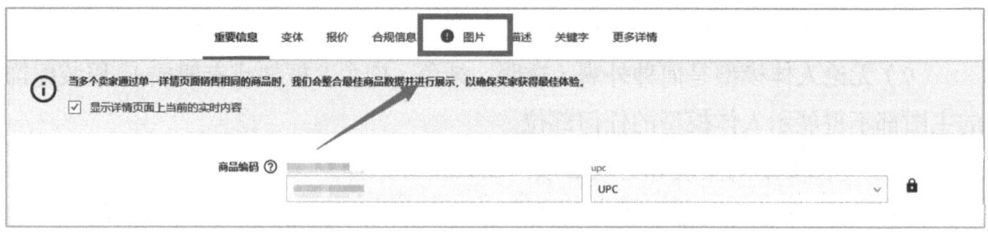

图 6-24

## 第 6 章　成功打造商品的必要条件：Listing 设计

点击进入图片页面，就可以看到亚马逊系统对于主图（即主图片）违规的说明，如图 6-25 所示。

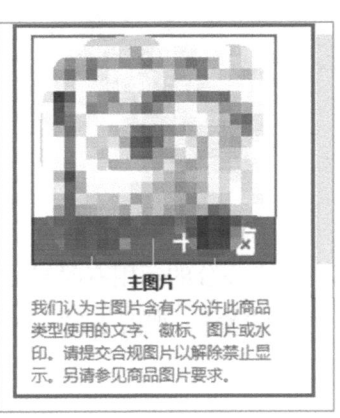

图 6-25

亚马逊对于图片的监测是系统自动进行的，可能有些违规图片使用了很久之后都没出问题，但是一旦该违规图片被系统扫描到，那么被禁止显示就是必然的事情。所以卖家在设计自己的商品图片时，一定要清楚亚马逊平台对于商品图片的要求，避免自己陷入图片违规陷阱。

### 6.3.2　商品主图设计思路

虽然主图的展示机会很多，展示位置也最重要，但是主图展示的方式其实非常有限。因为亚马逊对于主图有严格的规定，亚马逊不但规定了展示的范围，在某些类目中甚至还规定了展示的角度等细节，所以说主图可以发挥的空间有限。

虽然主图的限制较多，但是这并不意味着卖家要忽视主图的设计，恰恰相反，卖家一定要将主图拍出水平，不但要将商品的真实效果拍摄出来，必要时还要对图片进行适当的渲染，这样才会让商品在买家的眼里绽放出"光芒"。亚马逊是"看图购物"模式，如果主图拍不好，那么影响的不仅仅是点击率，还会影响转化率等因素，所以卖家在设计主图时一定要多从买家的角度思考问题。

如果你不知道该怎样设计主图，则可以向亚马逊中的强者学习。假设你卖的是小件商品，那么 Anker 的主图设计风格你就应去学习一下。Anker 商品图片的渲染功底和拍摄角度堪称业界典范，其主图往往拍摄得极为逼真又不失艺术感，可以称得上商品主图的最高水平，如图 6-26 所示。

图 6-26

在某些小型商品的底部,阴影部分的运用有时候可能让商品显得立体感更强一些,也可以给人一种很高端大气的感觉。如图 6-27 所示,这款商品的主图阴影效果就用得非常到位。

图 6-27

如果你销售的是多款商品的组合,则可以在主图中将组合拍出来,并单独展示其中某款商品的使用方法。这样既可以详细说明商品的组合形式,又可以利用主图简要说明商品的核心用法,如图 6-28 所示。

图 6-28

### 6.3.3　商品的副图设计思路

副图就是除第一张主图之外的其余几张商品展示图,在亚马逊后台的 Listing 编辑页面,副图有 8 个图片上传位置,但是前台只会显示前 6 张,如果上传了主图视频,最后一张副图的位置也会被主图视频占据。

副图在 Listing 中的作用主要是对商品特点、外观、使用方法等进一步解释说明,在商品的主图、价格、rating 数量和星级等把买家吸引到你的商品 Listing 之后,副图的作用就开始了。副图要表达的因素很多,而且在不同的商品类目中,副图设计的思路会有所不同,一般来说,副图应该至少包含下面这些内容。

**1. 商品的卖点图**

商品的前两张副图,通常是对商品最大卖点的说明,卖家要把商品的最大卖点通过图片的形式表现出来,并在图片中对该卖点进行详细的标注。如图 6-29 所示,Anker 的这款充电插头的两个最大卖点就清晰地在前两张副图中表达了出来,当买家查看前两张图片的时候,就可以清晰地看到这两大卖点。

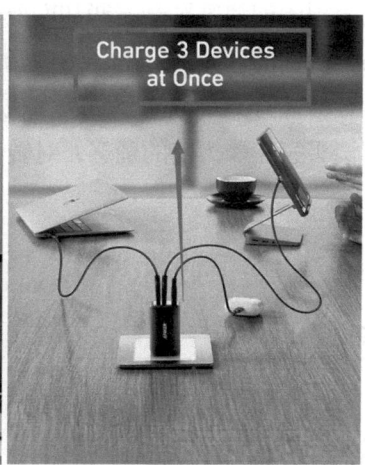

图 6-29

**2. 商品尺寸图**

对于一些具有不同尺寸的商品或者一些尺寸会影响使用功能的商品而言,副图中一定要有商品的尺寸展示图,这样买家才可以在购买时选择自己期望尺寸的商品,同时详细的尺寸标注也可以有效降低退货和差评的发生概率。这种尺寸展示图可以直接标注在商品身上，但是为了让买家看到图片后能有更加直观的体验感，可以直接在真实的适用场景中进行商品的尺寸标注，这样的展示效果会更佳，如图 6-30 所示。

图 6-30

### 3. 商品的使用方法及步骤图

包含这类副图的通常都是一些功能或结构较为复杂的商品，或者一些用法比较复杂的商品，这样的商品最好通过一两张副图把详细使用方法或者组装、拆卸方法展示出来（图 6-31）。这样就可以让买家更加快速地了解商品的使用方法或者拆卸方法，从而打消买家在购买前的疑惑，对转化率会有提升作用。

图 6-31

## 第 6 章　成功打造商品的必要条件：Listing 设计

### 4. 痛点展示图

有很多功能性商品，在长期的使用过程中存在一些缺点，比如一些户外灯具类商品，遇到潮湿或者进水的情形就无法正常工作了，如果你的商品已经很好地解决了这种行业痛点，就可以在副图中展示出来。如图 6-32 所示，Eteccity 的这款户外照明灯具商品就用两幅图来展示了其商品优良的防水性能及续航性能，而这些性能在日常户外活动中经常成为买家的关注点。

图 6-32

### 5. 使用场景图

商品使用场景图主要的作用是给买家以代入感，就是让潜在的买家通过这些图片，联想到以后使用这款商品的样子，优美的使用场景图可以在很大程度上让潜在的买家下单购买。如图 6-33 所示，这两款帐篷商品的使用场景图就是非常出色的副图。

图 6-33

## 6.3.4 360°可旋转图片的设置

在商品主图和副图展示区域，还有一种可以 360°旋转的图片展示方式，利用鼠标的拖动可以 360°旋转式展示商品外观。如图 6-34 所示，商品页面的最后一幅图就是 360°展示图。

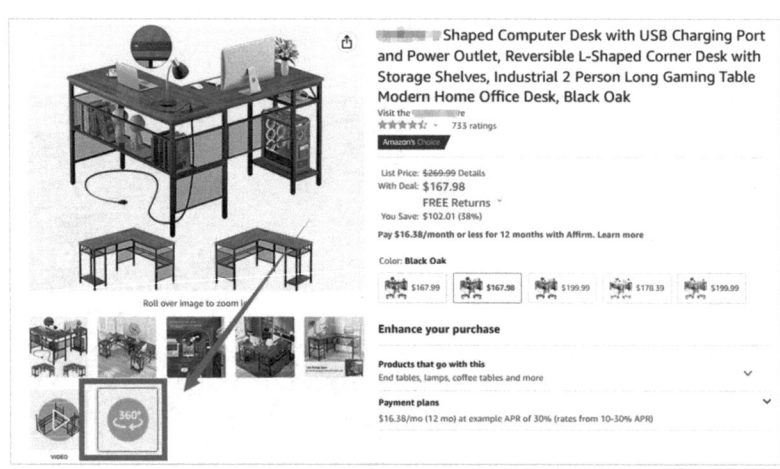

图 6-34

目前这种 360°展示的方式还未开放给全部类目，有些类目中可以上传这种图片，比如 Home & Kitchen 类目的 Home Office Furniture 等。如果你的商品类目是可以上传 360°图片的，那么可以采用下面的方式进行 360°图片的设计和上传。

### 1. 360°视图的设置

步骤 1：图片拍摄细节处理。

（1）将待拍商品放置在转盘中央，确保商品可以进行 360°旋转，尽量使用无缝背景纸。

（2）将摄像机放在适当位置的三脚架上，摄像机角度保持在 10°~30°范围内，选择好合适的仰角以展示商品。

（3）将相机设置为手动模式，以确保所有 72 张图片的聚焦和曝光设置都保持一致。

（4）第一张图片应以 0°角来正面展示商品，以 5°的间隔拍摄 72 张图片，拍摄完一张图片后要将商品进行逆时针旋转。

步骤 2：图片的后期处理。

（1）删除 72 张图片中的所有背景细节，确保所有 72 张图片均匀地进行相同的调整。

（2）裁剪每张图片，使其为正方形，确保旋转中心位于每张图片的中心。

（3）将图片调整为最大 2500 像素，最小 1500 像素，将各张图片按照顺序编号，并以 PNG 的格式进行保存。

步骤 3：请亚马逊客服帮助上传拍摄好的 360° 图片，客服会告知卖家具体的图片打包方式和上传方法。

以上操作方法只适合已经开通了 360° 图片上传权限的类目，否则卖家无法进行 360° 图片的上传。当图片按照客服的要求成功上传以后，买家点击 360° 图片时，图片的旋转功能就会立即展示在买家的面前了。

## 6.3.5 不要使用供应商提供的商品套图

很多卖家为了节省作图预算，会在采购商品时一并要求供应商提供商品的配套图片。因为供应商在国内电商网站也具有商品宣传的需求，所以大部分供应商也都会给自己的商品拍摄一套完整的图片，那么为什么不建议大家使用这样的图片呢？

**1. 原因一：这样的图片没有区分度**

众所周知，现在的亚马逊竞争非常激烈，有时候商品的成功往往取决于细节的比拼，而供应商所提供的商品图片，与该供应商提供给其他亚马逊卖家的图片都是一样的，这样的图片在亚马逊的搜索结果中是毫无区分度的。而商品图片又是影响商品点击率和转化率的重要因素，所以使用跟其他卖家雷同的图片，显然没办法让你的商品脱颖而出。

**2. 原因二：亚马逊搜索结果的展示抑制**

当一名买家在亚马逊平台搜索相关的关键词时，亚马逊希望在系统推荐的结果中能给卖家更多的选择，如果大家都在使用供应商提供的商品套图，那就可能出现某个关键词的搜索结果大部分都是雷同图片的结果，这显然不是亚马逊官方想要看到的。所以针对关键词的搜索结果，亚马逊会利用算法主动抑制完全雷同的图片的展示，从而让买家有更好的购物体验。

### 3. 原因三：容易被别人投诉

如果同一个类目中有很多卖家使用相同的图片，当其中某位卖家利用自己的独立站或者其他网站去注册这些图片的信息时，反过来就可能对其他使用这些相同图片的卖家进行投诉，这样的事件每天都在发生。所以为了避免自己的商品因为被恶意投诉而被迫下架，大家要尽量避免使用供应商提供的商品套图。

卖家应尽量让专业的美工来制作商品图片，一方面可以避免商品图片因为不符合亚马逊平台的要求而被强制下架，另一方面，专业的美工水平较高，能对商品进行适当的美化和渲染，从而提升商品的点击率。

## 6.3.6 如何发现并举报盗用自己图片的行为

前面我们介绍了为什么不要使用供应商提供的套图，其实在亚马逊上还有一种使用图片的行为比较多见且非常危险，那就是直接盗取别人的亚马逊商品的图片进行 Listing 图片的上传。这种情形相信很多卖家在日常运营中都遇到过。

那么我们在日常的亚马逊店铺运营中，如何去主动发现有哪些商品盗用了自己的图片？遇到这种情形又该如何去投诉？其实只要四步就可以解决这些问题。

第一步：点击后台的"品牌管理"按钮，进入亚马逊品牌管理页面，如图 6-35 所示。

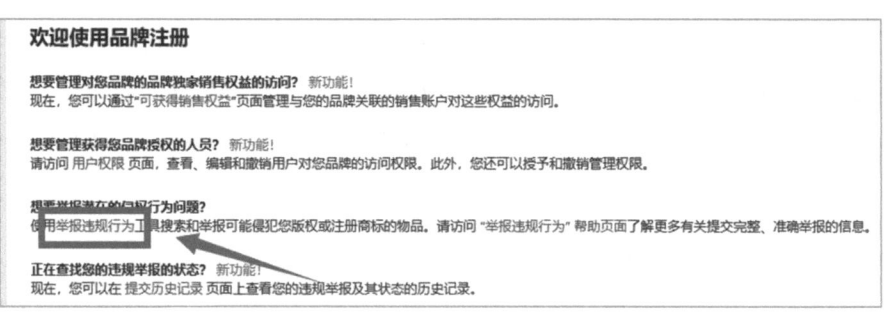

图 6-35

第二步，点击品牌管理页面的"举报违规行为"按钮，就会进入举报违规行为的页面，如图 6-36 所示。

第 6 章 成功打造商品的必要条件：Listing 设计

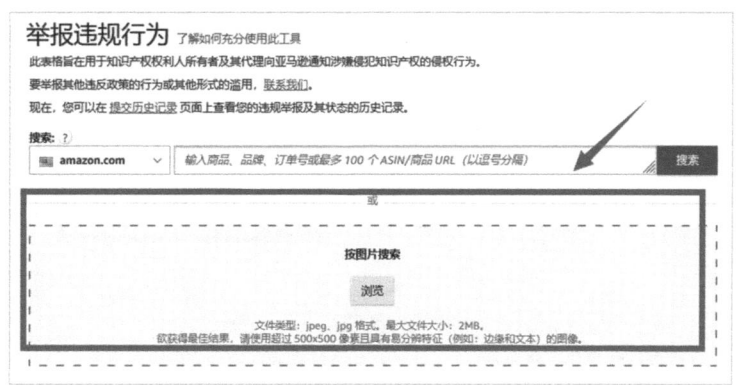

图 6-36

第三步，将自己的商品图片上传到举报违规行为页面的图片区域，点击"搜索"按钮，就可以看到亚马逊平台上所有跟你使用相同或相似图片的商品，如图 6-37 所示。

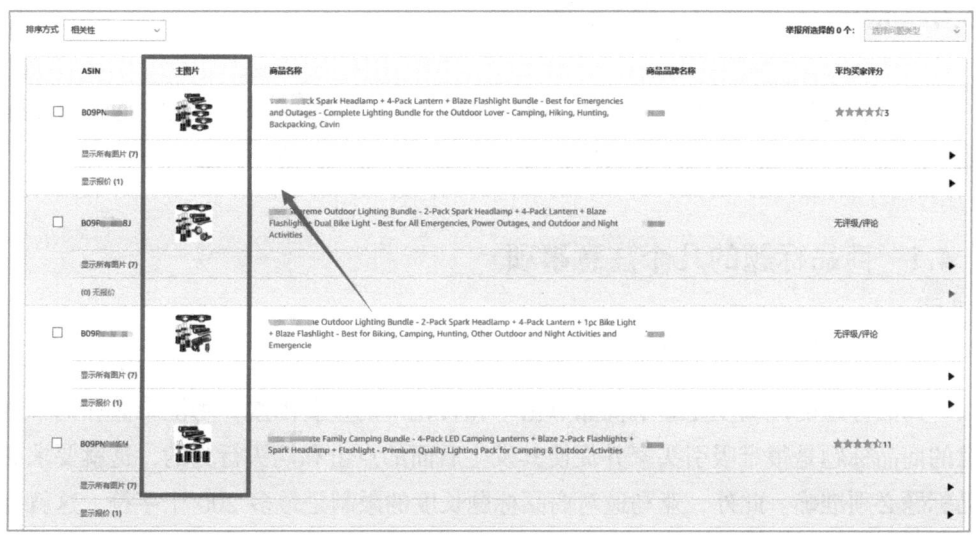

图 6-37

第四步，检查和梳理这些搜索结果，看有哪些卖家在未经你允许的前提下使用了你的商品图片，将这些图片和卖家找出来以后，就可以进行投诉。如图 6-38 所示，图片侵权投诉一般选择第一项"版权侵权"。

181

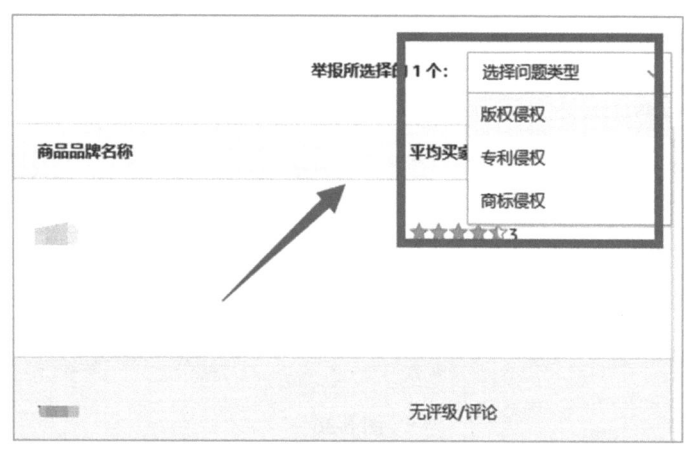

图 6-38

## 6.4 商品 Listing 之标题模块

如果说商品图片是商品的脸面，商品标题（title）就是商品的名片。通过商品标题，买家可以快速得知商品的名称、型号、主要用途及规格等信息。

### 6.4.1 商品标题的几个注意事项

**1. 标题要语句流畅、言简意赅**

商品标题的流畅度是影响商品点击率和转化率的重要因素，晦涩难懂和词不达意的商品标题是很难吸引买家并促使其发生后面的点击和购买行为的，这就要求商品标题必须准确。此外，亚马逊对商品标题长度的限制是最多 200 个字符，这就要求商品标题一定要在有限的长度之内把商品的核心卖点讲出来，即一定要言简意赅。

**2. 标题权重最高，要放置商品最核心的关键词**

在亚马逊的系统算法中，商品 Listing 的模块中有几个关键词的植入位置（标题、五行特性、商品的详情描述等），这些关键词模块的搜索权重是不同的，根据业界公认的算法，各个 Listing 模块的关键词搜索权重大小为：标题>五行特性>详情描述>其他模块。所以商品标题中的关键词一定是商品最核心的关键词，不但搜索量最大，而且相关度最高。

**3. 标题要格外注意关键词侵权问题**

关键词侵权，就是因为 Listing 中包含了别人的注册商标而被投诉侵权或者被亚马逊系统检测到侵权，而这种关键词侵权往往就发生在 Listing 的标题模块。建议大家在完成标题的编辑以后，一定要把不确定的关键词输入各国商标局的官网进行查询，那些已经被别人注册为商标的关键词，一定不能使用。

## 6.4.2　亚马逊平台对商品标题的要求

亚马逊对于标题的规定主要包含以下几点。

（1）商品标题通常最多包含 200 个字符（某些类目可使用更长的商品标题）。

（2）建议一般单词的首字母大写，但不要全部使用大写字母；连词（and、or、for）和冠词（the、a、an）不得大写，少于 5 个字母的介词（in、on、over、with）也不要大写。

（3）如果标题中出现了数字表达，则必须使用阿拉伯数字。

（4）如果标题中出现了测量单位，则该测量单位一定要拼写出来，如要将商品的尺寸书写成 "6 inches"，而非 "6″"。

（5）标题中请勿使用符号，如~、!、*、$、?、_、~等。

（6）商品标题中请勿包含价格或促销信息（如 Sale、Free Ship）。

（7）商品标题中请勿使用主观性评论用语（如 Hot Item、Best Seller），且卖家不得在品牌或制造商信息中使用卖家名称，除非该品牌为自有品牌。

## 6.4.3　常见的几种标题书写格式

亚马逊的商品标题有很多类型，我们列举一下最常见的几种标题书写格式。

格式一：品牌名称+最核心关键词+其他核心关键词+规格/属性+材质

这种标题写法主要适用于一些核心关键词数量不多且较为集中的商品，其功能较为单一且描述不同的材质类型及商品规格。如图 6-39 所示，该食品秤商品就是使用的这种标题书写格式。

图 6-39

格式二：品牌名称+多个核心关键词+参数+多种功能介绍

这种标题书写格式常见于一些带电且功能较多的商品。这些商品有不同的参数标准和调节方式，标题中除品牌和核心关键词外，还需要简要介绍这些核心参数信息，这样就可以让买家能一眼看出商品的卖点。如图 6-40 所示，这款便携移动充电商品就用了这种标题书写格式。

图 6-40

格式三：品牌名称+多个核心关键词并列

这种标题书写格式主要适用于一些功能较为简单的商品。这些商品通常关键词较为分散，核心关键词跟其他关键词的搜索量差异不是特别大，这样的商品就需要在商品标题中罗列多个搜索量相当的关键词。如图 6-41 所示，这款狗玩具商品就用了这种标题书写格式。

图 6-41

格式四：品牌名称+核心关键词+型号+多个适用场景

这种标题书写格式主要适用于核心关键词特征较为明显的商品。这类商品的核心关键词通常为一两个，且这类商品通常有很多适用场景，适用场景会影响买家对商品的最终选择。如图 6-42 所示，这款瑜伽球商品就用了这种标题书写格式。

图 6-42

## 6.5 商品 Listing 之五行特性模块

五行特性，是国内卖家为这个 Listing 模块所起的名字，这个模块原来有五行内容（现在大部分类目已经扩展到更多行），所以称之为"五行特性"。五行特性在 Listing 编辑模块的英文名称是"Key Product Features"或者"Bullet Point"，商品所处的类目不同，该 Listing 模块的叫法也不同。大家在编辑五行特性之前，应该注意以下几点。

## 1. 五行特性的搜索权重仅次于标题，是关键词的"第二阵地"

五行特性中的关键词在亚马逊系统算法中的搜索权重仅次于前面的标题，所以对于有很多核心关键词的商品而言，如果因为标题字数限制而导致关键词无法全部呈现的话，五行特征位置就是剩余核心关键词的最佳输入点。这里的关键词一定是除标题中的关键词以外，搜索量最大、与商品关联度最好的。

## 2. 图片给买家第一印象，五行特性给买家第二印象

五行特性的位置在图片的右边、标题的下方，如图 6-43 所示。当买家点击进入商品 Listing 的时候，五行特性将是买家详细了解商品特性的重要"场所"，所以这里不但关键词嵌入要精准，文案也需要非常优美，卖家要使五行特性既有核心关键词又能用优美的语言来描述商品的核心卖点和特点。

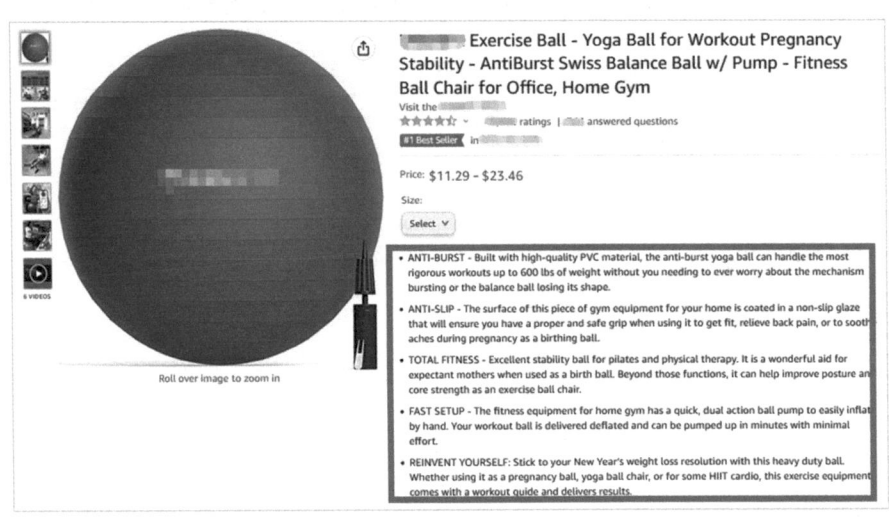

图 6-43

## 3. 五行特性要详细展示商品的痛点解决能力

卖家在编辑五行特性以前，要对该类目长期存在的痛点进行详细的调研。调研可以通过调研类目中 TOP 卖家的商品 review 来进行，将其中的差评罗列出来，找出其商品存在的一些痛点，然后在自己商品的五行特性中对这些痛点进行说明，并将自己商品对这些痛点的解决方案进行详细展示。这样就会打消买家对于购买自己商品的疑虑，可以有效提升商品的转化率。

## 4. 保修服务等条款可以适当写入

之前的五行特性只有五行，现在亚马逊将很多类目的五行特性进行了扩展。如图 6-44 所示，点击"Add More"按钮，很多类目的五行特性最多可以扩展到十行。所以如果卖家售卖的商品有一些售后服务特点，那么就可以在五行特性中将商品的保质、保修及退换货政策进行说明，争取以真诚的态度和完美的客服方案打消买家的顾虑，从而有效提升商品的转化率。

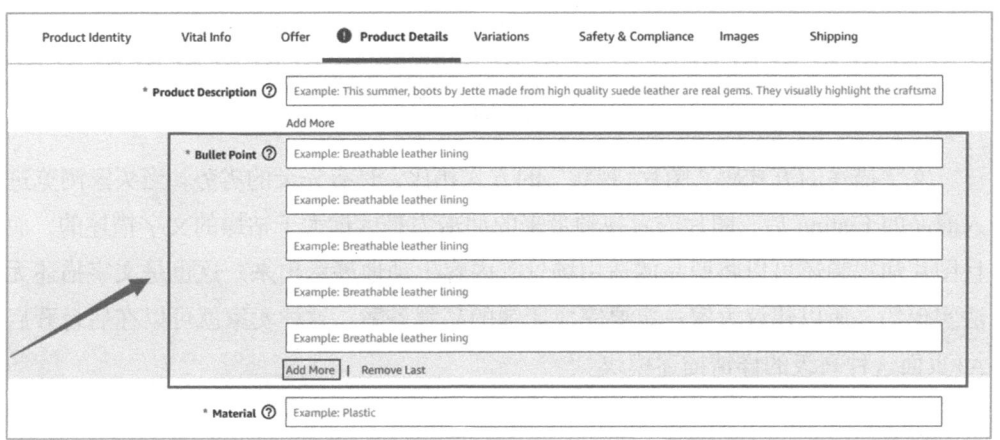

图 6-44

## 6.6 商品 Listing 之详情描述模块

### 6.6.1 未完成品牌备案店铺的详情描述模块

未进行店铺品牌备案的卖家，并不具备商品的 A+ 页面编辑功能，所以在其商品的详情描述模块中，只能使用文字内容，无法使用图片或者视频等高级展示功能，如图 6-45 所示。

```
Product Description
huraty Outdoor Bungee Toy for Tug of War Dog Spring Pole Rope Toy Medium Large Dogs Chew Rope Interactive Muscle Play Exercise Toy
Specification:
Type: Dog Hanging Bungee Toy
Color: 4 styles to choose
Size: 16ft, 32ft
Package Include:
1*Durable Chew Rope Toy
1*Adjustable Bungee Cord
Note:
The Spring Pole action is that of a "shock absorber" and not a bouncy "bungee".
```

图 6-45

文字描述的方式跟"图片+视频"的方式相比，具有先天的劣势，当买家浏览进入商品的 Listing 后，图片或者视频带来的冲击力是远远大于枯燥的文字描述的，而且图片和视频还可以将商品的适用场景等内容生动地展示出来，这也是文字描述无法实现的。所以建议大家一定要完成店铺的品牌备案，这样卖家就可以在后台开启 A+页面这种高级的详情描述模块。

## 6.6.2 已完成品牌备案店铺的详情描述

相对于未进行品牌备案的店铺来说，亚马逊平台为已进行品牌备案的店铺提供了更为直观和高端的商品展示方式：A+页面。

A+页面让卖家可以使用各种排列模式固定的图片组合进行商品展示，如图 6-46 所示。相较于枯燥、冰冷的文字，"图片+文字"的组合无疑给商品披上了一层美丽的外衣，卖家可以用更加美观和直接的方式，将商品的卖点和优势展现在买家面前，这对于提升商品的转化率起到了至关重要的作用。

A+页面的制作不需要专业的美工知识，卖家只要在后台点击进入 A+页面的编辑页面，就可以自助选择各种图片和文字的搭配，如图 6-47 所示。每种搭配的详细内容中都写明了图片的详细尺寸等信息，卖家只要按照亚马逊的尺寸要求准备好需要上传的图片和文字即可。亚马逊在这里为大家准备的搭配种类多达几十种，卖家可以选择适合自己商品特点的搭配方式。

第 6 章 成功打造商品的必要条件：Listing 设计

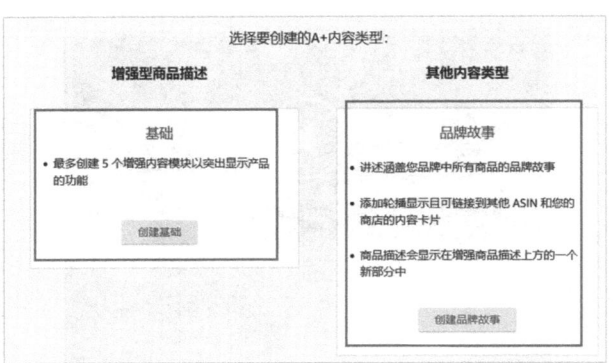

图 6-46

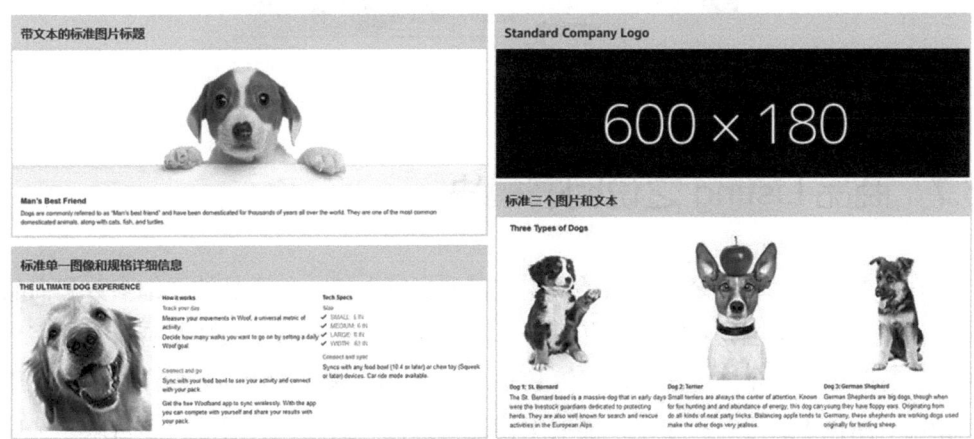

图 6-47

除了基础的"图片+文字"的展示方式，亚马逊也为部分卖家开放了高级 A+的功能，这个功能不但包含了 A+模块的所有功能，还加入了视频展示等之前并不具备的功能，让商品的展示模式更加多元化，更加直观。如图 6-48 所示，该商品的 A+页面中就插入了商品的视频介绍模块，这不但让商品的展示内容变得更加丰富，也使商品的展示手段更加多元化，对于商品转化率的提升也是很有帮助的。

图 6-48

## 6.7 商品 Listing 之说明书模块

在一些功能比较复杂的商品类目中，需要卖家上传一些商品的详细参数和商品使用说明等，但是这些内容通常有很多，而商品 Listing 的各个模块都有严格的字数限制，所以亚马逊允许卖家通过上传 PDF 文件的形式来上传商品的使用说明书、用户指南、用户手册等。卖家如果需要上传这些文件，则可以利用后台"目录"选项中的"管理商品文档"功能，如图 6-49 所示。

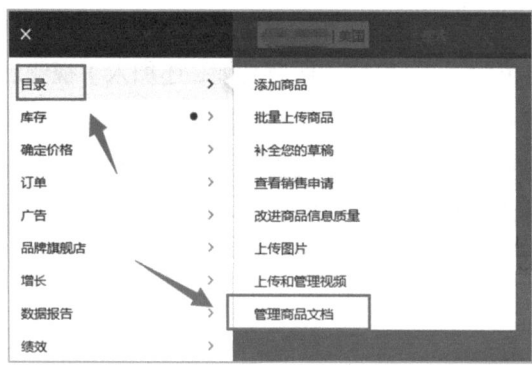

图 6-49

进入管理商品文档页面以后，在文档的选择一栏，我们就可以看到很多 PDF 文档选项，如图 6-50 所示，卖家可以选择适合自己商品的文件类型进行上传。

第 6 章　成功打造商品的必要条件：Listing 设计

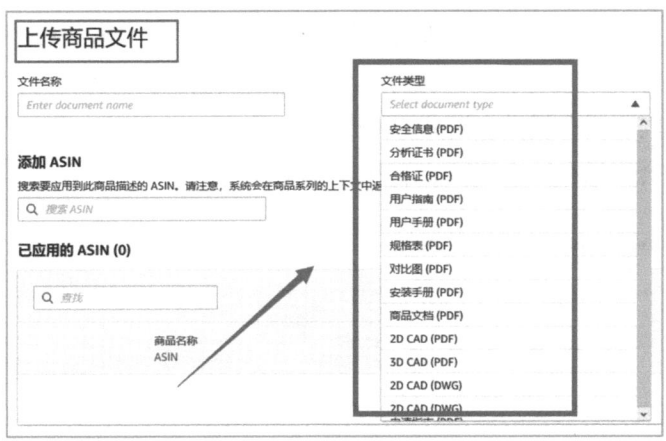

图 6-50

当商品文档成功上传以后，就可以展示在商品 Listing 的"Product guides and documents"模块中，如图 6-51 所示，买家点击相应文件的名称就可以进行自助下载。

图 6-51

## 6.8　商品 Listing 之 QA 模块

### 6.8.1　商品 QA 模块介绍

商品 QA（问答）模块是亚马逊平台为卖家和买家针对商品的使用体验问题而开辟的一个交流场所。买家对商品有任何疑问，都可以在商品 Listing 的 QA 模块里进行提问，亚马逊平台会将问题进行随机分配，该商品的卖家和购买过该商品的买家都可能收到这个提问的邮件。收到提问的卖家或买家都可以对该问题进行答复，所有人的答复内容都会展示在商品 QA 模块中。如果一个问题有多个人进行了答复，则这些答案都会展示在这个问题的下方，如图 6-52 所示。

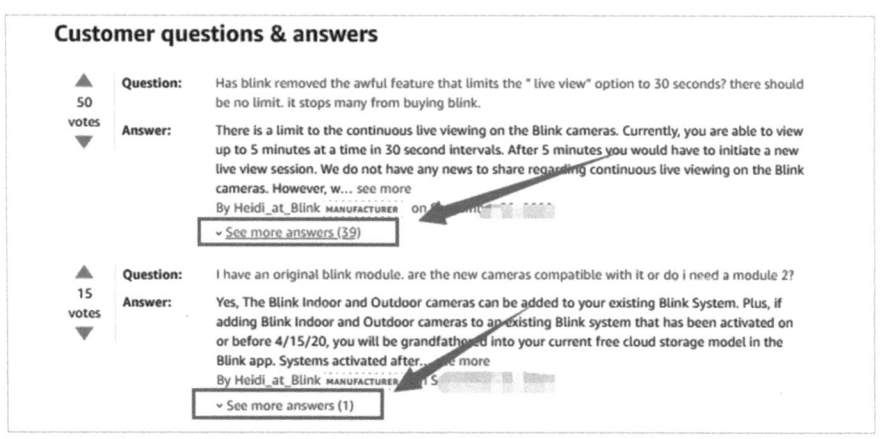

图 6-52

## 6.8.2 商品 QA 的重要作用

很多卖家只重视商品 review 而忽略了商品 QA，其实商品 QA 这个模块也很重要。

### 1. QA 模块的位置极佳

从位置上来看，商品 QA 模块是排在商品 review 模块之前的，如图 6-53 所示。所以买家在浏览你的 Listing 时，从上往下翻阅 Listing，看到 QA 模块的时间是要早于 review 模块的，可以说商品 QA 先于商品 review 让买家对商品形成第一印象。

第 6 章 成功打造商品的必要条件：Listing 设计

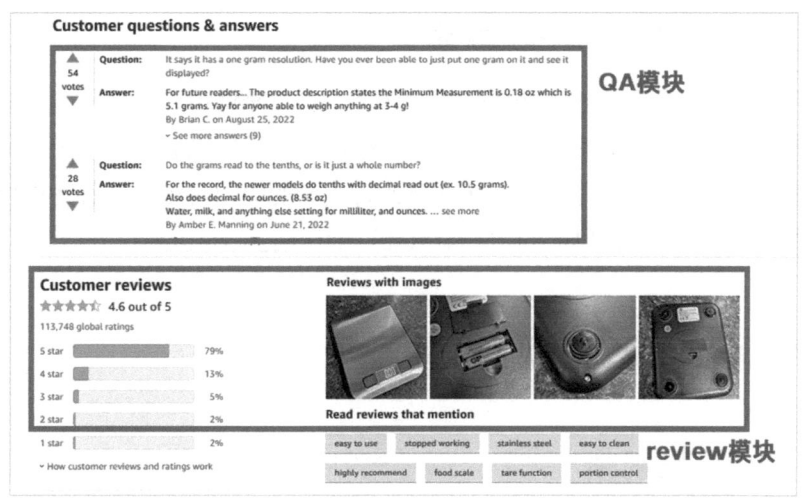

图 6-53

## 2. 商品 QA 模块也是解决买家购买疑惑的好地方

商品问答中的内容常常涉及商品的痛点、优点、主要性能等方面，而这些方面是买家决定是否购买商品的关键因素。如果能在商品问答中将这些方面的问题一一列出并进行详细解答，买家的疑虑就会得到消除，该商品的转化率就会有所提升。特别是亚马逊已经将视频功能推广到商品 QA 模块中，现在卖家不但可以用文字来回复买家提出的问题，还可以直接用视频进行回复（图 6-54），这使得 QA 模块在提升转化率上能发挥更大的作用。

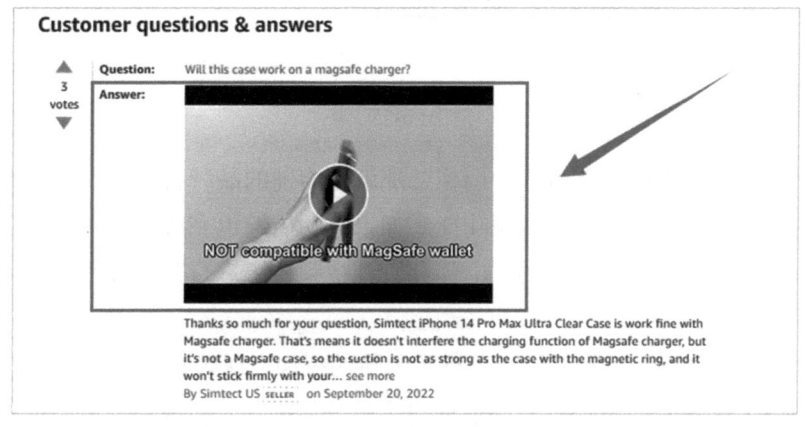

图 6-54

### 3. 商品 QA 中的关键词也有搜索权重

商品 QA 是亚马逊搜索算法要扫描的区域，也就是说，如果商品 QA 的内容中出现了某些关键词，当买家恰好搜索这些关键词时，系统也会按照一定的算法对有这些关键词的商品进行推荐。所以卖家在回答买家的提问时可以在答案中植入自己商品的某些核心关键词，以起到"一箭双雕"的作用。

## 6.9 商品 Listing 之视频模块

### 6.9.1 商品主图视频

商品主图视频的位置位于商品图片模块的最后一张处，如图 6-55 所示。图片和文字能表达的内容有限，主图视频就可以很好地解决这个问题，通过一个简短的小视频，商品的优点、特色、服务等内容都可以得到完美的展现。主图视频现在也基本上是每款商品的必备展示模块。

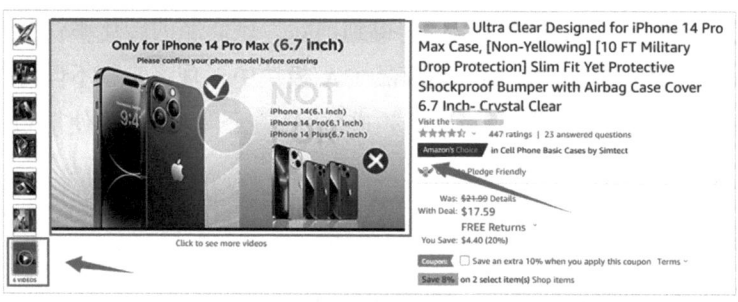

图 6-55

使用商品主图视频功能有一个门槛，那就是店铺的品牌备案，目前只有完成品牌备案的店铺才可以使用主图视频功能。如果你的店铺也完成了品牌备案，就可以直接进入后台"目录"选项中的"上传和管理视频"来进行主图视频的上传，如图 6-56 所示。

在上传视频之前，卖家需要准备好要上传的视频。视频必须是 MP4 或 MOV 格式且必须小于 5 GB，建议使用 480p 或更高的分辨率。先将视频上传，再将视频标题、商品 ASIN、视频缩略图一并补充完整，然后直接提交即可，如图 6-57 所示。

# 第 6 章　成功打造商品的必要条件：Listing 设计

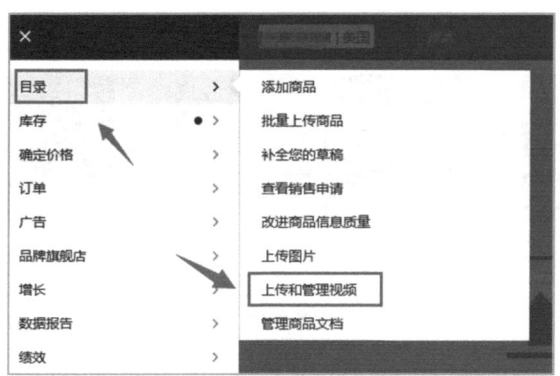

图 6-56

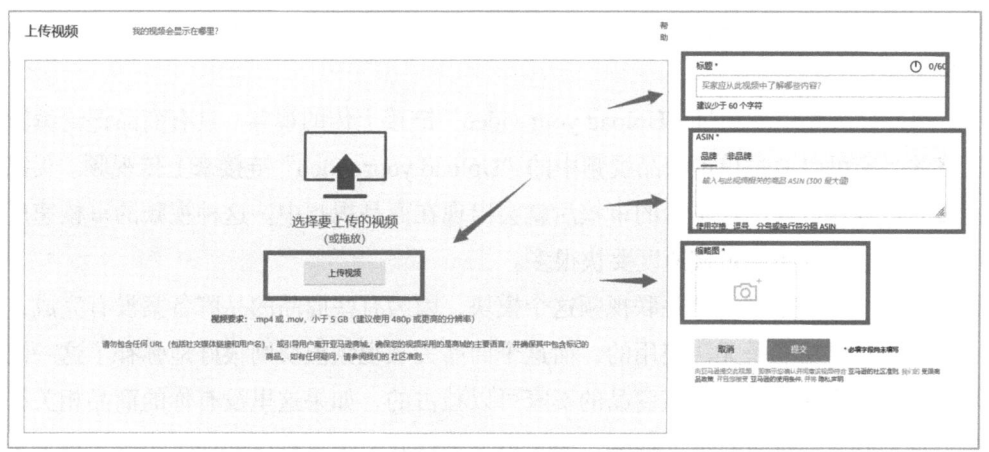

图 6-57

上传主图视频后，如果你的商品图片少于六张，该视频就会直接显示在商品的最后一张图片的位置。如果视频上传后没有展示在这里，就要检查一下是不是自己上传的商品图片已经多于六张了，如果是这样的话，直接把多余的商品图片删除即可。

## 6.9.2　商品关联视频

在商品 Listing 中，除了主图视频，中部还有一个区域可以用视频的模式来直观地展示商品的功能和使用方法，它就是商品关联视频，其位置如图 6-58 所示。

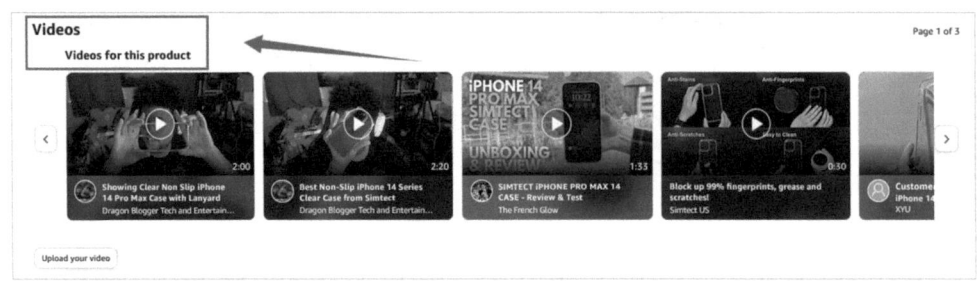

图 6-58

商品关联视频中的视频主要有两个来源。

第一，买家在商品评论中留下的视频。有的买家在购买商品后会拍摄一段视频作为自己对该商品的评论，这个视频在经过亚马逊平台的审核之后就会出现在商品评论中。

第二，买家主动通过"Upload your video"链接上传的视频。具有商品评论编辑资格的买家可以通过单击商品视频中的"Upload your video"链接来上传视频。买家上传的视频经过亚马逊平台的审核后就会出现在商品视频中。这种视频的审核速度比商品评论中视频的审核速度要快很多。

卖家一定要重视商品关联视频这个模块，因为有些商品的品牌备案没有完成，所以主图视频功能是无法使用的，而这个商品关联视频模块则很好地弥补了这一缺陷。这个视频模块并不是该商品的卖家可以独占的，如果这里没有你的商品相关视频，亚马逊也会推荐竞品的视频过来，占住你这几个关联视频的展示位置，这无疑是利用自己的 Listing 来给竞争对手做广告。所以这个关联视频的展示位置大家一定要占住。

## 6.10 商品 Listing 优化的注意事项

### 6.10.1 优化不宜频繁进行

优化商品 Listing 不宜频繁。我们所说的优化商品 Listing，是指对商品 Listing 进行查漏补缺。而优化商品 Listing 所需的数据来源于市场的反馈，市场的反馈是有一定周期的，如果频繁地优化商品 Listing，就会缺少足够的数据，这样的优化可能会起反作用。亚马逊平台识别商品时会先将商品进行收录，频繁地优化商品 Listing

可能会影响商品的收录，进而影响亚马逊平台对商品的识别。

### 6.10.2 在编辑商品 Listing 之前一定要准备充分

卖家在编辑商品 Listing 之前，要确保已经搜集到了商品的主要功能、关键词分布、受众人群、注意事项等方面的详细信息。有的新卖家在新商品上市之前，草率地编辑商品 Listing，并试图通过后续的优化使商品 Listing 达到最佳状态，这种做法并不可取。商品 Listing 最好在开始正式上线销售前就达到最佳状态，这样的 Listing 内容才能被亚马逊系统算法准确识别和收录，也只有这样，才能使商品更快地在平台上站稳脚跟。

## 6.11 商品的定价策略

### 6.11.1 新商品的定价策略

对新商品进行定价要考虑的因素很多，既要考虑商品的长远发展周期，又要考虑自己的推广实力，还要考虑自己对资金链的把控程度。新商品的定价策略如下。

（1）新商品的定价既要有吸引力，又不能过低。一方面，新商品在没有积累权重和买家资源的情况下，想要获得销量，就要制定有吸引力的价格。另一方面，有的卖家在新商品上线时将商品以低于成本的价格进行销售，虽然可以换来一定的销量，但也可能带来不良的后果：一是价格太低的商品容易被亚马逊平台标注为"Add on item"（搭售商品），搭售商品不能单独出售，要和其他商品进行搭售，这会极大地影响其销量；二是过低的价格会扰乱该商品所属小类目的生态环境，严重的可能会招致类目其他卖家的不满，进而对你的商品采取一些不良竞争手段。

（2）将该类目的商品 Listing 进行排列，列出排在前 30 名的商品，并对这些商品的价格、销量、评论数量等因素进行综合分析，使自己新品的价格略低于这些商品的平均价格即可。

（3）定价要深度结合自己的运营实力。新商品的价格可以略低于平均价格，但是除此之外，新品还可以通过站外 Deals 或亚马逊联盟等平台进行一系列的折扣促销，以获得亚马逊系统算法的初步认可，进而为后续的运营工作打下基础。

在站外 Deals 运营的过程中，卖家要对自己的资金链有清醒的认识，不要做超出自己的资金实力范围的事。有的卖家对自己的资金链没有清醒的认识，在自己的资金实力范围之外"推"排名，最后导致资金链断裂，以失败收场。

### 6.11.2　商品上升期的定价策略

商品上升期的定价策略要彰显"灵活"二字，要根据不同的情况来进行价格设置。

在商品的销量每天稳定在十几单或几十单以后，可以适当以"小碎步"的方式进行提价实验，如每次提价 0.5 美元，观察商品销量的变化。如果提价之后商品销量一如既往，则可以过几天继续小幅提价，直到商品销量受到影响为止。提价的过程，不但是确立商品影响力的过程，而且是小幅提升利润率的过程。

如果在商品第一次小幅提价之后，商品销量明显下降，说明该商品的实力还未达到提价的水平，那就要暂时降回原来的水平，等销量稳定一段时间后再尝试进行小幅度的提价。

### 6.11.3　商品成熟期的定价策略

对一款成功的商品来讲，到了商品成熟期也就到了收割利润的时期。这时，这款商品基本上已经牢牢占据了该小类目前几名的位置，在商品评论数量、排名、转化率等各方面均遥遥领先于其他商品。在这个时期，卖家可以将该款商品的价格提升至该小类目最高，或者略低于该小类目的最高价。

获取利润是每个卖家都追求的目标。商品进入成熟期以后，卖家要将运营思路由追求销量变为追求利润，这样既可以使自己商品的盈利能力不受影响，又可以降低自己的库存和减小资金压力。

# 第 7 章

# 玩转亚马逊 CPC 广告

## 7.1 亚马逊 CPC 广告综述

CPC 是英文"Cost Per Click"的首字母缩写，是亚马逊站内按照点击量来收费的广告模式。

对于卖家来说，亚马逊 CPC 广告是亚马逊站内最重要的付费推广工具。特别是在目前竞争日益激烈的大环境之下，很多商品类目都是一片"红海"，这个时候如果你的新品上线后不做站内 CPC 广告，只想通过免费的流量来进行销售，那将会异常艰难。特别是在某些趋于饱和的商品类目中，大家都在拼命做付费推广，那些不做站内 CPC 广告的商品，想要获得一点点曝光都很难，更别提后面的点击和转化了。所以现在站内 CPC 广告是卖家必备的付费推广工具。

CPC 广告带来的订单转化和点击表现，能带动某个关键词的自然搜索排名的提升。当这个关键词的自然搜索排名得到一定的提升后，商品的自然流量就会增加，自然流量是免费的流量，这个时候商品的广告开支和运营成本就会相应降低。所以 CPC 付费广告是亚马逊商品上线之后的一个必备推广工具，可以说要想让商品运营成功，站内 CPC 广告就是必不可少的。

亚马逊站内CPC广告的展示位置有很多，它不仅会出现在关键词的搜索页面（见图 7-1），还会出现在商品的 Listing（见图 7-2）。在亚马逊的前台，带有"Sponsored"标识的商品，都是投放了亚马逊站内 CPC 广告的商品。

图 7-1

第 7 章 玩转亚马逊 CPC 广告

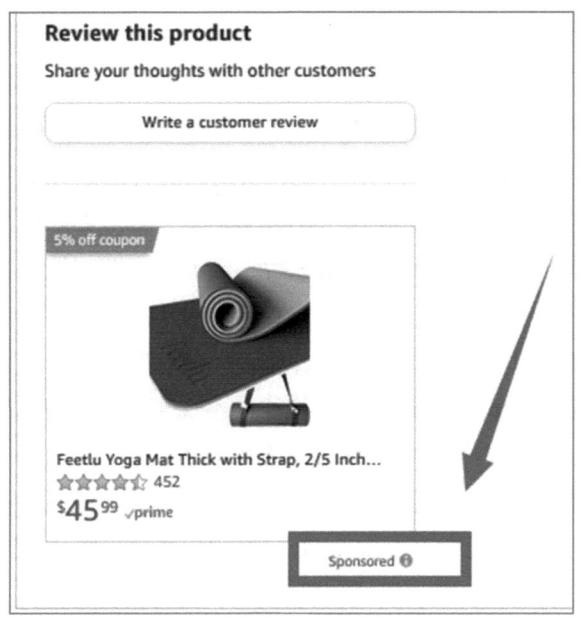

图 7-2

## 7.2 亚马逊站内 CPC 广告的三种类型

当你想去亚马逊后台创建一个 CPC 广告活动的时候，有三种类型的广告可以选择，如图 7-3 所示，第一个是商品推广，第二个是品牌推广，第三个是展示型推广。

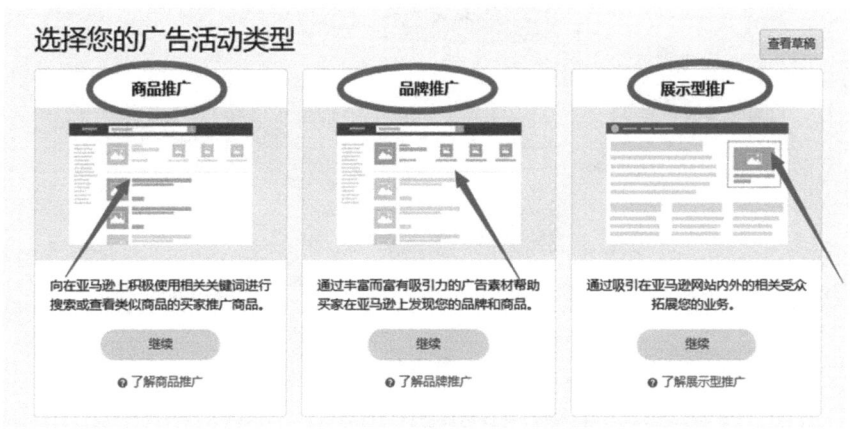

图 7-3

我们在大量的广告中得到一个结论：这三种广告方式的转化率是递减的。也就是说，商品推广型 CPC 广告的整体转化率高于品牌推广型的，而品牌推广型 CPC 广告的整体转化率又高于展示型推广的。如果你投放站内广告的商品是新商品，建议先从商品推广的广告开始做，不要一上来就给商品开启品牌推广或者展示型推广广告，否则会让你的广告 ACoS 和点击率数据很不好看。如果商品想做品牌推广型 CPC 广告，最好是在商品的新品期结束之后，或者你店铺其他的商品已经把这个品牌支撑起来以后。

很多卖家在自己的商品上线后立即去开启所有类型的广告，妄图"一口吃个大胖子"，把所有广告流量都给吃进来，这往往是不现实的。因为在新品上线期，商品的 Listing 权重、Listing 质量、商品评分等方面都还很弱，还不够支撑太多的流量。这个时候新品最需要的是一些精准的流量，在新品期即使付费引进很多的流量，转化率也不会太高，最终反而会对 Listing 的权重积累造成伤害，所以商品做站内 CPC 广告需要循序渐进。

### 7.2.1 广告类型一：商品推广

商品推广型 CPC 广告，通常以单款商品为推广对象。按照关键词匹配形式的不同，商品推广的投放可分为自动投放和手动投放。商品推广型 CPC 广告的架构图如图 7-4 所示。

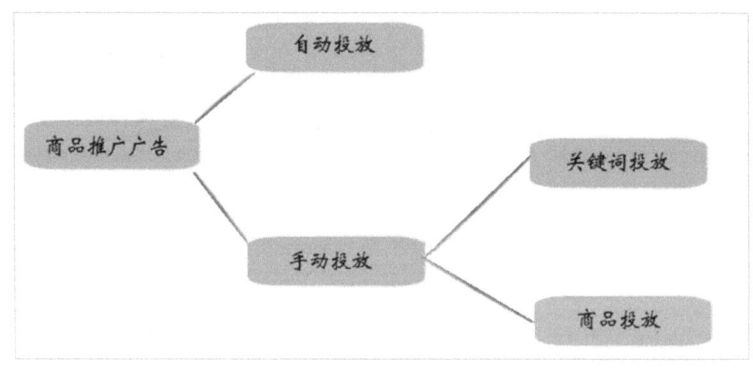

图 7-4

#### 1. 自动投放

自动投放广告简称自动广告，在投放时，卖家无须输入搜索关键词，亚马逊系统会根据卖家投放广告的 Listing 中的信息自动为卖家匹配相同或相似的广告。自动投放的匹配类型主要有 4 种：紧密匹配、宽泛匹配、同类商品和关联商品，不同的匹配类型对应着不同的展示结果，卖家可以为这 4 种匹配类型设置不同的竞价，如图 7-5 所示。

图 7-5

自动广告的展示位置通常为商品详情页的中间部分，如图 7-6 所示。但是在新品上线初期，自动广告也很可能出现在商品搜索结果页面中。

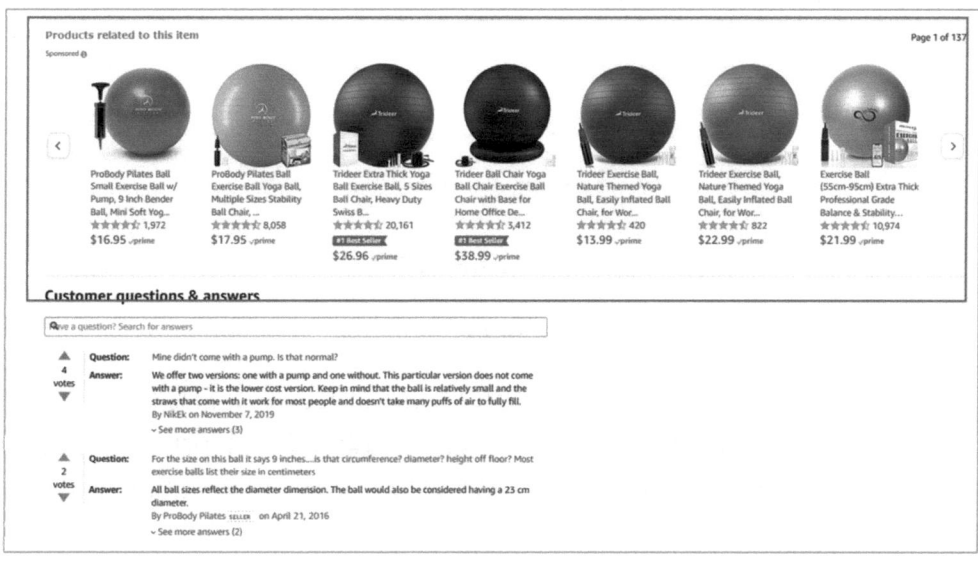

图 7-6

## 2. 手动投放

手动投放广告简称手动广告。跟自动广告不同，手动广告需要卖家自行输入需要投放的关键词或者商品 ASIN。手动投放分为关键词投放和商品投放，如图 7-7 所示。

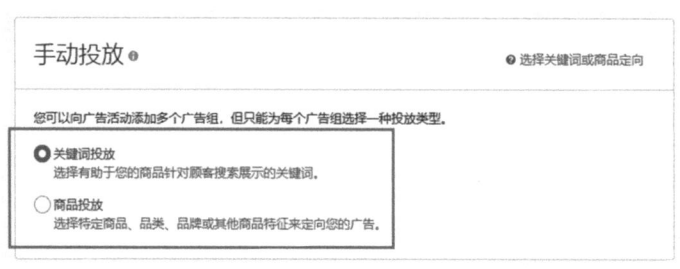

图 7-7

按照关键词手动投放广告时，卖家需要自己搜集和整理商品关键词，并将这些关键词输入选定的广告中，当买家搜索的关键词和卖家预先设定的关键词相同或者相似时，卖家的商品就会出现在搜索结果中。关键词手动广告的匹配类型有 3 种：广泛、词组和精准，如图 7-8 所示。

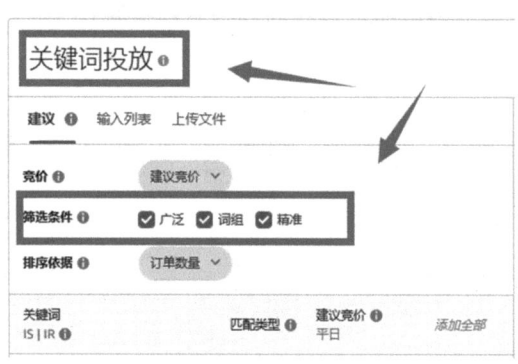

图 7-8

按照商品手动投放广告时，卖家不需要输入商品的关键词，只需要预先选定自己想要投放广告的商品，亚马逊系统会按照竞价等因素自动在相应的竞品 Listing 中进行广告投放。同时卖家也可以自己输入某些商品的 ASIN，以某些特定的商品作为投放广告的对象，如图 7-9 所示。

按照关键词手动投放的广告的展示位置通常为商品搜索结果页，而按照商品手动投放的广告的展示位置通常为投放广告的商品详情页，如图 7-10 所示。

第 7 章 玩转亚马逊 CPC 广告

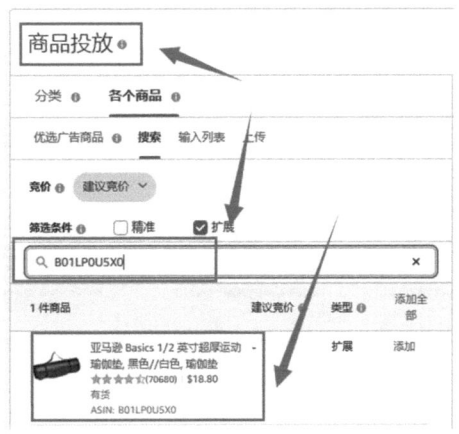

图 7-9

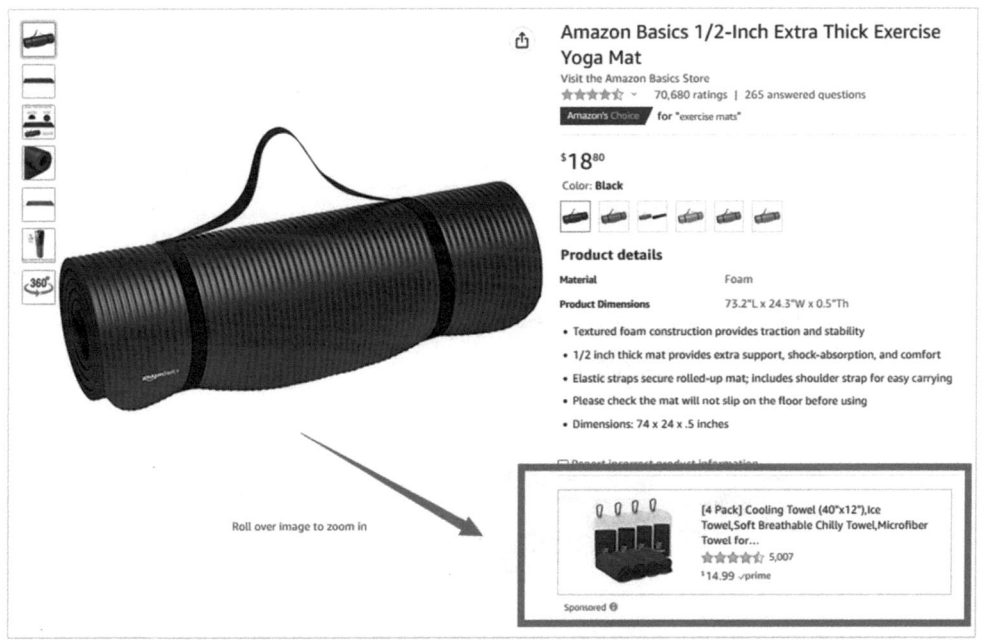

图 7-10

## 7.2.2 广告类型二：品牌推广

  品牌推广通常以某个商品品牌为推广对象，推广过程着重于对品牌的展现。这种类型的广告通常适用于一些实力较强的卖家和品牌知名度较高的商品，品牌推广型 CPC 广告也有三种不同的格式可供选择：商品集、品牌旗舰店焦点、视频，如图 7-11 所示。

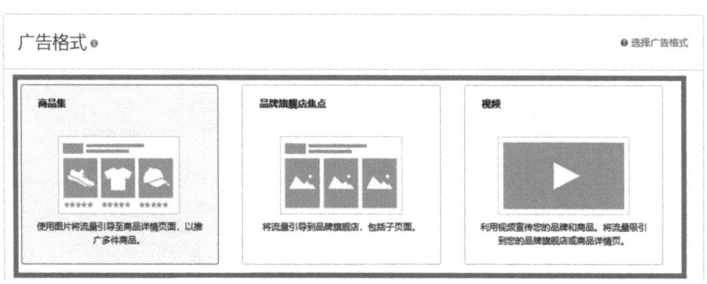

图 7-11

这三种具体的广告格式中，第三种视频广告的展示位置比较固定，为关键词搜索结果页面，其中搜索结果的第一页有两个视频广告的展示位置，分别在 Listing 的中部（图 7-12）和尾部（图 7-13）。从第二页开始，视频广告的位置变为一个，仅仅在 Listing 尾部有一个视频广告的展示位置，第二页以后的 Listing 中部不再有视频广告的展示位置。

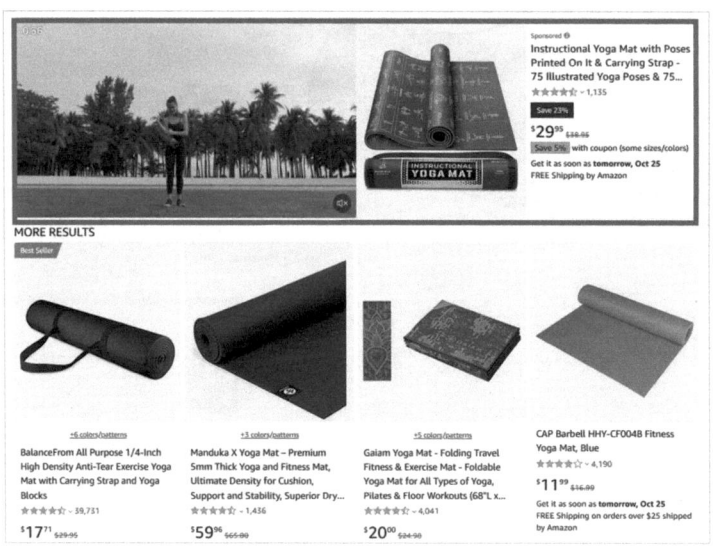

图 7-12

商品集和品牌旗舰店焦点格式的广告，基本都会出现在商品搜索页面（图 7-14）只是二者的展示重点略有不同，商品集更多是将流量引向多款不同的商品，而品牌旗舰店焦点的广告流量是被直接引导到品牌旗舰店及其子页面的，推广品牌旗舰店的作用更大一点。

第 7 章 玩转亚马逊 CPC 广告

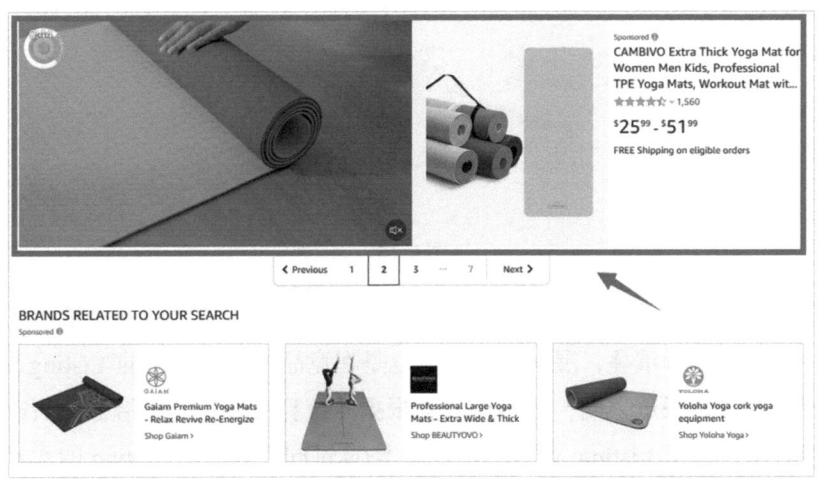

图 7-13

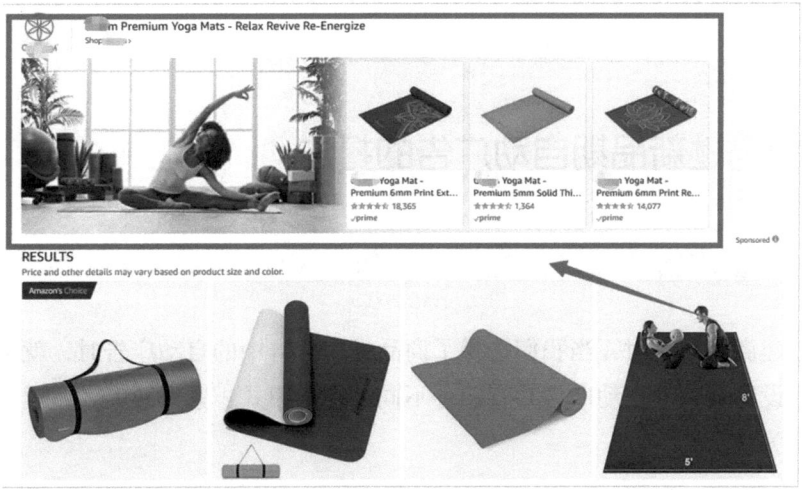

图 7-14

## 7.2.3 广告类型三：展示型推广

展示型推广是亚马逊最后推出的一种广告类型，该广告类型的出场时间要晚于商品推广广告和品牌推广广告，与前两种广告类型相比，该种广告推广类型是国内买家用得最少的一种。

该类型的广告有两种投放的方向可以选择：内容相关投放和受众，如图 7-15 所示。

图 7-15

如果卖家选择的是内容相关投放，则该广告展示的位置会跟商品推广广告中的商品定位广告有部分重叠，展示位置一般也是在竞品或关联商品的 Listing，而如果卖家选择的是受众投放方向，亚马逊就会根据系统算法确定一些潜在的买家群体，比如曾经查看过卖家 Listing 又离开的买家、浏览过同样商品的 Listing 的卖家或者在其他搜索引擎上搜索过该商品的卖家等。该投放方式的广告，不仅仅会在亚马逊前台首页等位置进行展示，亚马逊官方还会选取部分表现优异的商品，将其广告展现到亚马逊站外的众多合作网站上去。

## 7.3 亚马逊新品期自动广告的打法

### 7.3.1 自动广告的四种匹配模式详解

在创建商品广告时，当我们选择了商品推广广告中的自动广告时，就进入了自动广告的设置页面，自动广告共有四种不同的匹配模式：紧密匹配、宽泛匹配、同类商品、关联商品。

#### 1. 紧密匹配

紧密匹配是指当买家使用与你的商品紧密相关的搜索词进行搜索时，亚马逊系统算法会向该名买家展示你的广告。

举个例子，假设你卖的商品是"Doppler 400-count Cotton Sheets"（多普勒 400 羊毛棉床单），那么当买家搜索"400-count Cotton Sheets""Doppler Cotton Sheets"等关键词的时候，你的商品都有极大可能被展现在自动广告的展示页面中，因为买家搜索的关键词跟你的商品 Listing 的关键词是有重叠的，这也是自动广告中匹配精准度最高的匹配模式。

## 2. 宽泛匹配

宽泛匹配是相对于紧密匹配而言的，宽泛匹配是指当买家使用与你的 Listing 关键词关联并不十分紧密的词搜索时，亚马逊系统算法会向买家展示你的广告。

我们还是以"Doppler 400-count Cotton Sheets"商品为例。虽然你的商品是"多普勒 400 羊毛棉床单"，但是在宽泛匹配的匹配模式之下，如果买家搜索"bed sheets"（被单）、"bath sheets"（浴巾）等关键词时，系统也会在自动广告中推荐你的商品，因为在宽泛匹配的模式下，系统的展示范围变大，一些跟"sheets"稍有关联的商品，可能就会得到系统算法的推荐。

## 3. 同类商品

同类商品匹配是指当买家查看与你的商品类似的商品的 Listing 时，亚马逊系统会向这些买家展示你的商品。

假设你卖的是"多普勒 400 羊毛棉床单"，那么在同类商品的匹配模式下，如果买家搜索其他种类的被子，比如"feather sheets"（羽毛被）等，那么因为二者属于同类商品，所以你的商品也有可能被展示在这些同类商品的 Listing 中。

## 4. 关联商品

关联商品是指当买家查看与你的商品相关联的商品 Listing 时，亚马逊会在关联商品的 Listing 中展示你的广告。

还是以"Doppler 400-count Cotton Sheets"商品为例，在关联商品匹配模式下，虽然你的商品是被子，但是当买家搜索其他关联的商品关键词，比如"pillow"（枕头）或者"quilt case"（被套）等时，亚马逊系统也会在这些商品的 Listing 展示你的商品。

### 7.3.2 新品期自动广告的打法

#### 1. 新品期要重视紧密匹配模式

在新品期的广告中，紧密匹配模式最为重要，因为它带给我们新商品的自动广告的流量是最精准的，在新品期通过对这种精准流量的把控，亚马逊的系统算法就会更加清晰地知道我们这是一款什么商品，自动广告在初期的作用不仅仅是引流，还有一个更重要的作用就是让亚马逊算法能快速识别我们的商品，而紧密匹配模式就是加速商品识别最有效的匹配方式，所以我们在新品期投放自动广告时，最好是把紧密匹配模式的竞价调整到比其他三种匹配模式要高一点的水平。

虽然宽泛匹配带来的流量可能会包含一些匹配度比较差的"垃圾流量"，但是这种匹配方式在新品期也不能关掉，因为很多卖家的 Listing 关键词嵌入可能不是那么精准，可能会造成紧密匹配模式匹配到一些不精准的流量，所以宽泛匹配模式就可以起到"查缺补漏"的作用。这个时候如果你直接将宽泛匹配关闭，可能就会出现自动广告曝光量锐减甚至曝光量为零的极端局面。我们可以把宽泛匹配的竞价调整到很低的水平（低于其他三种匹配模式），这样既能获取一部分宽泛流量，又能保证自己的新品不被"垃圾流量"所影响。

确定好前面的紧密匹配和宽泛匹配模式，后面的同类商品和关联商品模式的竞价一般设置为中间水平即可，也就是同类商品和关联商品模式竞价要低于紧密匹配模式，同时要高于宽泛匹配模式。而在这两种匹配模式中，同类商品模式最好比关联商品模式竞价略高一点。这样我们就总结出了新品期商品自动广告最适合的竞价顺序：紧密匹配>同类商品>关联商品>宽泛匹配，以紧密匹配的竞价为 1.5 美元为例，其他匹配模式的竞价可以参考图 7-16。

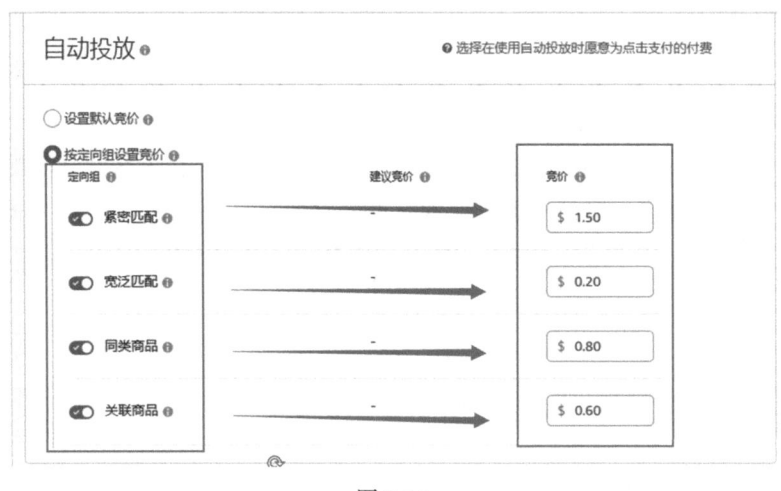

图 7-16

### 2. 否定设置要用好

在创建自动广告的页面下方，有两个否定设置，一个是"否定关键词投放"，如图 7-17 所示，一个是"否定商品定向"，如图 7-18 所示。

图 7-17

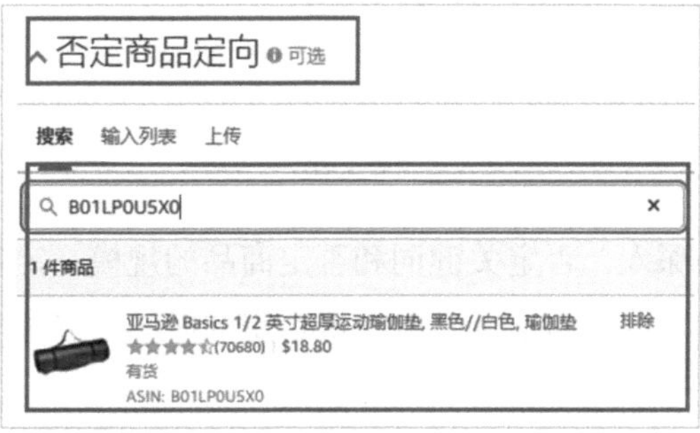

图 7-18

这两种设置可以避免很多跟自己商品无关的关键词或者无关的商品带来的"垃圾流量"。以否定关键词投放的设置为例，如果你下载广告报告后发现多个跟自己商品无关或者关联度极低的关键词在长期消耗你的广告费，但是最后都没有产生订单，就可以通过这种设置对这些"垃圾词"进行否定。当你把这些"垃圾词"否定之后，这些词就不会再消耗你的广告费了，否定商品定向的设置也是一样的。

在设置否定的关键词时，有两种否定模式，一种是"否定精准"，另一种是"否定词组"，对于新品期的商品，最好选"否定精准"，因为在这种模式下，你否定的仅仅是这个词本身，当买家搜索包含这个词的其他长尾词的时候，你的商品依旧可以出现在推荐结果中，但是如果你选择的是"否定词组"，你否定的范围就会包含这个词周边的很多关联关键词，这样否定的范围就过大，可能会影响商品前期的流量。

当卖家在"否定关键词投放"一栏输入某个关键词后，亚马逊会自动推荐一些这些词的周边长尾词，大家也可以从这些系统推荐的长尾词中选择添加某些关键词到这个否定词库里面，这样就可以节省很多设置否定关键词的时间，如图 7-19 所示。

图 7-19

随着商品运营的深入，否定关键词和否定商品的规模一定是在不断扩展的，广告的表现会越来越向好的方向发展，所以说否定词库的建立和完善是关系到今后广告表现的重要一步。

## 7.4 手动广告中的关键词投放

前面讲解了商品推广中的自动广告的一些打法，这一节讲一下商品推广广告中的另外一种模式——手动广告。

当我们想要创建一个商品推广广告时，系统会给我们两种选择，有"自动投放"和"手动投放"两种策略，我们点击选择"手动投放"，如图 7-20 所示。

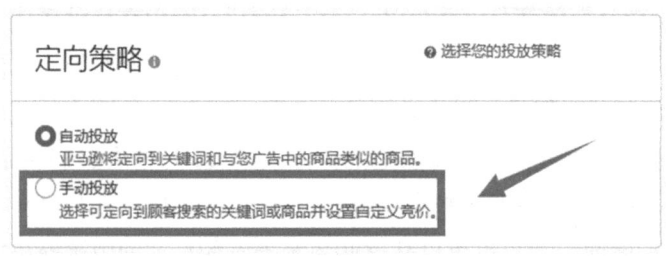

图 7-20

因为进入商品推广的广告设置页面以后，系统默认选择的是"自动投放"，所以当我们点击切换到"手动投放"以后，下面的选择页面就会发生变化，会出现"关键词投放"和"商品投放"的选择按钮，如图 7-21 所示。

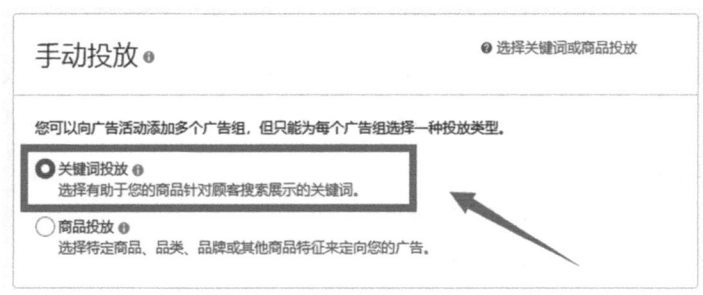

图 7-21

关键词投放就是选择卖家认为合适的关键词进行广告的推广，关键词广告一般出现在关键词的搜索页面。商品投放则是选择卖家想要关联的商品进行投放，商品投放一般出现在商品的 Listing 中。

## 7.4.1 手动关键词广告的匹配类型

当我们选择好关键词投放的模式以后，页面下方会出现商品关键词的匹配类型选项，这里有三种匹配类型：广泛、词组、精准，如图 7-22 所示。

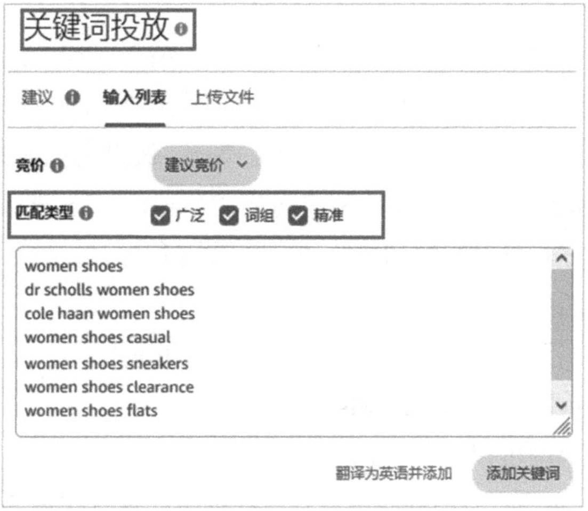

图 7-22

## 1. 广泛匹配

广泛匹配和自动广告中的"宽泛匹配"类似，它比词组匹配、精准匹配的范围都要广很多，在匹配范围上来说，广泛匹配大于词组匹配，词组匹配大于精准匹配，广泛匹配是三种匹配模式中匹配范围最广的一个。

举个例子，假设我们的商品是"Crystal Necklace"（水晶项链），我们投放的关键词也是"Crystal Necklace"，如果我们选择的是广泛匹配这种匹配方式，可以匹配到的关键词范围如下。

（1）支持精准匹配：Crystal Necklaces。

（2）支持无序匹配：Neck lace Crystal。

（3）支持长尾匹配：Crystal Necklace for women。

（4）支持单复数匹配：Crystal Necklaces。

（5）支持错误拼写匹配：Crystal Necklaes。

（6）支持近义词匹配：Quartz Necklaces。

（7）支持断序匹配：Crystal Women Red Necklaes。

从上面的匹配范围我们可以看出，广泛匹配的匹配范围极为广泛，基本上当买家搜索跟你投放的广告关键词有一点关联的关键词时，广泛匹配都可以匹配得上。广泛匹配的最大好处就是流量来源很多，但是这也是把双刃剑，其缺点就是流量不那么精准。

## 2. 词组匹配

词组匹配的范围要小于广泛匹配，同时又大于精准匹配，词组匹配的优缺点都不明显，在三种匹配方式中，词组匹配是卖家用得比较少的一种匹配方式。

关于词组匹配的原理，我们还是用商品来举例。假设我们的商品是"Dog Bowl"（狗粮碗），我们在商品广告中投放的关键词是"Dog Bowl"，选择的匹配方式是词组匹配，那么该匹配方式可以匹配到的关键词范围如下。

（1）支持精准匹配：Dog Bowl。

（2）支持长尾匹配：Large Dog Bowl，Pet Dog Bowls。

（3）支持单复数匹配：Dog Bowls。

从上面的匹配范围可以看出，词组匹配的匹配方式只有三种，而在第一种广泛匹配中出现的第2、5、6、7项的匹配方式，在词组匹配这里就不适用了，词组匹配的范围比广泛匹配进一步缩小。

## 3. 精准匹配

精准匹配的匹配范围最小，但是这又恰恰说明了精准匹配的流量也最为精准。如果你在匹配模式上选择的是精准匹配，那么只有当买家在购物时搜索包含该关键词时，算法系统才会匹配并推荐你的商品。

我们还是以上面的"Dog Bowl"商品为例，假设我们投放的是"Dog Bowl"这个关键词，而我们在关键词的匹配方式上选择的是精准匹配，那么该匹配方式可以匹配到的关键词只有两种。

（1）支持精准匹配：Dog Bowl。

（2）支持单复数匹配：Dog Bowls。

也就是说，当你选择精准匹配时，之前在广泛匹配中出现的无序匹配、长尾匹配、错误拼写匹配、近义词匹配、断序匹配，在这里都是不支持的，除了投放的关键词本身及其复数形式，其他形式一概不在精准匹配的匹配范围之内。

## 7.4.2 手动关键词广告的竞价策略

选择广告竞价策略的页面如图 7-23 所示，这里有三种广告活动的竞价策略：动态竞价-仅降低、动态竞价-提高和降低、固定竞价。

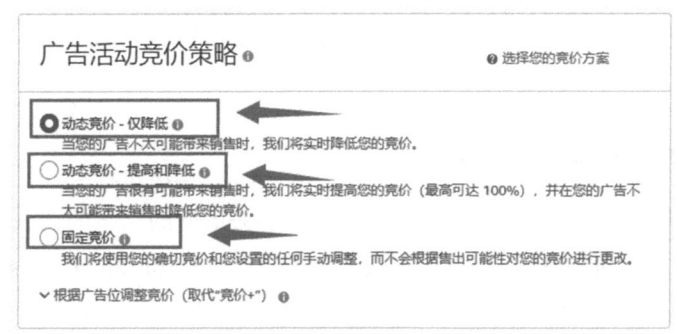

图 7-23

第一种竞价逻辑是"动态竞价-仅降低"，意思就是亚马逊系统算法针对不太可能完成转化的点击自动降低你的广告竞价，比如当买家搜索的某些关键词跟你的商品相关性较低时，系统就会实时降低你的竞价，这是相对保守的一种竞价逻辑。

第二种竞价逻辑是"动态竞价-提高和降低"，跟第一种竞价逻辑一样，这种竞价逻辑也是动态的，当亚马逊系统算法认为某些点击更有可能转化为销量时，它就会自动提升你的广告竞价，反之则会自动降低，这比"仅降低"的方式多了一个自动提升的功能。

第三种竞价逻辑是"固定竞价"，在这种竞价逻辑之下，亚马逊会严格按照你输入的竞价水平来进行广告的推荐，并不会根据算法自动降低或者提升你的竞价。

新品需要的是前期稳定的流量积累，包括稳定的曝光、稳定的点击和稳定的转化，所以在新品期如果选择的是动态竞价的方式，从新品权重积累的角度来说是不稳定和不连贯的，如果你的商品是在新品期范围之内，那么最好还是选择固定竞价的方式，这种方式对新品期权重的积累是最有帮助的。如果你的商品已经脱离了新品期并进入了稳定的运营轨道，那么你就可以结合商品的运营阶段来确定竞价的策略，如果是商品成熟期，可以选择"仅降低"的模式，以最大限度地提升利润，如果是在商品爬升期，可以选择"提高和降低"的模式来让系统进行更多的广告推荐。

## 7.4.3　新品投放关键词广告的两种常见模式

商品在新品期最适合的广告模式是商品推广广告，在 7.2 节中已经提到了，商品推广广告的整体转化率大于品牌推广广告和展示型推广广告，如果你的商品是新上线的商品，而且店铺目前还没有强有力的品牌支撑，那么非常不适合去做品牌推广广告和展示型推广广告，商品推广广告是新品的最佳选择。而商品推广广告又分为自动投放和手动投放，下面就来讲一下手动投放中关键词投放模式的两种最常见的新品打法。

### 1. 模式一：长尾关键词的精准匹配

所谓"长尾关键词"，就是一些包含商品核心关键词的长尾词，举个例子，假如某商品的核心关键词是"Dog Toys"(狗玩具)，那么"Toys for Small Dogs""Dog Toys for Small Dogs"等包含"Dog Toys"的都可以算作商品的长尾关键词。长尾关键词往往比核心关键词的精准度更高，但是在搜索量上要远低于核心关键词。

正因为核心关键词的搜索量大，所以其广告竞价往往很高，这时候如果卖家投放核心关键词的手动广告，那么可能广告竞价会非常高，广告预算也会"烧"得非常快，对于资金不是特别充足的卖家，这种广告模式显然是风险很高的。这个时候我们就可以从长尾关键词的精准匹配模式入手，长尾关键词的竞价一般远低于核心关键词，而且长尾关键词的精准度也更高，所以这个时候我们直接从长尾关键词的

## 第 7 章 玩转亚马逊 CPC 广告

精准匹配模式开始做起，就可以有效解决广告费入不敷出的问题。

但是这种打法的前提条件是长尾关键词的调研一定要精准，否则广告的表现就会一塌糊涂，站内长尾关键词的出现位置主要有三处：亚马逊前台搜索框（图 7-24）、关键词投放广告推荐框（图 7-25）、亚马逊后台的品牌分析模块（图 7-26）。

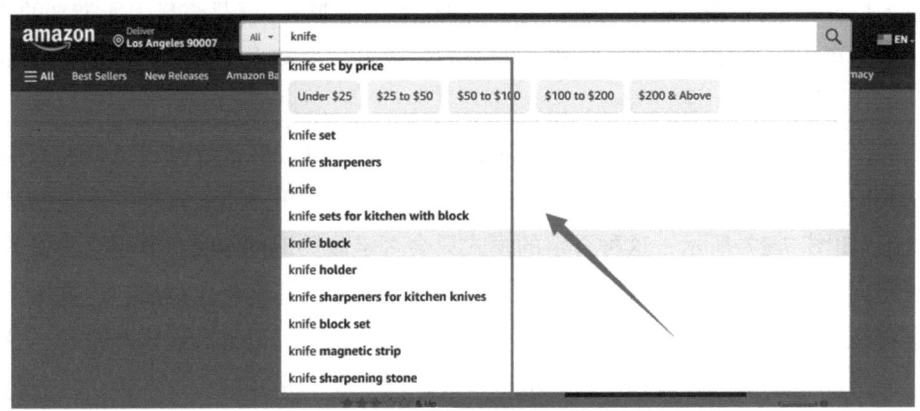

图 7-24

图 7-25

图 7-26

### 2. 模式二：广泛匹配+否定模式

这是目前比较主流的一种广告打法，在这种打法之下，卖家在输入调研好的商品关键词后，直接开启关键词的广泛匹配模式，然后在运营的过程中根据各个词的表现再不断去把某些表现不好的关键词加入否定词库，通过否定词库的建立和完善，不断把控流量的精准度。随着否定关键词的不断增加，商品的广告流量也会越来越精准。

这种打法的优势就是前期的流量比模式一要大很多，因为是广泛匹配的模式，流量入口比精准匹配要大，但是这种模式的缺陷也很明显，就是流量中所带来的"垃圾流量"可能也会比较大，这种模式能否产生效果，关键在于否定词库的建立和完善。

在广告实战中，如果某些核心大词的表现长期不好，广告数据和 ACoS 长期很差，我们就可以试着把这些核心大词进行精准否定（这里一定要选择"否定精准"模式），如图 7-27 所示，这种否定的模式只会否定该关键词本身，并不会波及其他的长尾词或周边词，当我们把表现不好的核心大词进行精准否定以后，这些大词就不会再浪费我们的广告费了，但是这个大词周边的词还可以继续展现和推荐，这个时候流量虽有减少，但是减少幅度不会太大，最重要的是在减少这些性价比较低的关键词以后，商品的广告表现会变得更好，商品的流量也会变得更精准。

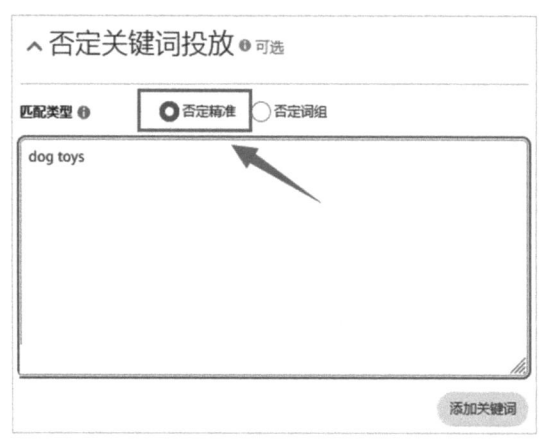

图 7-27

## 7.5　手动广告中的商品投放

### 7.5.1　商品投放的功能介绍

当我们选择商品推广的广告类型并选择手动推广模式后，有两种投放方式可供

# 第 7 章 玩转亚马逊 CPC 广告

选择：一种是关键词投放广告，另一种是商品投放广告，如图 7-28 所示。

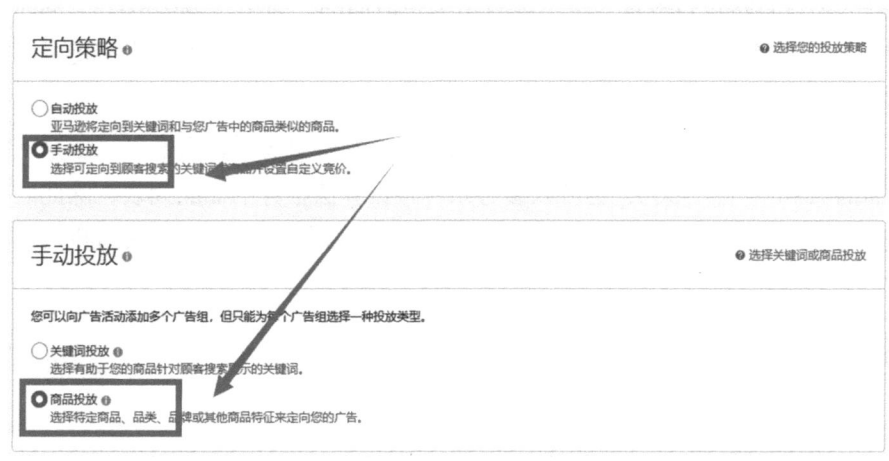

图 7-28

关键词投放以卖家设定的商品关键词作为投放基准，当有买家搜索卖家设定的广告关键词的时候，相关商品就有可能被系统推荐给搜索这些关键词的买家，但是商品投放的基准是完全不同的。当卖家进入商品投放的设置页面时，会有两种不同的选择：以类目为投放基准或者以具体的某些商品为投放基准。如图 7-29 所示，选择"分类"，就以某个大类目或者小类目为基准进行商品广告的投放，选择"各个商品"，则以某一个或多个具体的商品作为投放的基准。

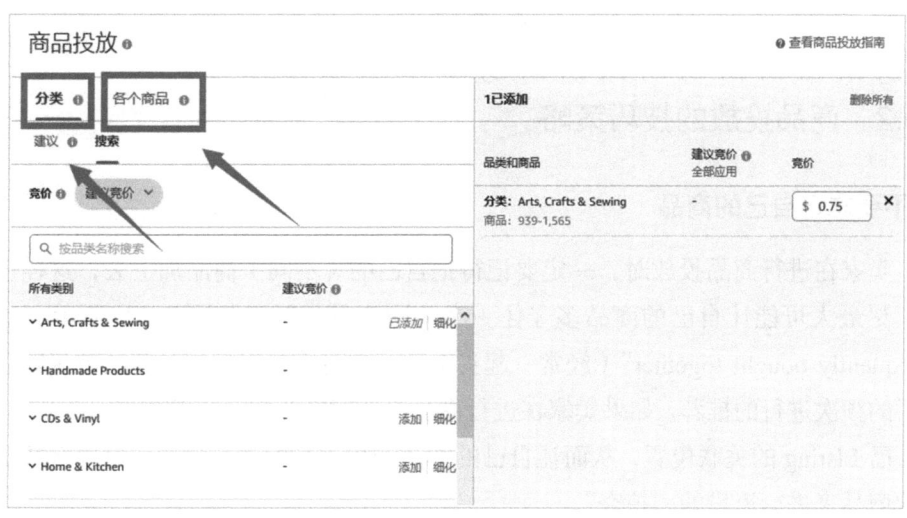

图 7-29

当我们选择"分类"时，下方就会出现亚马逊的各级大类目列表，卖家可以从中选择大类目直接进行投放，也可以点击类目后面的"细化"，缩小类目。同时，在"分类"按钮的下方，系统也会根据算法推荐一些相关的商品类目，卖家也可以在这些小类目中进行选择。

而当我们选择"各个商品"时，输入方式就变得更多了，卖家可以选择直接输入商品的 ASIN（图 7-30），也可以参考系统根据算法推荐的商品列表，除此之外，卖家还可以通过单次输入多个 ASIN 或者直接上传 Excel 表格的方式进行投放商品的确定。

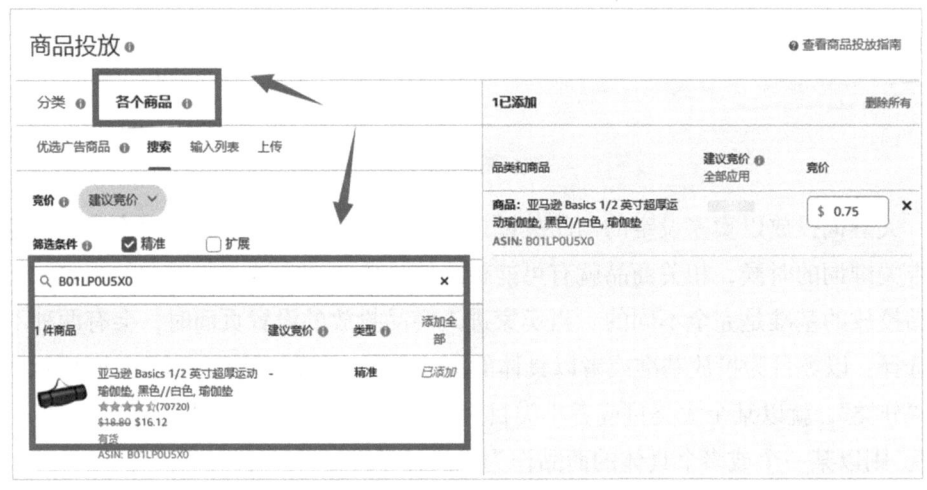

图 7-30

## 7.5.2　商品投放的技巧策略

### 1. 不要忘记自己的商品

卖家在进行商品投放时，一定要记得把自己的（不同）商品加上去，这样也是为了尽最大可能让自己的商品多守住一个关联流量位置。如图 7-31 所示，这个"Frequently bought together"（经常一起买）部分就是系统根据部分商品被买家共同购买的频次进行的推荐。如果卖家在进行商品投放时能让自己店铺的商品牢牢"锁"住自己 Listing 的关联位置，从而让自己的商品产生关联购买流量，也可以有效防止别的商品来进行流量的"掠夺"。

## 第 7 章　玩转亚马逊 CPC 广告

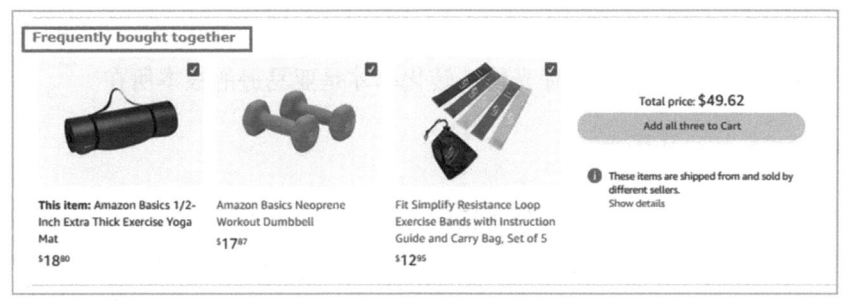

图 7-31

### 2. 投放方式要适合

在选择商品投放方式时，很多卖家可能会产生疑问：我是该选择"分类"投放呢？还是该选择"各个商品"投放呢？

这其实很简单，如果你的商品是新品或者是类目中的普通商品，那么建议选择"各个商品"投放方式，这种方式能让你避免将广告投放到比自己商品强得多的商品上去，从而可以确保该广告的转化率不会太差。如果你的商品是类目 TOP 商品，商品在类目中的销量已经占据了前排的位置，那么就可以直接选择"分类"投放方式，因为这个时候类目中的各个商品都没有你的"实力"那么强，这个时候选择"分类"投放方式，可以最大限度地扩展流量来源，这种方式比"各个商品"投放的覆盖范围要大得多。

### 3. 优先选择比自己评分低的目标商品

如果你在商品投放中选择 A 商品作为目标商品，那么你一定要确定 A 商品的评分比你的低，Listing 优化没你的好，这样的对比之下，买家在其 Listing 看到你的商品后才有可能会点击你的商品并顺利完成销售的转化。如果你选择定位的广告位置是那些 Best Seller 商品页面，那么这种广告的竞价很高，但是由于你的商品跟对方商品在各方面的"实力"差距都很大，所以转化会很差，这两点就决定了这种投放的结果也会很难看。

在这里很多卖家可能都会问一个问题：如果选择的是那些 Best Seller 商品，那么商品的曝光量会不会更大呢？

答案是曝光量肯定会更大。但是我们不要忘记一点，亚马逊的根本在于转化，转化率和订单数量才是计算任何数据的核心要素，曝光量并不是核心要素。恰恰相反，如果曝光量很大而点击率和转化率很低，那么最后系统会认为你的这组广告很差,以后系统就不会再在相同的位置去推荐你的商品,久而久之,广告的效果会更差,所以说我们不能盲目追求曝光量,转化率才是亚马逊的根本所在。

## 4. 优先选择自发货的商品

在关键词的搜索页面会有商品预估的配送时间(图 7-32),会有系统预估的商品到货时间,同样,在商品的 Listing 中,也会有这个到货时间的展示,这些时间是影响买家最终购买决策的重要因素之一,因为谁都想在同等的条件下买到一款能尽快拿到手的商品,而如果你选择的是 FBA 运营模式,那么在到货时间上,会比 FBM 自发货的模式快很多,这个时候如果你将商品投放的目标放在同类目的 FBM 自发货商品上,可能会收到出其不意的效果。

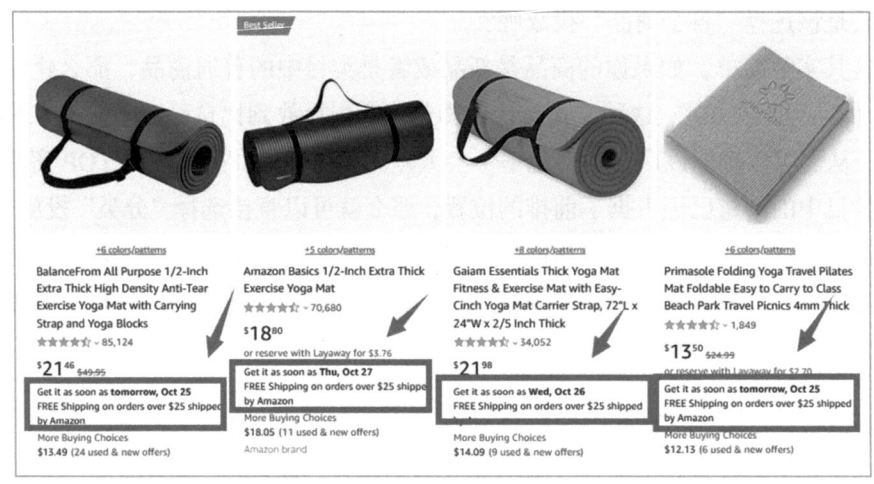

图 7-32

## 5. 优先选择价格更高的商品

在同等标准下,买家肯定选择价格较低的商品,任何平台的买家几乎都有这种购物习惯,亚马逊的买家也一样,在商品其他条件都相同的情形下,亚马逊买家对于价格的敏感性也是非常高的,这个时候你把商品广告投放到那些 Listing 的质量、评分或者销量跟你的差不多但是价格没有优势的商品上面,就可能让进入其 Listing 的买家转而选择你的商品。

## 7.6 亚马逊站内广告投放的几大误区

### 7.6.1 频繁关停广告

亚马逊广告权重的积累，是一个连续的过程，如果你把某个正在运行中的广告突然关闭，那么这个广告权重的积累过程也就会中断，这种行为对商品广告的危害跟长期断货对于商品权重的危害是相似的，长期断货会造成 Listing 权重积累的中断，即便后期商品重新上架继续销售了，商品之前积累的权重也会因为长期断货而消失殆尽，频繁关停广告跟长期断货是一样的，也会对广告权重的连续积累造成损害，所以不建议大家频繁关停广告。

如果卖家觉得某个广告组在近期表现不佳，那么首先要做的是通过广告报告分析表现不佳的原因，从原因中寻找解决方案，而不是粗暴地直接把广告关停。如果感觉自己现在的广告组开得太多了，想减少广告组的数量，那么在关停广告组之前，要先考虑清楚这个广告组以后还开不开。

如果这个广告组以后都不打算开了，那么你就可以直接关掉，但是如果你打算以后还要继续开启这个特定广告组的话，建议不要随便关掉它，直接把这个广告组里的竞价调到最低，随便给点广告预算就可以了。这样做不但可以让这个广告组的权重积累不至于中断，还可以用最低的竞价去获取一些零散的流量。

### 7.6.2 否定设置未引起足够重视

不管是在手动广告中，还是在自动广告中，不管是在关键词投放广告中，还是在商品投放广告中，都会有否定关键词或者否定商品的设置，这个否定的设置大家一定要认真对待，因为否定设置是节约广告费的最有效的手段之一。在广告的实际运营中，那些具有高曝光量、高点击量但是长期无转化的关键词，以及那些"实力"远超自己的商品，经常会浪费掉我们很多广告费，这个时候善用否定设置，就可以避免这种浪费广告费的现象。

再就是否定设置的细节问题，例如在关键词投放广告中，是采用精准否定还是词组否定，要根据每个关键词的不同情况来判断，如果某个长期无转化的关键词跟商品的属性完全无关，就证明以这个词为根词的其他关键词也跟商品的关联不大，这种情况下就可以采用词组否定的形式，这样不但可以否定这个词本身，还可以否定以这个词为根词的其他词。反之，则最好使用精准否定的模式，以防止否定的范围过大，给商品的流量来源带来限制。

### 7.6.3 盲目追求不切实际的广告位置

亚马逊广告的位置是由广告权重决定的，而广告权重又取决于竞价高低、订单多少、转化率高低等因素。那么是不是广告的位置被推得越靠前越好呢？

当然不是。如果你的 Listing 质量还达不到一定的高度，但是你的广告位置却很靠前（比如搜索结果的首页首行），在旁边有这么多出色商品的前提之下，买家选择你商品的概率会非常低，但是该位置的广告竞价却非常高，这样就会出现一种极端情形，那就是广告预算会"烧"得很快，但是订单和转化却少得可怜，最后亚马逊系统算法也会认为这款商品并不是一款优质的商品，该广告的表现也会越来越差，竞价也会越来越高。

在这种不符合商品"实力"的广告位置上，你的商品还没来得及表现，广告预算可能就已经被花完了，所说广告位置不能一味追求靠前，要让广告位置展现在符合自己商品"实力"的地方。如果你的商品已经具备了争夺前排展示位置的"实力"，你就可以毫不犹豫地去争夺那些核心的广告展示位。

### 7.6.4 做广告就是为了出单

很多卖家认为，做广告就是为了出单，这种说法没错，但是不全面。

广告的作用可以分为两种，一种是将商品卖出去，获取更多的利润，但是在新品期，广告其实还有更为重要的一种作用，那就是可以帮你快速建立起亚马逊算法系统里的商品画像，换句话说，就是让亚马逊快速知道你卖的是什么商品，然后知道该把你的商品推给什么样的买家，该让你的商品跟什么样的商品产生关联等，这甚至比第一种作用更加重要。

因为在目前竞争激烈的态势下，刚刚上线的新品想要获得免费的自然流量是非常困难的，所以这个时候我们必须要用站内 CPC 广告这种付费的推广工具来"唤醒"亚马逊算法系统对我们商品的识别，在这个被系统算法所识别的过程中，广告关键词的排名也会深刻影响自然搜索关键词的排名，当商品在某个关键词项下的广告排名变得更好之后，商品在该关键词下的自然搜索位置也会更靠前，这其实是广告更为重要的作用。

## 7.6.5　开了手动广告就关停自动广告

在亚马逊的展示渠道中，自动和手动广告的展示位置虽然在新品期会有部分重合，但是随着商品上线时间的不断增长，自动广告和手动广告会逐渐回归各自的展示位置，换句话说，当商品逐渐脱离新品期以后，自动广告和手动广告其实在展示上就是互补的关系了，这个时候如果你关闭了自动广告，显然你的广告流量来源就少了很多，这很不利于商品的整体表现和整体推广。所以对于这种互补型的广告渠道，不建议大家去贸然关闭。

## 7.6.6　放任某个有效关键词长期无转化

有效关键词，就是某些已经被我们证实过的商品的主要出单词。如果这个关键词跟你的商品的关联度和关键词本身的搜索量都还不错，但是这个关键词被放到某个广告组里面就是不出单，我们就要去看一下是不是商品的广告关键词设置存在问题。

在亚马逊的单个广告组里面，多个关键词是会互相争夺广告预算的，当某个关键词的表现非常好的时候，系统也会倾向于把大部分广告预算都分配给这个表现好的词，其他的词在还没有表现机会的时候，可能预算就被某些表现好的关键词抢完了。对于这种有效关键词在广告组里毫无表现的情况，我们就要把它们单独提出来做一个广告组，给这个新的广告组设置足够的预算，让这些词有足够的表现机会，从而得到更好的广告数据。

## 7.6.7　不重视广告报告的作用

广告报告是广告活动的数据表现，广告活动的表现如何，一看广告报告便知。但是有些卖家在做广告的时候，既不知道广告订单来自哪些关键词，也不知道广告的曝光、点击、转化等各种数据是多少，这就是低质运营和粗放运营的表现。

其实这些内容从我们的广告报告中都可以看出来，我们一定要定期下载广告报告，一般以 25 天左右为一个下载周期。如果广告数据很多，周期也可以适当缩短一点。对于成熟的商品来说,下载周期也可以适当拉长一点。下载报告以后,我们要认真分析报告中的每个数据,然后根据数据来调整下一步的广告运营方向,根据数据来制定下一步的广告运营策略,这才是成熟运营的表现。

## 7.7 下载及分析广告报告

随着卖家之间的竞争越来越激烈,广告竞价也水涨船高,很多商品类目的广告费用占到商品售价的 50% 以上。这就意味着在广告位上卖出的商品越多,卖家的亏损就越多,很多卖家也因此陷进了一个恶性循环——广告销量占比过大,广告销量又基本上是亏本的,但是广告一旦停下,出单的数量就会锐减。那么怎样提高广告的回报率呢?我们可以从广告报告中寻找方法。

### 1. 下载广告报告

下载广告报告非常简单,可以从后台的"广告"菜单中的"广告活动管理"中下载,也可以从后台的"数据报告"菜单中的"广告"中下载,如图 7-33 所示。

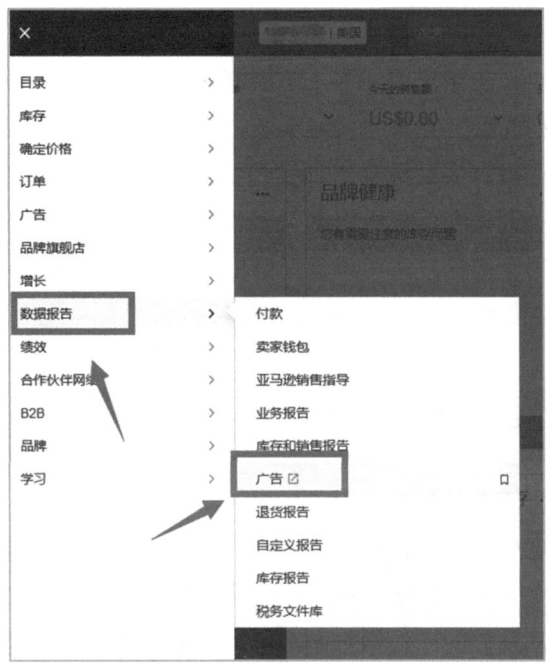

图 7-33

卖家可以根据广告类型选择下载报告的类型,也可以根据自己的目的选择不同的报告类型,最主要的报告类型是搜索词报告,此外还有时间、位置、商品等类型。选择好报告种类后,单击右上角的"运行报告"按钮即可下载广告报告。

## 2. 分析广告报告

广告报告下载完成后会以 Excel 表格的形式存储在卖家选择的存储位置。广告报告的内容如图 7-34 和图 7-35 所示。下面详细讲解其中部分内容。

| 开始日期 | 结束日期 | 广告活动名称 | 广告组名称 | 投放 | 匹配类型 | 买家搜索词 |
|---|---|---|---|---|---|---|
| May 19, | May 19, | | | | BROAD | |
| May 10, | May 10, 2 | | | | BROAD | |
| May 09, 2 | May 09, 20 | | | | BROAD | |
| May 23, | May 23, 20 | | | | BROAD | |

图 7-34

| 展现量 | 点击量 | 点击率(CTR) | 每次点击成本(CPC) | 花费 | 7天总销售额(¥) | 广告成本销售比(ACoS) | 投入产出比(RoAS) | 7天总订单数(#) | 7天总销售量(#) | 7天的转化率 | 7天内广告SKU销售额(¥) | 7天内其他SKU销售额(¥) |
|---|---|---|---|---|---|---|---|---|---|---|---|---|
| 1 | 1 | 100.0000% | $ 0.96 | $ 0.96 | $ 0.00 | | 0.00 | 0 | 0 | 0.0000% | 0 | $ 0.00 | $ 0.00 |
| 5 | 1 | 20.0000% | $ 0.80 | $ 0.80 | $ 0.00 | | 0.00 | 0 | 0 | 0.0000% | 0 | $ 0.00 | $ 0.00 |
| 1 | 1 | 100.0000% | $ 0.76 | $ 0.76 | $ 0.00 | | 0.00 | 0 | 0 | 0.0000% | 0 | $ 0.00 | $ 0.00 |
| 6 | 1 | 16.6667% | $ 0.92 | $ 0.92 | $ 0.00 | | 0.00 | 0 | 0 | 0.0000% | 0 | $ 0.00 | $ 0.00 |

图 7-35

(1) 开始日期和结束日期,即该广告报告的展示区间。广告报告的展示区间不宜过短,因为广告报告的展示区间过短就意味着广告报告的数据内容较少,无法对一些关键的数据进行有效的判定。但广告报告的展示区间也不宜过长,因为广告报告的展示区间过长会使广告报告失去时效性,缺乏时效性的广告报告无法为卖家运营决策提供有价值的数据。一般广告报告的下载周期以 25 天左右为宜(不同的广告阶段可以适当延长和缩短下载周期)。

(2) 广告活动名称和广告组名称。广告组在广告活动之内,是广告活动的下一层分组。一般不同的广告活动中会有不同的广告商品,相同的广告商品会放在同一个广告活动中,这样会使后期的广告管理比较方便。在广告活动下是各个不同的广告组,相同的商品可以放在同一个广告组中,以方便它们进行关键词共享,相同的商品也可以放在不同的广告组中,这样可以避免各个商品之间进行关键词曝光的争夺。卖家要根据自己的商品布局选择适合自己的做法。

（3）投放、匹配类型和买家搜索词。"投放"中的关键词是卖家在广告中设置的付费关键词，而"买家搜索词"中的关键词是买家在商品搜索框中输入的搜索关键词，一般买家搜索词是卖家投放的关键词的关联长尾词。也就是说，如果卖家投放的关键词是"cat toy"，而买家输入的搜索词是"small cat toy"，那么卖家投放的关键词"cat toy"也会出现在"small cat toy"的搜索结果中，所以这两个词会分别出现在广告报告中的"投放"和"买家搜索词"中。匹配类型是指手动广告的关键词匹配类型，主要有广泛匹配、词组匹配和精确匹配3种类型。

（4）展现量、点击量和点击率（CTR）。展现量即为商品广告被曝光的次数，这里的曝光是指形式上的曝光，不是指被买家看到才算曝光。例如，当买家搜索一个关键词时，虽然你的商品出现在搜索结果的某个不起眼的角落没有被买家看到，但系统仍会将这算作一次成功的曝光。点击量是指买家点击商品广告位的次数，处于相同购物环境中的买家在一天时间内多次点击你的广告位，只会被算作一次点击，这是为了保护卖家的利益，杜绝同行之间的恶意点击现象。

（5）每次点击成本（CPC）、花费、7天总销售额、广告成本销售比（ACoS）。每次点击成本即这个关键词被点击一次卖家所要付出的费用。每次点击成本和卖家的出价及商品的绩效得分相关。ACoS是广告点击费用和广告产生的销售额的比值。从理论上来说，ACoS越小，广告性价比就越高，但是ACoS只是一个象征性指标，不能从单独的盈利层面对其进行分析，要学会从商品的整体思路上对其进行把控。

广告报告中的其他数据是一些常规的数据，这些数据通常作为辅助性数据，卖家对广告报告的分析以前面的数据分析为主。

此外，有些广告报告中会出现一些商品的ASIN，如图7-36所示。

| 开始日期 | 结束日期 | 广告活动名称 | 广告组名称 | 投放 | 匹配类型 | 买家搜索词 | 展现量 | 点击量 | 点击率(CTR) |
|---|---|---|---|---|---|---|---|---|---|
| Sep 21, 20 | Sep 21, 2 | 自动- | | * | - | b0   wcv | 1 | 1 | 100.00% |
| Sep 06, 20 | Sep 06, 2 | 自动- | | * | - | b0   kp8l | 4 | 1 | 25.00% |
| Sep 08, 20 | Sep 23, 2 | 自动- | | * | - | b0   khjr | 104 | 6 | 5.76% |
| Aug 29, 2 | Sep 08, 2 | 自动- | | * | - | b0   74d | 17 | 2 | 11.77% |
| Aug 10, 2 | Sep 23, 2 | 自动- | | * | - | b0   3g | 33 | 3 | 9.09% |
| Aug 06, 20 | Aug 06, 2 | 自动- | | * | - | b0   5hk | 1 | 1 | 100.00% |
| Aug 16, 20 | Aug 16, 2 | 自动- | | * | - | b0   eig | 4 | 1 | 25.00% |
| Sep 23, 20 | Sep 23, 2 | 自动- | | * | - | b07   ml | 5 | 1 | 20.00% |
| Aug 08, 20 | Aug 19, 2 | 自动- | | * | - | b0   v17 | 23 | 2 | 8.69% |
| Jul 26, 20 | Aug 11, 2 | 自动- | | * | - | b07   8f | 64 | 4 | 6.25% |

图7-36

有些卖家怀疑自己的广告系统出现了问题，其实这是正常现象。将这些ASIN

输入亚马逊的商品搜索框中进行搜索，你会发现这些商品是和自己的商品相似的商品，即自己商品的竞品。之所以这些竞品的 ASIN 会出现在你的广告报告中，是因为你的商品的广告出现在了这个竞品的详情页中，如果有买家从这个竞品的详情页的广告位点击了你的广告，该竞品的 ASIN 就会出现在你的广告报告中。

这些 ASIN 对于卖家分析自己的商品具有重要价值。举个简单的例子，卖家将这些 ASIN 输入亚马逊的商品搜索框中，如果搜索出的商品是和自己的商品相同的商品，就说明卖家投放的广告是准确无误的，如果搜索出的商品是和自己的商品相差很大的商品，就说明卖家投放的广告存在问题，卖家要及时调整自己投放的广告，以避免浪费广告费。

如果在广告中有很多 ASIN 长期未产生转化，卖家也可以直接利用"否定商品定向"功能来将这些 ASIN 进行一键否定。如图 7-37 所示，只需将这些商品的 ASIN 输入图中的搜索框，然后点击"添加"按钮，以后这些 ASIN 所代表的商品就不会再出现在你的商品展示中。

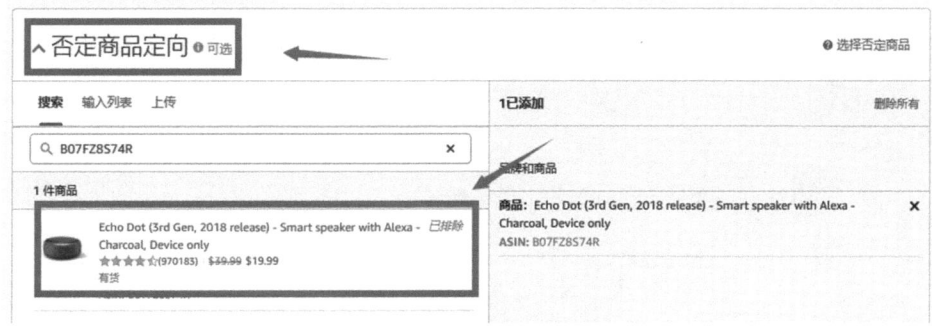

图 7-37

# 第 8 章

# 亚马逊运营的底层逻辑和技巧

# 第 8 章 亚马逊运营的底层逻辑和技巧

## 8.1 亚马逊运营的底层逻辑之曝光量

在亚马逊平台上，商品想要成功售出，需要经过三个大的阶段。第一个阶段是让商品产生曝光，有了曝光才意味着商品能被买家看到，当商品成功被买家看到以后，就进入了第二个阶段，那就是点击阶段。只有你的商品 Listing 让买家产生了点击的欲望，买家才会点击进入你的 Listing 去对商品做进一步的详细了解。买家产生点击之后，就成功进入了第三个阶段，也就是转化阶段。买家能不能最终购买你的商品，就看商品的 Listing 能否成功打消买家的购买疑虑。在亚马逊平台上，任何商品的成功售出都离不开这三个阶段的积累和递进，这三个阶段就像是一个漏斗（图8-1），去不断对流量进行过滤，最终留下那些购买商品的买家，这个漏斗就是亚马逊非常著名的漏斗模型，它也是亚马逊商品成功售出的底层逻辑。

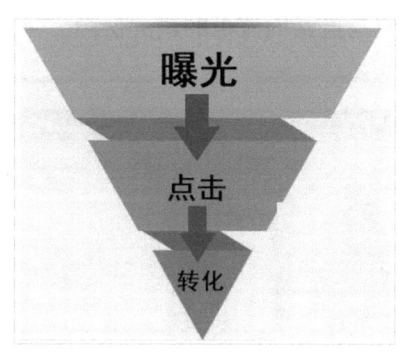

图 8-1

漏斗模型包含三个要素：曝光、点击和转化，这三个方面对于商品的成功运营来说是缺一不可的，在亚马逊被成功售出的商品，肯定经过了这三个方面的积累、过滤和递进，这三个方面少了哪个方面都无法实现商品的成功销售。

很多卖家在运营中会经常感到自己的商品销量莫名降低，然后自己也不知道该从哪些方面进行分析，其实我们只要运用漏斗模型就可以进行简单的分析。亚马逊的运营手法，基本都需要以数据作为考量的基础，我们在拿到数据后分析的恰恰就是漏斗模型中的这三个要素。面对销量莫名降低的情形，我们要首先去下载商品的广告报告和业务报告，然后通过广告报告和业务报告里的数据，去判断自己的商品最近到底是在哪个阶段出了问题，是商品的曝光量突然减少了，还是商品的点击率不行了，抑或是曝光和点击都不错，只是商品最近的转化率变低了。然后通过对漏斗模型三要素的分析，再去确定下一步的行动计划，可以说分析漏斗模型是亚马逊运营必须要掌握的基础技能。

### 8.1.1 亚马逊商品的曝光量来源

亚马逊商品的曝光，按收费与否来进行归类，可分为免费曝光和付费曝光两种。

**1. 免费曝光来源**

1）关键词的自然搜索曝光

关键词的搜索流量是亚马逊站内流量的主要来源，大多数买家在亚马逊平台购物时会首先在商品搜索框中输入关键词，来进行意向商品的搜索和选择，如图 8-2 所示。而在关键词搜索结果中，自然排名所占的位置要多于广告位置，所以关键词的自然搜索流量就占据了亚马逊站内流量的最大份额。

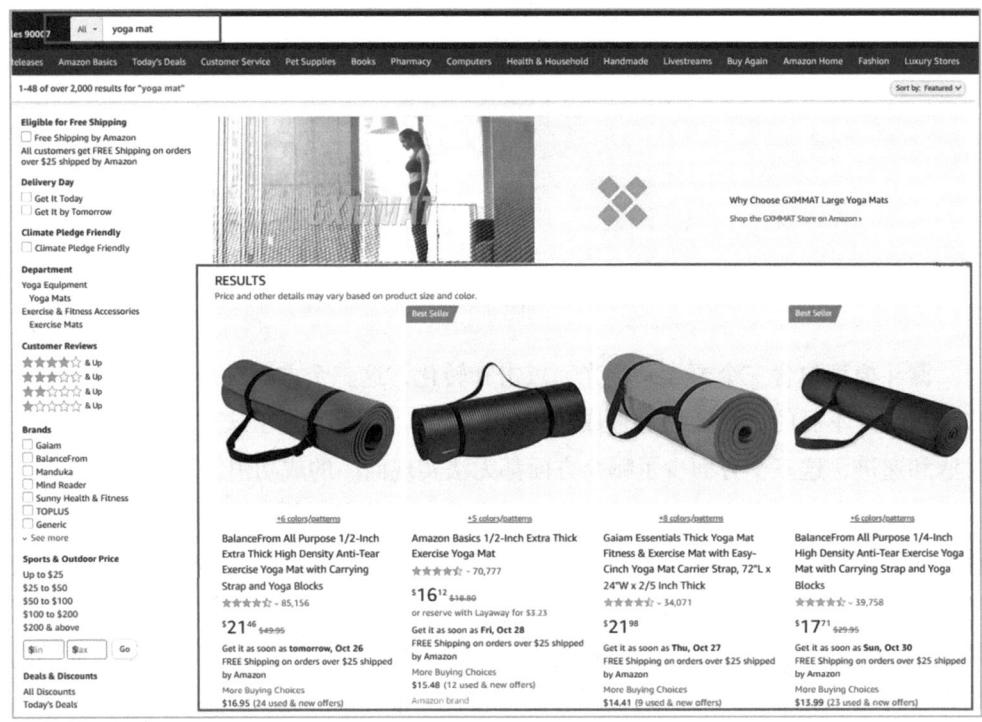

图 8-2

自然排名靠前可以减少广告支出，因为自然排名位置的点击不会产生广告费，所以卖家都希望自己的商品能有靠前的自然排名,那么哪些因素会影响自然排名呢?

影响自然排名的因素有很多,如点击率、每个关键词产生的销量、商品价格、商品评论数、是否有"Best Seller"标识等。其中对自然排名有决定性影响的是每个关键词的销量,这里要注意,不是这个商品 Listing 的整体销量,而是每个关键词对应的销量。例如,有些卖家的商品排在了关键词搜索结果的首页,但是该商品的销量却很低。原来能让该商品排在关键词搜索结果首页的关键词仅有几个,而且这几个关键词并不是该商品的主要关键词,该商品在主要关键词的自然排名十分落后。在每个关键词下的销量相同的情况下,亚马逊系统算法会纳入其他的比较方式,如前文提到的点击率、商品价格、商品评论数、"Best Seller"标识等。

2)关联位置的自然曝光

关联位置一般出现在商品的 Listing,比如商品 Listing 的 "Frequently bought together"(经常一起买)这个板块,就是一个免费的关联位置,系统会通过算法自动列出跟某款商品同时购买频率最高的商品,然后把这两款或三款商品同时放在其中某款商品的 Listing 中部的 "Frequently bought together" 位置,如图 8-3 所示。这个位置非常醒目,位于五行特性下方,一旦某几款商品被绑定在这个位置上,这些商品被同时购买的概率就非常大,商品的曝光量也会非常高。

图 8-3

3)站内免费的促销渠道曝光

在亚马逊站内有很多免费的促销形式,比如 Post 促销、Bundle 促销以及 New Model 促销,还有亚马逊卖家常用的滞销库存清理渠道——Outlet Deals(奥特莱斯促销)(图 8-4)等,这些促销渠道都是免费的,卖家在运营商品时可以把这些免费的渠道用起来,用最少的花费去增加商品的曝光。

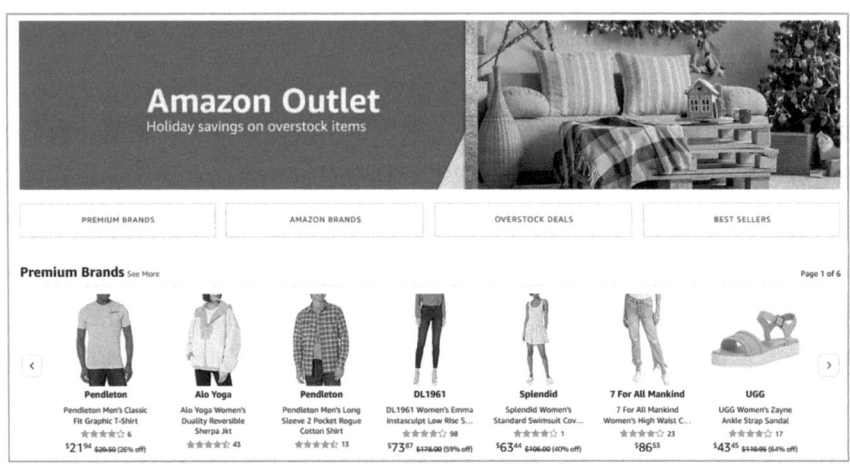

图 8-4

## 2. 付费曝光来源

1）亚马逊站内各种广告

亚马逊站内广告是站内最有效的付费推广手段之一，不管是商品广告、品牌广告还是展示型广告，都会给商品的曝光量带来迅速的增加，亚马逊搜索页面和商品 Listing 中带有"Sponsored"标识的，都属于广告曝光的来源，如图 8-5 所示。

图 8-5

2）站内付费促销曝光渠道

亚马逊站内的付费渠道有很多，最常见的比如 LD 秒杀、Coupons（优惠券）、Deals of the Day 秒杀等，这些付费的促销方式基本都有独立的促销页面，图 8-6 所示就是 Coupons 的促销页面，很多国外买家在购物前都会到这些促销页面去查看一下有无正在打折的商品，所以这些站内促销渠道也是增加商品曝光量和销量的重要付费工具。

# 第 8 章 亚马逊运营的底层逻辑和技巧

图 8-6

## 8.1.2 影响亚马逊曝光量的五大因素

### 1. 正确的类目节点

类目节点相当于商品在亚马逊的分区，这就像我们去超市里买东西一样，如果你想买饼干，就要去食品区，如果你想买衣服，就要去服装区等。在亚马逊平台也是一样，如果你想上传某款新商品，你首先要做的事情就是为这款商品选择一个精确的类目，对于那些符合多个类目特征的商品来说，类目放置会在很大程度上影响曝光量，虽然小类目更容易拿到 Best Seller 标识，但是又有曝光量降低这个负面影响，所以是得不偿失的。

另外，类目放置也会影响商品被推荐的概率，以按摩棒商品为例，有些卖家的商品是普通按摩棒，但是有些卖家的是成人用的按摩棒，成人用品在亚马逊是受限类目，所以很多成人用品卖家会把商品故意放入普通按摩棒类目进行销售，这样虽然可以暂时避开类目审核，但是可能遭到封店的惩罚。最重要的是，这样当买家通过类目树去寻找相关的成人用品时，这些商品因为类目错误就不会再被推荐或展示了。

### 2. 关键词的精准程度

当商品被上传到亚马逊平台以后，亚马逊通过嵌入商品 Listing 的关键词和商品的类目节点两大要素来确定这是一款什么样的商品，所以除了类目节点会影响曝光量之外，关键词精准度也会在很大程度上影响曝光量。

假设你的商品 Listing 的关键词嵌入比较精准，那么亚马逊在商品的识别上就会精准，那么之后系统算法就推给你一些精准的流量。反之，如果你的商品 Listing 关键词的嵌入不是那么精准，亚马逊在进行算法推荐时可能就会推给你一些跟商品关联度很低的"垃圾流量"。所以我们在进行 Listing 编辑的时候，一定要注意关键词嵌入的精准性，因为这会影响商品的曝光量。

### 3. 类目的总体市场容量

很多卖家在运营中会说感觉自己的商品已经做到了极致，但是商品曝光量就是"起不来"，这个时候最好去看一下这个类目总体的市场容量是多少，如果这个类目的总体市场容量很小的话，那么单款商品表现再好都是没有用的。

我们判断类目总体容量的方法其实很简单，只需要看一下 Listing 大小类目的排名对比就可以了。如图 8-7 所示，该商品的销量在"Automatic Dog Toy Ball Launchers"小类目的排名为第 9 名，但是看一下这款商品的大类目，发现其在所属的 Pet Supplies 大类目的销量排名仅仅是 41 443 名，由此可以判断出，这款商品所在的"Automatic Dog Toy Ball Launchers"小类目的整体销量是比较低的，也就是这个小类目的整体市场容量比较小，在这样的类目下，商品的曝光量想要得到快速提升是很难的。

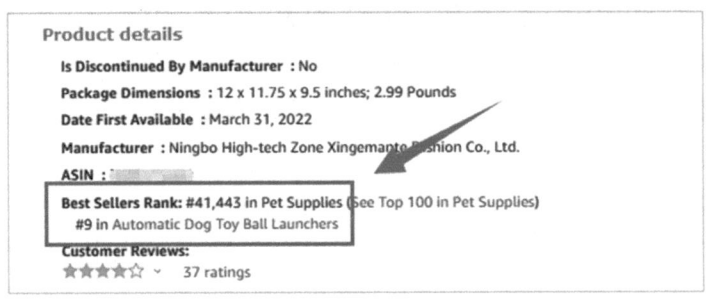

图 8-7

### 4. 关键词排名高低

这里有两个方面，一方面是广告竞价低，这可能会导致付费曝光量过少，另一方面是关键词的自然排名过低，这可能会导致免费曝光量过少。虽然说决定亚马逊广告位置的因素不仅仅是竞价高低，还有转化率、销量、点击率等因素，但是竞价可以算作决定关键词广告排名的核心因素，商品广告竞价设置得过低的话，会在很大程度上影响商品的广告曝光量。

另外，如果是关键词自然排名太低导致了曝光量过少，我们可以用手动广告的 Exact（精准）模式去集中对某些关键词进行拉升，但是在拉升某些关键词的过程中

# 第 8 章 亚马逊运营的底层逻辑和技巧

不但要注意广告竞价和预算的设置，还要注意广告转化率的影响，最好辅以"适当的促销标识+有竞争力的价格"，这样就可以在短期内迅速拉升某些关键词的自然排名，并有效提升商品的自然曝光量。但是要注意，关键词的自然排名在拉起来以后，还需要持续不断的订单和权重的积累才能保住这个位置，如果后期没有有力的支撑，拉起来的位置也会很快掉下去。

## 5. 关键词的关联流量大小

关联流量是商品流量的重要来源之一，所以如果商品的关联流量太小，也会影响商品的曝光量。在日常运营中，需要经常去观察竞品 Listing 的关联位置，如图 8-8 所示。如果你在大部分竞品的关联流量模块里找不到自己的商品，就要提升自动广告的竞价了，自动广告是建立自己的商品跟其他商品的关联的最有效工具，提升竞价可以增加自己的商品出现在竞品 Listing 关联模块中的可能。

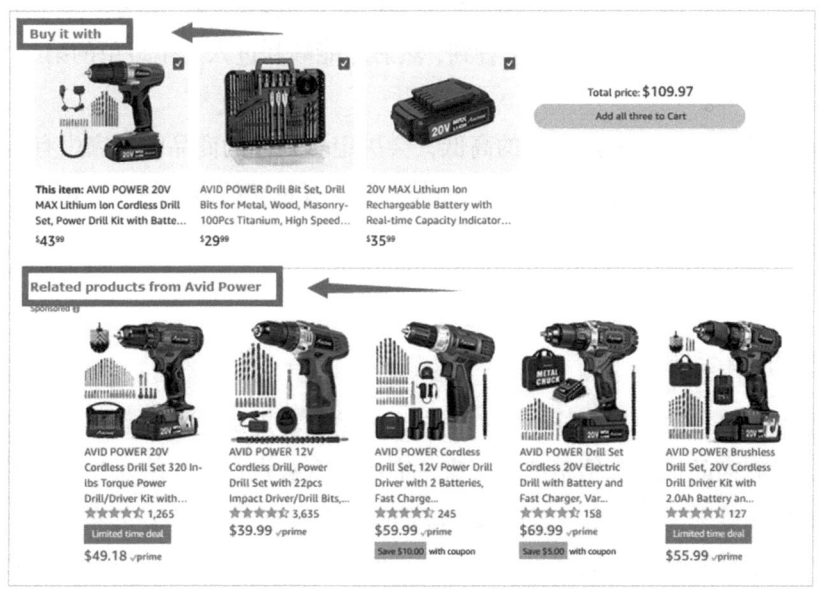

图 8-8

另外，也不要忘记自己 Listing 的关联模块，如果你销售的是垂直类目的商品，你就可以把自己的多款商品绑定在一起进行售卖（图 8-9），用你的优势商品去带动店铺内的相关商品，这样也可以有效增加商品的曝光量。

图 8-9

## 8.2 亚马逊运营的底层逻辑之点击率

在亚马逊漏斗模型中，让商品产生大量的曝光是第一步，只有产生了足够的曝光，商品才会被更多有需求的买家看到，然后才能顺利进入产生订单的第二个环节，也就是点击环节。

在点击环节中，买家点击率的高低，会决定看到你的商品的买家中有多少人会点击进入你的 Listing 并进行下一步的商品考察。有足够的点击量和点击率，才会给后面的订单转化带来希望。

影响点击率的主要因素有七个。

### 1. 关键词的精准程度

和影响曝光量的原理一样，关键词嵌入的精准程度决定了商品被系统推荐的精准程度，只有商品被推荐给精准的买家，商品才有被点击的可能。举个例子，假设我们卖的商品是手动钻孔器（hand drill 或 manual drill），如果有买家想在亚马逊平台购买一把手动钻孔器，他就会在搜索框搜索"hand drill"或"manual drill,"那么搜索结果中出现的基本都是手动钻孔器商品，如图 8-10 所示。

但是如果搜索的关键词是"drill"（钻孔器），没写明是手动钻孔器还是电动钻孔器的话，搜索结果中就会出现很多电动钻孔器，如图 8-11 所示。搜索范围显然是被扩大了，这种情况下我们的商品被买家点击的概率也比之前小多了，这就是关键词嵌入精准与否带来的影响。

第 8 章 亚马逊运营的底层逻辑和技巧

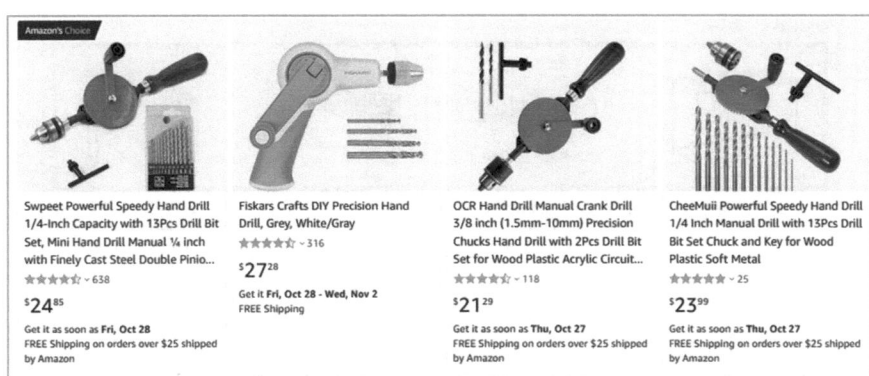

图 8-10

图 8-11

## 2. 主图的精美程度

这里只提到了主图的精美程度，但是没说主图以外的副图，因为不管是亚马逊的搜索流量、关联流量还是其他流量，买家在点击进入 Listing 之前，能看到的只有商品的主图，如图 8-12 所示。

所以说主图影响的是商品的点击率，而副图影响的是商品的转化率，在点击率这个环节，卖家一定要注意主图的重要作用，不但要使主图符合平台的规定，而且要使主图尽可能体现出商品的特点。

关于主图，很多卖家可能还会提到一个问题，就是在商品运营过程中，如果觉得主图不行或者对主图的效果存在怀疑，想把主图换掉，但是自己又不确定哪张主图的点击率和转化率更高，这个时候应该怎么办？

图 8-12

其实很简单，利用亚马逊后台提供的"管理实验"功能，卖家就可以轻松调研哪张主图的效果更好。我们首先点击后台的"品牌"菜单，选择"管理实验"，如图 8-13 所示。

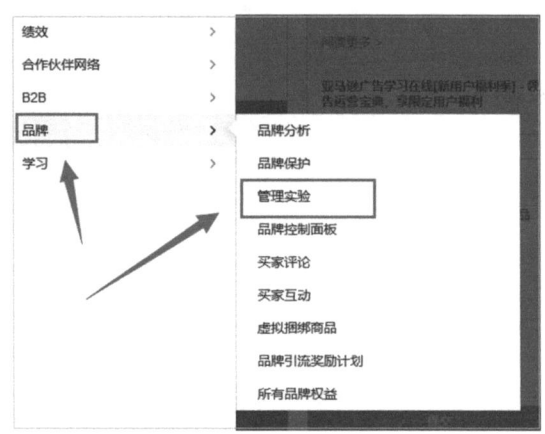

图 8-13

然后点击右侧的"创建新实验"，并在实验主题一栏选择"主图片"，如图 8-14 所示。

选择主图片选项后，再选定要参加实验的 ASIN，就可以为不同的主图（即主图片）进行实验了。亚马逊在系统推荐中会随机推荐展示某个主图的 Listing，然后通过点击率、页面停留时长、转化率等因素，清晰地为卖家展示出哪张主图的效果更好，以后卖家就可以以这张主图为主了。但是这个实验需要有足够多的数据作为支撑，数据越多，实验结果越精准，如果商品销量很差，各项数据也很少，那么做这种实验就是不精准的，也是没有意义的。

第 8 章 亚马逊运营的底层逻辑和技巧

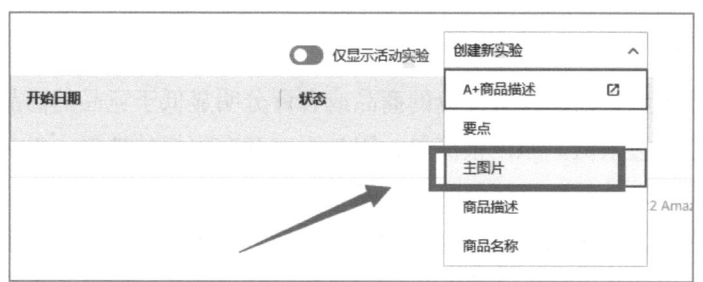

图 8-14

## 3. 商品标题的准确性

标题，也就是英文 Listing 中的 title，不管是在手机版的关键词搜索页面中，还是在电脑版的关键词搜索页面中，标题都会展示在主图的下方，如图 8-15 和图 8-16 所示。主图给了买家对商品的第一印象，标题则给了第二印象，标题起到了进一步的确定作用，所以标题的精准与否对买家是否会点击你的商品起到至关重要的作用。

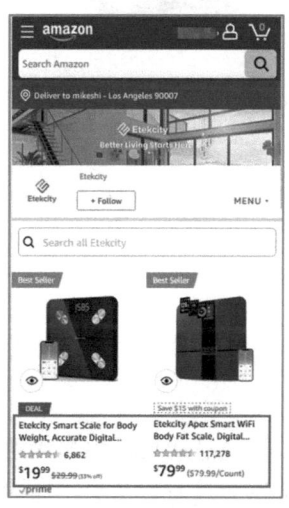

图 8-15

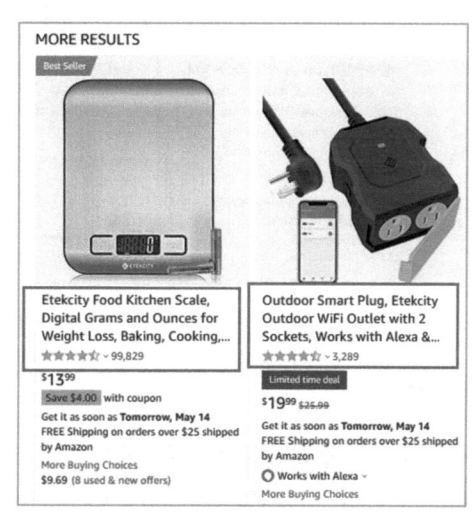

图 8-16

但是从图 8-15 和图 8-16 中可以看出，不管是在手机端还是在移动端，因为展示空间的限制，标题的内容都不会被完全展示，一般只有三行左右的展示范围，标题的剩余部分都被省略号所代替了。这一点就告诉我们，商品的核心关键词、属性关键词、卖点关键词等能影响买家点击的关键词，一定要尽量往前放，尽量能出现在关键词搜索结果的前半部分，这样就可以确保这些核心词能在关键词的搜索页面被展示。

241

### 4. 商品的星级评分

在亚马逊平台，任何没有评分的商品或者评分明显低于竞品的商品，其点击率和转化率一般都会很低。原因很简单，因为买家存在更好的选择，没必要冒着买到次品的风险来选择一款没有评分的商品或者评分不高的商品。如图 8-17 所示，当我们想在亚马逊平台购买一款电子秤的时候，在搜索结果中可以看到三款商品，除了框中的商品没有评分以外，其他商品都有评分，且总体评分都在 4 星及以上，在这样的情况下，买家就基本不会选择这款没有评分的商品，所以商品评分在很大程度上会影响买家的购买选择，进而影响商品点击率。

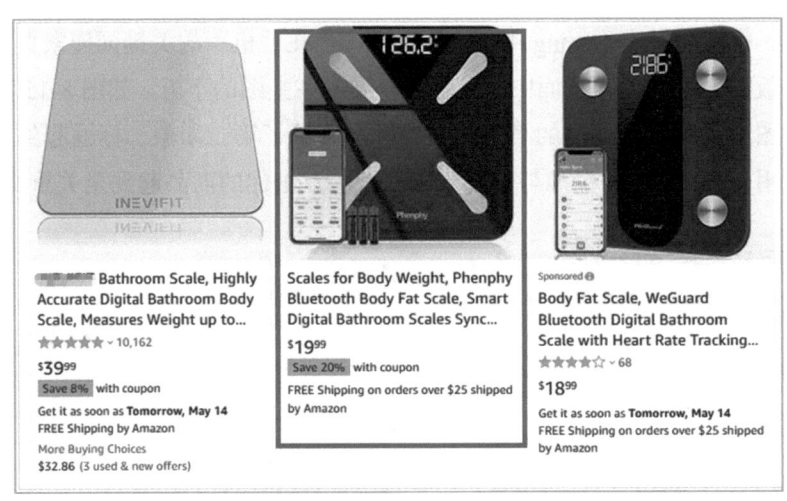

图 8-17

### 5. 价格因素

价格这个因素是没有具体标准的，价格的确定要根据商品所处的生命周期和卖家对商品的期望，新品期的商品因为权重过低，所以价格要具有竞争力，而成熟期的商品，出于利润的考量，价格可以调整到卖家满意的利润水平，但是对绝大部分亚马逊买家来说，如果某些商品的其他条件都相同的话，价格是影响他们购买决策的重要因素，同等条件下，谁都想买到更便宜的商品。

商品上线后，卖家首先要做的一点就是算好该商品的盈亏平衡点在哪里，要把商品的成本、利润、盈亏平衡点进行详细的核算，这样才能在调整价格时做到心中有数，才能清晰地知道，什么样的价格水平利润率有多少。不提倡大家打价格战，在新品前期没有评论或权重的时候，可以用有竞争力的价格作为吸引买家点击的因素，但是后期如果商品权重提升了，价格要相应提上来，价格战只会让类目竞争变得无序，最终伤害的还是亚马逊全体卖家。

### 6. 亚马逊标签

在关键词的搜索页面和商品 Listing 的关联模块中，我们经常可以看到很多小标签，有限时秒杀的小标签（图 8-18），还有优惠券的标签（图 8-19），不管哪种标签，都是影响买家购买决策的重要因素，因为有些标签表示商品正在进行一定程度的促销，所以在同样的关键词搜索结果中，这样的商品往往更能引起买家的注意，也更能引起买家的点击欲望。所以卖家在日常的商品运营中，一定要对亚马逊站内各种促销方式都非常了解，尤其是在商品刚上线的关键时期，一定要善用促销标签来提升商品的点击率。

图 8-18  图 8-19

### 7. 配送方式

如图 8-20 所示，商品的到货时间会显示在关键词的搜索结果中，前面我们多次说过，到货时间也会影响买家的购买决策，因为买家都想选择在同等条件下可以尽快到货的商品。在到货时间上，FBA 模式的商品就比 FBM 自发货的商品具备先天的优势。

图 8-20

## 8.3 亚马逊运营的底层逻辑之转化率

当买家搜索某款商品的关键词时，我们的商品被系统推荐过来，就产生了一次曝光，买家成功进入我们的 Listing 后，商品离成功售出就只差最后一步，这就是转化的问题。转化率的高低受以下几方面的影响。

### 1. 商品详情页面（Listing）的质量

买家点击进入我们的商品 Listing 以后，会通过图片部分（主图、副图）、文字部分（五行特性、详情描述等）、视频部分（主图视频、关联视频）等，对我们的商品进行综合的评判和筛选，这个时候看的就是商品的综合素质，而不是某一方面的素质。我们一定要保证我们的 Listing 在正式开售前以最佳的姿态呈现在买家面前，在运营的过程中根据买家的反馈和商品的数据表现再进行小范围的"修补"和完善。

### 2. 商品售前的答疑解惑

在亚马逊 Listing 的中部，有个"Question and Answer"（QA）模块，也就是我们俗称的"问答模块"，这个模块在 Listing 中的位置在 review 模块之前，当买家点击进入某款商品的 Listing 并往下翻阅时，看到问答模块的时间要早于 review 模块，可以说问答模块的位置要优于后者。而且这个问答模块跟 review 模块的功能是不同的，review 模块主要展示买家对该商品的使用体验，而问答模块使用问答的形式来解决买家在售前对于商品的一些疑惑，可以很大程度上打消买家的购买疑虑，增加转化的概率。如图 8-21 所示，很多买家在售前提出了一系列关于该商品的各方面的问题，而卖家和购买过该商品的买家都可以进行回复，回复的内容会全部展示在这里，这些回复无疑是对商品 Listing 的有力补充。

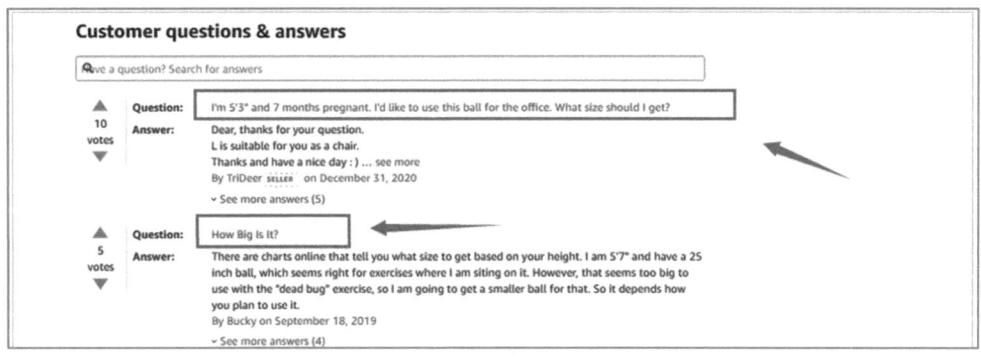

图 8-21

## 3. 买家评论

亚马逊的商品评论分为两种。第一种是 rating（评分），主要展示在关键词的搜索页面和商品的标题下方，如图 8-22 所示；第二种是 review（内容评论），主要展示在商品 Listing 的 review 模块中，如图 8-23 所示。当买家进入商品的 Listing 时，不光会浏览标题下方的 rating，更重要的是会去浏览 Listing 下方的 review，所以这个 review 模块卖家一定要维护好，特别是在 review 的首页，一定不能出现 3 星以下的差评。如果你商品的 review 首页出现了差评，一定要想办法进行处理，因为首页差评对商品转化率的影响非常大。

图 8-22

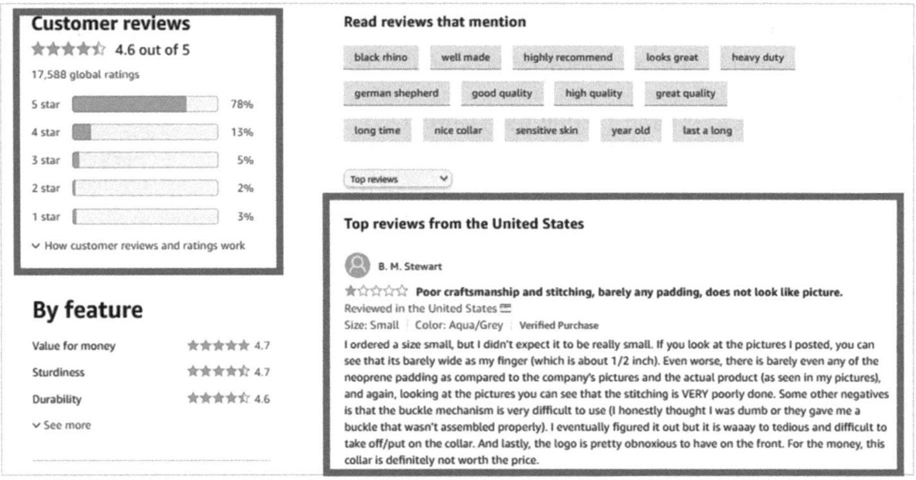

图 8-23

### 4. 商品的价格因素

前面讲过，在亚马逊的商品运营中，价格策略一定要跟商品的运营阶段相匹配，在商品刚刚上线的新品期，价格要保持一点竞争力，适当的价格优势无疑是打破商品销量空白的最有效的手段之一，同时也是提升商品转化率的法宝之一。大家可以先调研一下所运营的商品类目的均价是多少，然后再结合自己商品的盈亏平衡点，制定新品期的价格策略。

如果你的商品已经进入运营稳定期，商品的出单量也进入了一个稳定期，你就可以把新品期的价格缓慢提升到商品均价附近，保持跟类目中的大部分商品差不多的价格。如果你的商品类目出现了很多更加先进的替代性商品，那就说明老商品已经进入了生命周期的衰退期。在衰退期，如果你的商品的销量已经达到了头部的水平，就可以把价格稍微提升一点，赚取超额利润。所以价格是影响商品转化率的重要因素，同时价格的设置要跟商品的运营阶段相匹配才行。

### 5. 商品是否遭遇跟卖

作为亚马逊卖家，你对跟卖的感觉一定是痛恨，原因很简单，因为跟卖者会"撬走"你的流量和销量，进而深刻影响你的商品的最终转化率，同时，跟卖者也会影响你参与各类促销的价格，还会抢夺你的购物车、篡改你的 Listing 内容。但是，亚马逊官方对合理的跟卖行为，持赞同和鼓励的态度，跟卖行为在亚马逊平台上是很常见的。

## 第 8 章  亚马逊运营的底层逻辑和技巧

有些跟卖者为了成功"撬走"商品购物车，会故意调低商品的价格，从而使系统将商品的购物车转移给自己，一旦商品购物车转移到跟卖商品项下，失去购物车的商品的转化率将会大受影响。如图 8-24 所示，该商品的 Listing 中就存在一个跟卖者，跟卖商品就是以这种形式存在于商品的 Listing 中的。

图 8-24

### 6. 商品有无购物车

商品购物车可以看作买家直接下单的一个便捷按钮，有购物车的商品，买家可以直接点击 "Add to Cart" 按钮把商品加入购物车，也可以点击 "Buy Now" 按钮直接对商品进行购买，总之购物车可以让买家的下单行为变得更为方便快捷。而没有购物车的商品，商品购买页面展示的是 "See All Buying Options"（查看所有购买选择），如图 8-25 所示，买家需要点击 "See All Buying Options" 按钮以后，才可以看到该商品的卖家，然后才能下单购买，这无疑让买家的购物流程变得更加复杂，可能也会导致潜在买家的流失，最终影响的是商品的转化率。

图 8-25

### 7. 变体是否齐全

这主要针对一些多属性的商品，多属性的商品一般具有不同的颜色、尺寸等，而买家进入某个多属性商品页面，肯定期望能有更多的选择。举个例子，假如买家想买一个瑜伽球（Yoga Ball），但是现在只是确定了瑜伽球这种商品，瑜伽球的颜色和尺寸还没有确定，这个时候商品的变体多样性是否可以满足买家的需求，就会影响买家最终的购买决策。所以对于多属性的商品来讲，商品变体的数量和完整性也会影响买家的购买决策。

## 8.4 如何调研类目的退货率指标

退货率高的类目，商品运营的成本也就较高。尤其是对于那些退回之后变成不可售状态的商品而言，卖家的损失就会更大，所以卖家要清晰地知道每个类目大概的平均退货率是多少，以方便在自己进行类目调研和商品运营时能清晰地知道自己商品所处的水平以及今后应对的策略。

### 8.4.1 如何调研某类目的平均退货率

我们可以利用亚马逊后台的"选品推荐"功能来对各个类目的退货率数据进行调研。

（1）在亚马逊后台的首页选择"新选品推荐"，如图 8-26 所示。

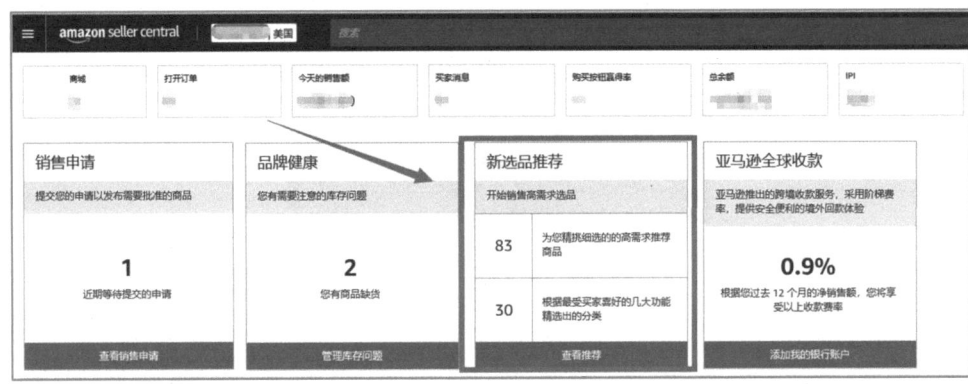

图 8-26

# 第 8 章 亚马逊运营的底层逻辑和技巧

（2）选择"类目分析"选项卡，如图 8-27 所示。

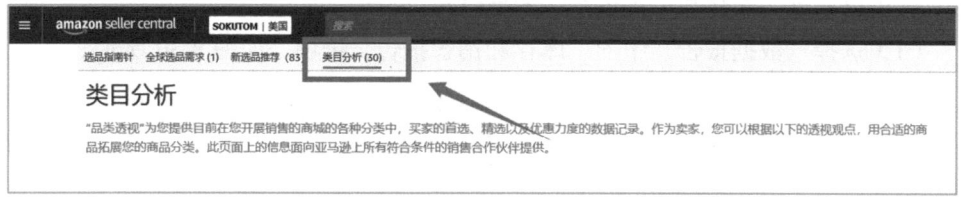

图 8-27

（3）选择自己想要分析的商品类目。以 Clothing（服装）类目为例，假设我们想要调研服装类目中的"Womens Tanks Camis"小类目，就选中这个类目，如图 8-28 所示。

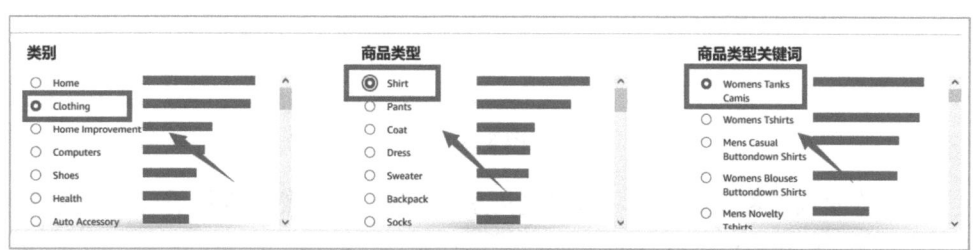

图 8-28

（4）在下方显示的结果中，我们可以看到该小类目的退货率是 22.34%，如图 8-29 所示。同时，我们还可以看到卖家数量、ASIN 数量等信息。

图 8-29

## 8.4.2 如何查看自己商品的退货率

卖家如果想调研其他商品类目的退货率，只需要在图 8-28 中进行类目的选择即可，在调研出类目的平均退货率数据以后，要把这个数据跟自己商品的退货率进行对比，以明确自己商品的退货率在类目中处于什么样的位置，卖家调研自己的商品退货率可以通过"库存和销售报告"来进行。

（1）选择"数据报告"中的"库存和销售报告"选项，如图 8-30 所示。

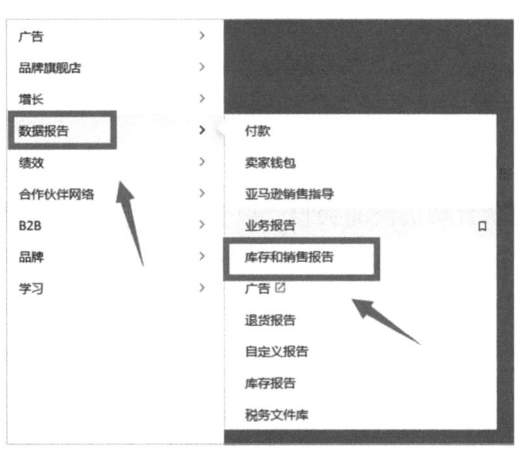

图 8-30

（2）在页面左侧找到"亚马逊物流买家退货"一栏，然后选择需要查看退货情况的商品的 ASIN 即可进行查询，如图 8-31 所示。

图 8-31

买家可以在这个报告中看到所有被退回的 FBA 商品列表，亚马逊还会根据退还商品的状况来进行退货的分类，比如哪些商品已经变成了不可售商品，哪些商品是只退款未退货的商品等。

# 8.5 利用礼品设置提升转化率

跟国内一样，欧美国家每年也会有很多节日，比如父亲节、母亲节、感恩节等，当这些节日到来时，朋友、亲属、同学之间就会互赠礼品以表达感情，所以在这些节日里，一些具备礼品属性的商品，尤其是一些可以提供礼品包装和礼品服务的商品，会更受欢迎，买家只需要下单，剩下的包装和留言等功能都可以由亚马逊来代劳。

但是这种功能需要在后台自行开通，如果你的商品也具有一些比较适合馈赠的礼品属性，不妨也打开礼品设置的功能，让自己的商品在众多的节日里得到更多的订单。

（1）进入后台，在右上角的设置菜单中选择"礼品选项"，如图 8-32 所示。

图 8-32

（2）在"礼品赠言选项"和"礼品包装选项"中打开"启用"按钮，如图 8-33 所示，这里可以设置最多四种包装的模式。

（3）打开这里的"启用"按钮后，卖家还需要在商品 Listing 的编辑页面找到"可否提供礼品信息"和"可否提供礼品包装"的选项，并选择"TRUE"，如图 8-34 所示。这样就完成了礼品包装的设置。

图 8-33

图 8-34

## 8.6 亚马逊运营每天必做的工作

有不少卖家经常说自己每天早晨打开电脑，不知道具体要做哪些事情，感觉每天都是浑浑噩噩的。建议大家在开启任何工作以前，都要准备好自己的 To Do List（工作清单），这个 List 的内容不一定每天都要去编辑，但是自己在开启一天的工作前，一定要清晰地知道今天要去做哪些事项。下面就讲一下，亚马逊卖家每天都应该做哪些事情。

另外，有些规模较大的跨境公司的运营部门分工比较细致，可能下面列出的很多工作并不需要每个卖家都去做。有很多单干型亚马逊创业者，要做的工作也可能远远多于下面列出的，大家可以根据自己的实际工作进行增减。

## 8.6.1 风险排除

卖家每天打开电脑，第一件事情就是要看一下今天自己的店铺和商品有无各种风险（记住，店铺是店铺，商品是商品，二者的风险点并不一致）。风险排除一定要放在优先的位置，因为很多风险处理亚马逊都规定了时间限制，超过限制时间还没有处理，可能就会出大问题。

### 1. 政策合规性

打开后台"绩效"中的"账户状况"，这个板块是卖家每天都要关注的板块，如图 8-35 所示。

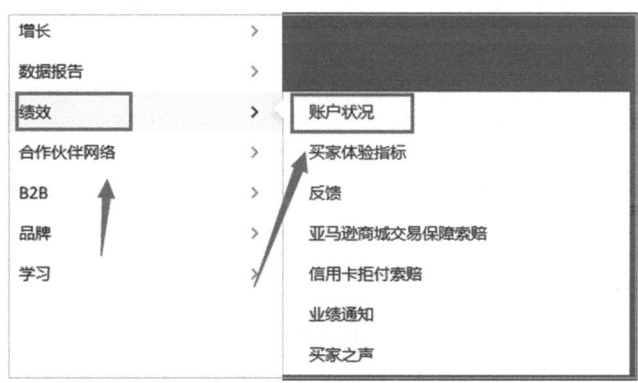

图 8-35

进入"账户状况"板块以后，又有三个不同的绩效模块：客户服务绩效、政策合规性及配送绩效，如图 8-36 所示。这里的任何一个绩效模块出现问题后，都会有蓝色的感叹号标识，当卖家看到有感叹号标识的时候，一定要点击进入查看具体的绩效问题类型，并及时解决这些绩效问题。

图 8-36

### 2. 业绩通知

在亚马逊后台的"绩效"中,找到"业绩通知"板块,查看有无最新的官方通知。打开业绩通知页面时,如果看到加粗文字,则代表存在未读的通知,如图 8-37 所示。一般来说,出现在这里的消息,基本都是不好的消息,要么是警告内容,要么是通知店铺审核的内容,所以卖家一定要及时进行查看。

图 8-37

### 3. 买家之声

在亚马逊后台的"绩效"中有个"买家之声"板块,这个板块用不同的颜色来展示买家对商品的满意率指标,如图 8-38 所示。亚马逊会将该商品的满意率与同类目中其他商品进行比较来最终确定买家满意度状况。

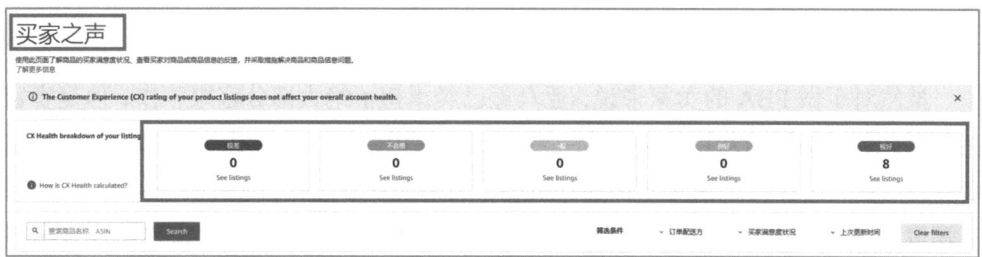

图 8-38

当这里显示的买家满意率较低时,该商品将会被禁止显示。如果是 FBM 自发货的商品,卖家可以编辑商品信息后重新进行发布,如果是 FBA 模式的商品,卖家就要提交移除订单或弃置订单了。所以这里的信息一定要及时关注,避免因为某款商品的满意率长期过低而被强制下架。

## 4. 差评

商品的 Listing 是每天都必须查看的,在查看 Listing 时,一定要多关注商品是不是有了差评,因为差评对商品转化率的影响实在是太大了,尤其是那些高权重的差评,一个差评可能会让整个 Listing 的评分下降很多。

后台的 review 默认是按照评论的权重来进行排序的,如果某件商品的 review 很多,可以直接点击 review 上方的"Most recent"按钮来使 review 切换为按照留评时间排序,如图 8-39 所示,这样就可以看到最新产生的 review 中有没有差评出现。

图 8-39

### 5. 买家消息

虽然对于做 FBA 的卖家来说，亚马逊已经承担了绝大部分客服工作，但是卖家在日常运营店铺时依然可能会收到一些买家的站内留言。这些留言大部分都是反馈商品缺点的，这往往是消除差评的好机会，如果回复不及时，可能会导致差评出现。不管想不想处理这些买家消息，都要做出回应，因为亚马逊对于买家消息的规定是必须要在 24 小时内进行回复，如果是不需要回复的垃圾信息，卖家也起码要点击一下"不需要回复"按钮，以免影响回复绩效，如图 8-40 所示。

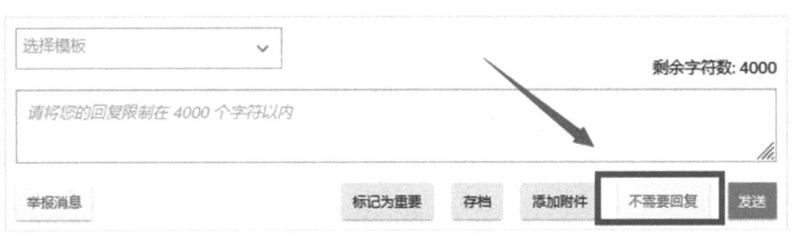

图 8-40

### 6. Case 回复

亚马逊的日常运营离不开 Case，Case 是卖家和亚马逊客服之间沟通的渠道，要定期去追踪 Case 的进度，有需要处理的 Case，最好立即回复。很多卖家不知道去哪里查看 Case 列表，其实就在当初开 Case 的页面。点击店铺右上角的"帮助"按钮，将页面拉到最下方就会看到，如图 8-41 所示。

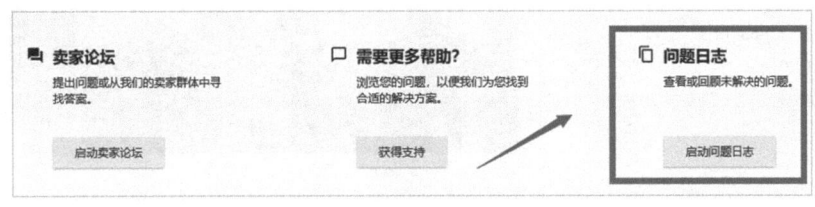

图 8-41

## 8.6.2 销量及排名监控

### 1. 查看订单数量

卖家每天都要查看订单数量，如果订单数量出现了起伏，就要及时对起伏的原因做出分析,主要从关键词排名、节假日因素、竞品运营动作、促销动作、流量来源、商品评分、季节性、类目大环境等方面进行分析。

## 2. 查看关键词排名

如果商品的关键词较多,单个去搜索比较耗时,可以借助一些关键词软件来进行。但是大家要注意,任何软件的数据都会存在一定程度上的延迟和误差,所以对于商品的一些核心关键词的排名,最好是手动搜索测试。不仅仅要关注自己的商品,还要重点关注主要竞品的排名。一旦出现重点关键词排名下滑的情形,要进一步去分析原因。

## 3. 查看 BSR

重点关注 BSR(热销品排名)有无结构变化,这里不仅要关注自己商品的 BSR,还要关注竞品的排名,尤其是短时间内销量上升迅猛的新商品。

## 4. 确定下一步推广动作

有了上面的关键词排名和销量排名监测,对商品的具体表现就做到了心中有数,然后再根据商品的表现去决定下一步的推广动作,是维持现在的推广力度和方法,还是增加投入并调整推广的方向,都要根据具体情况去灵活选择。

## 5. 监控有无跟卖情形

这一点主要是针对暂时没有品牌备案的商品,而有品牌备案的商品,目前来说遇到跟卖的概率不大。但是也不排除偶尔会有一些跟卖者跟卖有品牌备案的商品,遇到这种情形,有品牌备案的卖家就可以直接在后台进行知识产权投诉,正常情况下基本都可以阻止跟卖。

## 6. 关注店铺的余额、回款、利润情况

这些事关卖家的资金链稳定及安全,之前有太多的卖家都是因为后续没有持续的资金投入而彻底退出了亚马逊行业。现在亚马逊需要投入的成本比以前大大增加,所以保证店铺的资金链和现金流的安全健康是非常重要的事情,如果财务出了问题,其他的事情也就不用再考虑了,因为没有资金的亚马逊店铺运营就会变成"无源之水、无本之木"。

### 7. 监控竞品

亚马逊上的任何类目，现在都算是一个"存量市场"（以前算是增量市场，现在增量不多了），那么在类目总销量大致不变的情形下，竞争对手的销量起伏也会影响你自己的销量，有时候竞争对手在站内外开展的某次大型促销就会直接让你当天的销量腰斩。对竞争对手的监控不光包括其库存、销量、关键词排名，还应该包括其在站外进行了怎样的推广。

## 8.6.3 数据报告分析

数据报告的分析不一定每天都要做，一周做一两次就可以了。因为数据报告的产生需要一定的周期，数据报告的分析也需要一定的数据量基础。很多卖家看到某一天的数据报告中的内容产生了一些波动，就开始坐立不安，其实应该从一定周期内的数据报告中找到问题所在，而不应该拘泥于某一天的报告数据。这里的数据分析主要包括广告报告和业务报告两个方面。现在的广告报告的模式在不断更新，卖家可以按照系统提供的下载主题来下载自己想要的报告类型，如图 8-42 所示。

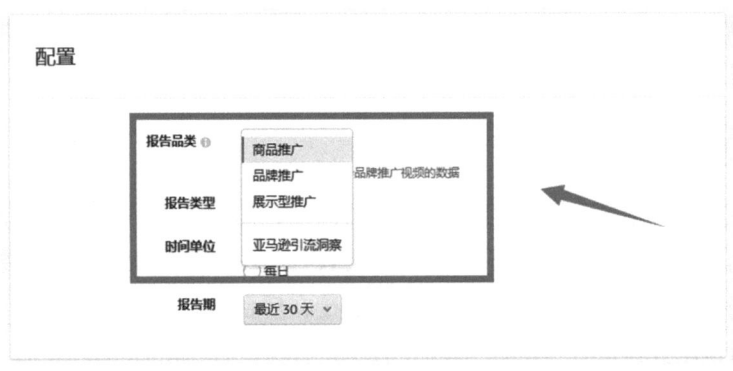

图 8-42

业务报告跟广告报告同样重要，卖家可以按照日期分析业务报告，也可以按照 ASIN 来进行分析，在业务报告的左侧菜单栏可以进行报告类型的切换，如图 8-43 所示。

# 第 8 章 亚马逊运营的底层逻辑和技巧

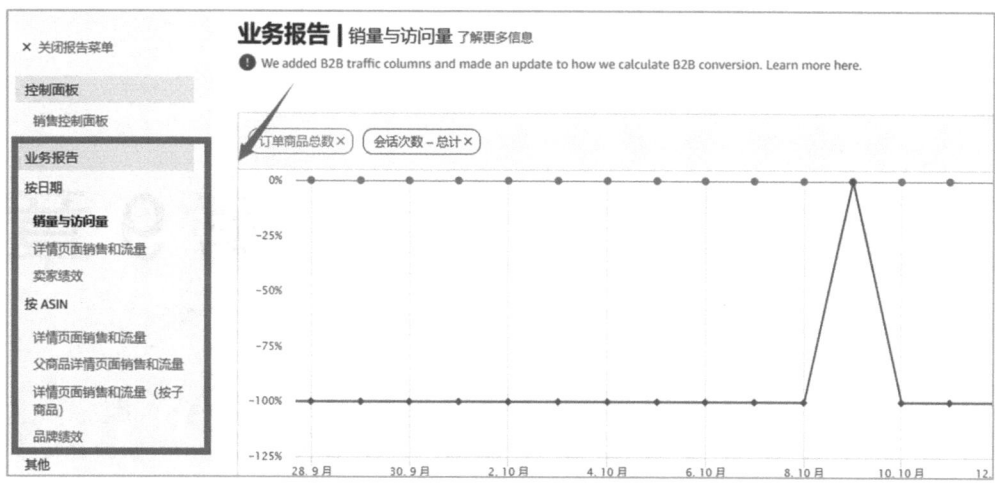

图 8-43

## 8.6.4 库存管理

库存管理中最优的局面就是"既不压货也不断货",但是在目前竞争激烈以及头程运输时效不稳定的前提下,想要完全达到这个库存管理的终极目标并不容易。无论是商品的供应端还是后面的物流端,都会极大影响卖家的补货和备货,亚马逊频频变动的发货限制和库容限制政策,也给卖家的库存管理造成了很大的困扰。卖家在做库存管理的过程中,一定要算好总账,尤其是对于那些即将断货的商品而言,是选择用价格较贵但是速度较快的空运方式来进行补货支撑,还是直接新建 Listing 后用海运方式重新发货,都需要从商品的整体运营上去综合考虑。除此之外,卖家还要做好货件的发货管理和流程监控,每一批货件都要做好详细的记录,避免因为个人疏忽而让商品陷入断货风险。

## 8.6.5 关注亚马逊官方政策变动

亚马逊官方政策的变动不会影响商品和店铺的业绩,但是有时候可能会影响卖家的运营操作、运营节奏和利润率。比如亚马逊对于店铺整体库容的限制政策的变动,如果卖家不了解这个变动,让某些商品占用了太多的库存空间,就会影响店铺其他商品的补货空间,所以卖家一定要多关注亚马逊官方政策的变动。

# 第 9 章

# 善用亚马逊站内各大促销工具

# 第 9 章 善用亚马逊站内各大促销工具

在亚马逊的流量挖掘上，很多卖家不知道应该以站内为主还是以站外为主。其实这个问题并没有准确的答案，卖家应根据自己的实际情况选择适合自己的运营策略。资深卖家的商品和店铺的优化工作都已做得比较到位，这些卖家在不开发新品的情况下，其商品销量很难再有大的提升。这时站外流量对资深卖家来说就比较重要，站外流量可使资深卖家的商品销量上升一个台阶。但是新卖家还是应将自己的绝大部分精力放在亚马逊站内，将自己的资金和资源全部用于站内流量的挖掘，在充分挖掘站内流量之后，再去开发站外流量。站内流量中有一种非常重要的流量，就是站内促销流量。新卖家在运营商品尤其是在推广新品的过程中，一定要充分利用站内促销工具，充分挖掘站内促销流量。下面详细介绍亚马逊站内促销工具。

## 9.1 秒杀类促销

### 1. Top Deal

Top Deal 的促销展示页面位于 Deal 页面的最前面（图 9-1），所以它的促销效果较好，有些商品甚至可以做到日出千单。作为促销中流量最大、提报要求也最严格的展示活动，大部分站点的 Top Deal 目前都实行邀请制，必须通过买家经理进行提报，后台无自主提报渠道。

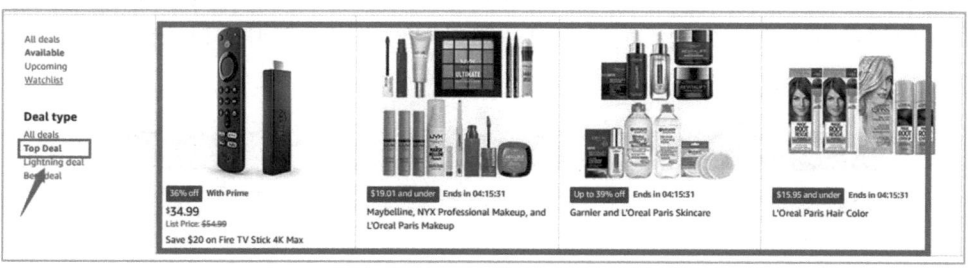

图 9-1

### 2. Lighting Deal

Lighting Deal 是亚马逊官方推出的限时促销优惠活动，分为"7 天促销"和"秒杀"两种，卖家可在自己的后台自行申请，如图 9-2 所示。

图 9-2

亚马逊平台对于参加 Lighting Deal 的基础要求如下。

（1）该商品在亚马逊平台拥有销售历史记录且星级评定至少为 3 星。

（2）商品不是受限商品或有冒犯性、令人尴尬的商品。

（3）商品在所有地区均符合亚马逊 Prime 要求且状况必须为新品。

（4）遵守亚马逊买家商品评论政策和定价政策。

卖家在申请 Lighting Deal 时一定要遵守上述基础要求，如果 Lighting Deal 促销开始后，有商品违反了上述标准，亚马逊会立即取消商品的 Lighting Deal 资格且不退回已经缴纳的费用，更严重的是，该店商品今后参与 Lighting Deal 促销的资格也可能会被永久取消，这点大家一定要注意。

但是上面的四点仅仅是参加 Lighting Deal 的基础要求，除此之外，参加 Lighting Deal 还需要系统的算法推荐，如果卖家在 Lighting Deal 促销的创建页面看到的是"目前无推荐"的字样（图 9-3），就证明目前该商品还不符合系统推荐的资格，也就是商品的销量等表现还很差，需要在商品销量取得一定的提升后再来进行 Lighting Deal 资格的查看。

图 9-3

卖家参与"秒杀"要支付 150 美元的费用（时间为 4～6 小时），参与"7 天促销"要支付 300 美元的费用（时间为 7 天）。Lighting Deal 会在商品的 Listing 详情页面的右上角展示进度条，如图 9-4 所示。

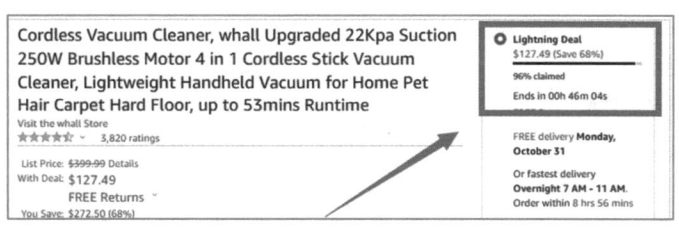

图 9-4

### 3. Best Deal

Best Deal 是一种可以持续 14 天的官方促销活动。与 Lighting Deal 不同的是，卖家不能自主申请 Best Deal，卖家需要联系自己的亚马逊招商经理进行 Best Deal 的申请。Best Deal 是一种免费的促销工具，而且时间长达 14 天，所以申请参与 Best Deal 的卖家很多，竞争很激烈。Best Deal 促销在亚马逊前台的 Today's Deal（今日促销）入口中也有单独的展示页面，如图 9-5 所示，买家还可以在左边的筛选栏中进行更进一步的筛选。

图 9-5

## 9.2 购买折扣

购买折扣是指卖家设置一定折扣的促销代码，在促销代码生效以后，卖家既可以将这些促销代码分享到自己的社交媒体上，又可以将这些促销代码放到与自己合作的站外平台上，从而为自己的商品引流。购买折扣的设置方法如下。

（1）进入"创建促销"页面，单击"购买折扣"中的"创建"按钮，如图 9-6

所示。

图 9-6

（2）选择促销条件。这里有两种促销方式可以选择，如果选择两种相同的商品，则为"买多件 A 商品就打折"的促销模式，如果选择两种不同的商品，则为"买商品 A 商品 B 就打折"的模式，如图 9-7 所示。

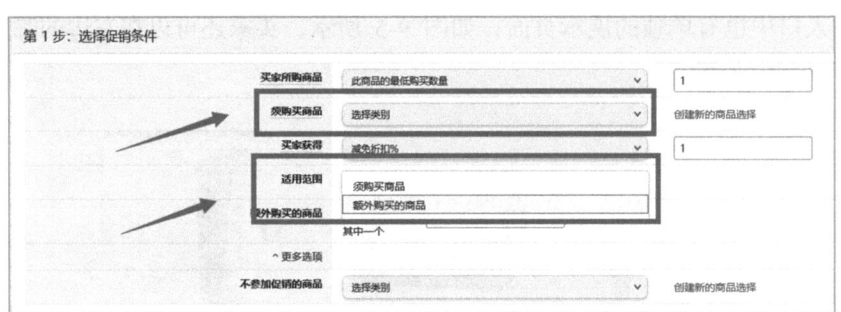

图 9-7

（3）设置促销时间，如图 9-8 所示。

这里的"开始日期"以美国西部时间为准。"内部描述"主要用于卖家自己的运营管理，卖家可以根据自己的习惯将其设置为中文的。

# 第 9 章　善用亚马逊站内各大促销工具

（4）设置促销代码的类型，如图 9-9 所示。"一次性"的促销代码只能使用一次，"无限制"的促销代码可以多次使用。但是，如果将"无限制"的促销代码放在促销网站或社交媒体上，卖家的库存可能会在短时间内被买空，卖家可能会蒙受巨大的损失，所以卖家在设置"无限制"的促销代码时要慎重，避免因为自己的失误而给自己带来巨额的经济损失。此外，如果勾选"在详情页面上显示促销"复选框，那么这条促销信息将会出现在商品详情页面上，点击这个选项可能会让商品的促销速度变得更快，如果没有足够的库存，这个选项要谨慎选择。填写完毕后选择提交即可，促销会在自己设定的开始时间准时开始。

图 9-9

## 9.3　买一赠一

买一赠一即在买家购买特定的商品后，卖家会给买家一个提前设置好的赠品，但该赠品必须是在 FBA 仓库中已经存在的商品。买一赠一可以帮助卖家将其滞销的库存商品变为其他商品的搭售礼品，这样一来，既能帮助卖家推广其新商品，又能帮助卖家清理其滞销的库存商品，既可以使卖家避免其某些商品因长期滞销而被征收长期仓储费，又可以帮助卖家提升其库存绩效。因此，买一赠一是一举多得的促销方式。买一赠一的进入路径如图 9-10 所示。买一赠一的设置方法与购买折扣的设置方法相同，此处不再赘述。

图 9-10

## 9.4 社交媒体促销代码

社交媒体促销代码的入口如图 9-11 所示。有些卖家由于不了解社交媒体促销代码的作用而忽视了它,这是不明智的行为。

图 9-11

很多卖家选择在国外社交媒体或者站外促销网站上进行站外推广,但这需要支付很多服务费。卖家若能熟练运用社交媒体促销代码,就可以节省很多费用,因为亚马逊官方会帮助卖家进行商品推广。

如图 9-12 所示,在设置社交媒体促销代码的过程中,"亚马逊影响者和联盟"复选框默认是勾选的,这代表只要这款商品的评分和折扣足够吸引人,这款商品就有很大可能被亚马逊进行联盟营销,这时这款商品的折扣信息就会通过亚马逊的各种合作渠道到达买家面前。而且联盟营销的推广力度相当大,对卖家清理滞销库存

## 第 9 章 善用亚马逊站内各大促销工具

有很大的帮助。

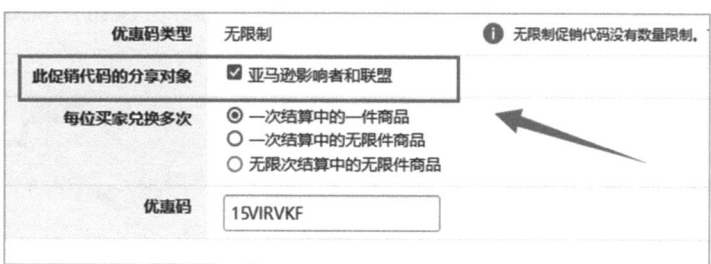

图 9-12

## 9.5 优惠券

优惠券（Coupons）是卖家使用较多的一种促销方式，优惠券不但在亚马逊前台有单独的流量入口（图 9-13），在关键词的搜索页面也有绿色优惠标识（图 9-14），优惠券对商品点击率和转化率均有显著的提升作用。

图 9-13

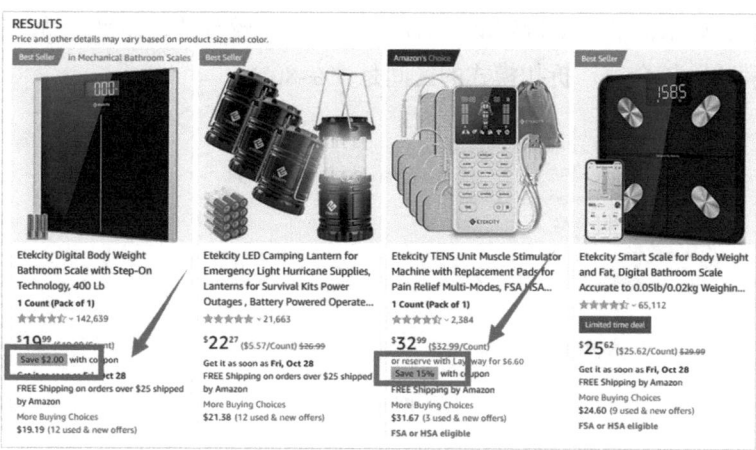

图 9-14

优惠券的设置方法如下。

（1）进入优惠券的设置页面，单击"创建新的优惠券"按钮，如图 9-15 所示。

图 9-15

（2）选择要参加优惠活动的商品，然后选择优惠券运行的时间，如图 9-16 所示。这里的开始日期只能在 90 天以内。

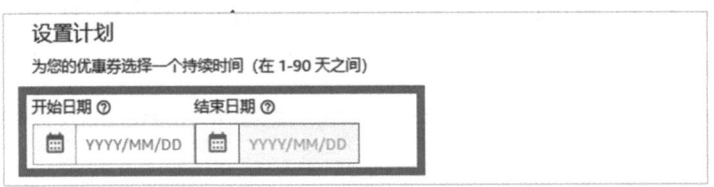

图 9-16

（3）选择商品的折扣类型。这里有两种折扣类型，一个是"折扣"，一个是"满减"，如图 9-17 所示。折扣代表的是百分比折扣，满减代表直接的金额。在折扣方式的选择上，如果商品的单价较低，则选择"折扣"较合适，如果商品的单价较高，则选择"满减"较合适。折扣模式的区间是 5%~80%。

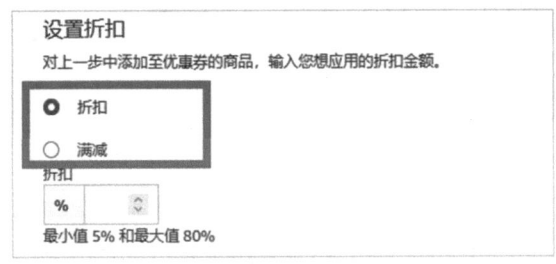

图 9-17

（4）设置优惠券的预算。预算是指卖家打算为这次优惠券促销投入的促销费用是多少,它包含两个方面,一个是优惠券本身的费用,买家每使用一张优惠券,就要扣除卖家 0.6 美元的费用,另外一个是卖家提供的折扣的金额,预算的区间为 100~10 000 000 美元,如图 9-18 所示。

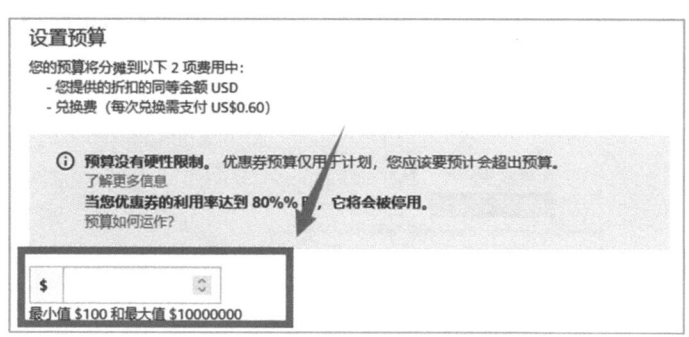

图 9-18

(5)在优惠券填写的最后一步,卖家还可以选择优惠券适用的受众,卖家可以选择创建的优惠券适用于所有买家,也可以选择仅适用于亚马逊 Prime 会员等其他选项,如图 9-19 所示。所有信息填完后,单击"提交"按钮就可以进行优惠券促销活动的提交。

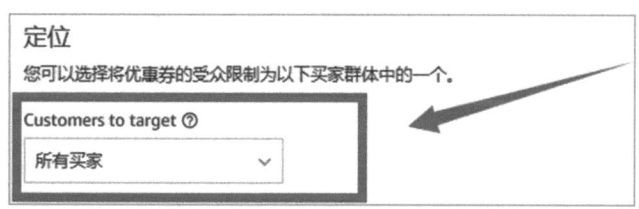

图 9-19

在促销的设置中大家要注意,优惠券会与同时进行的其他促销折扣相叠加,其他促销包括"秒杀"、"企业商品价格"和"奥特莱斯促销"等,所以卖家在设置各类促销时一定注意促销的叠加问题,避免因为自己的设置失误导致库存被低价清空。

另外,当优惠券的预算使用率已经达到 80% 时,亚马逊会让该优惠券促销活动下线,将剩余的 20%预算先做保留,以应对那些已经领取优惠券但是还未实际兑换的买家在后面进行兑换,这些买家可以在优惠券下线后的 30 分钟内继续兑换优惠券,这一点卖家也要注意,优惠券可能因此而导致预算超支的情形。

## 9.6 划线促销

在很多 Listing 中，我们经常可以看到"List Price"（划线价），在该价格的旁边还会展示"-30%"这样的具体的折扣比例，如图 9-20 所示。这对商品转化率的提升也是有促进作用的。

图 9-20

这个价格在后台可以自己进行设定，我们进入商品的 Listing 编辑页面，找到"Your Price"和"List Price"这两项，如图 9-21 所示。我们把"List Price"的价格填得略高一些，把"Your Price"填得略低一些，"Sale Price"可以跟"Your Price"保持一致，把 Listing 保存后，前台就会出现"List Price"划线标识。

图 9-21

但是亚马逊在逐渐改变 List Price 的展示逻辑，很多类目现在已经无法通过自主编辑的方式进行划线价的设置，而是变成了算法系统自动识别该商品在过去 30 天内的最低价，只有你现在的定价比过去 30 天内的最低价便宜的情况下，才会出现"List Price"划线标识，而这可能会成为以后的常态。

## 9.7 红色 Save 折扣促销

在商品的 Listing 中，还有一种比较显著的红色促销标识，那就是"Save"促销标识，如图 9-22 所示。

图 9-22

这种促销标识会直接显示买家可以节省的价格的百分比，同时在红色标识的下方也会用"Was 划线价"的方式来展示其过去的价格，在售价的下方还会显示可以节省的金额，这个促销的视觉冲击力还是很强的。

这种红色的促销标识并不能由卖家自己设定，而是系统根据卖家的商品售价进行自动抓取，这里分为两种不同的情况。

如果商品为老品，则只要现在价格是过去 30 天内的最低价（有时候需要再降低 5% 左右），前台 Listing 就会出现该红色折扣标识。

如果商品为新品，则该商品在上线后必须至少要连续 7 天都出单，然后卖家把价格调整为过去 7 天内的最低价，则前台 Listing 中很可能会出现该红色折扣标识。

## 9.8 虚拟捆绑销售

在亚马逊卖家的销售中，有个问题曾经困扰着卖家，那就是已经运送到亚马逊

FBA 仓库中的商品，很难再进行不同商品间的搭配销售，如果卖家想把 A 和 B 两款商品进行搭配销售，则在商品运送到 FBA 仓库之前，卖家就必须把 A 和 B 合并在一起进行包装和贴标，很多卖家都为不能捆绑销售而感到遗憾。

不过这种遗憾现在已经不存在了，亚马逊直接在后台推出了捆绑销售的功能，不同的商品可以由卖家自由搭配进行捆绑销售，捆绑后的商品会直接以"bundle"的形式出现在商品 Listing 中，而且这个位置在"Buy it with"的上方，非常显眼，如图 9-23 所示。

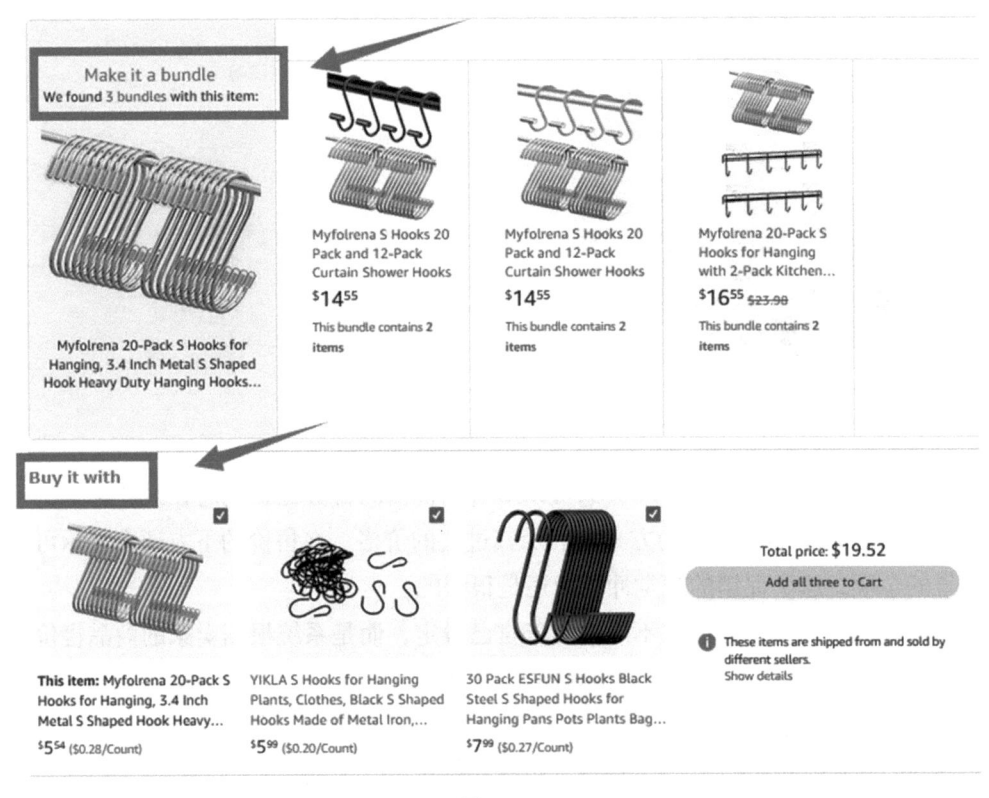

图 9-23

该功能目前只针对完成品牌备案的店铺，如果这些店铺的商品状态是新品，且商品的运营模式是 FBA 模式，就可以在后台自主进行商品的捆绑。

（1）在后台找到"品牌"菜单，点击后面的"虚拟捆绑商品"，如图 9-24 所示。

## 第9章 善用亚马逊站内各大促销工具

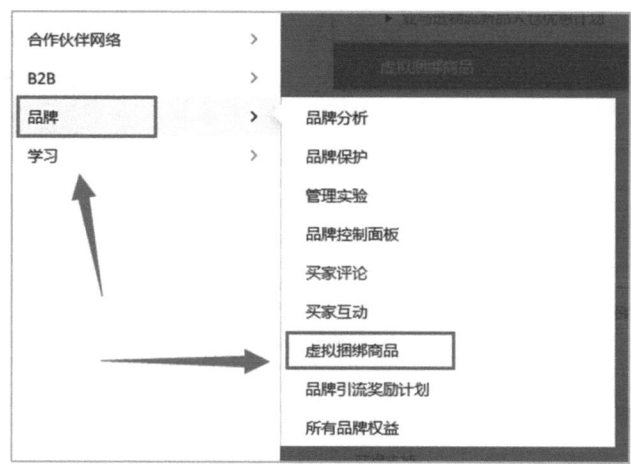

图 9-24

（2）选择需要捆绑的商品，必须包含 2 到 5 件商品，且每件商品都是正常的在售状态。然后卖家需要确定好主捆绑商品的图片和其他捆绑商品的图片，并进行上传，如图 9-25 所示。

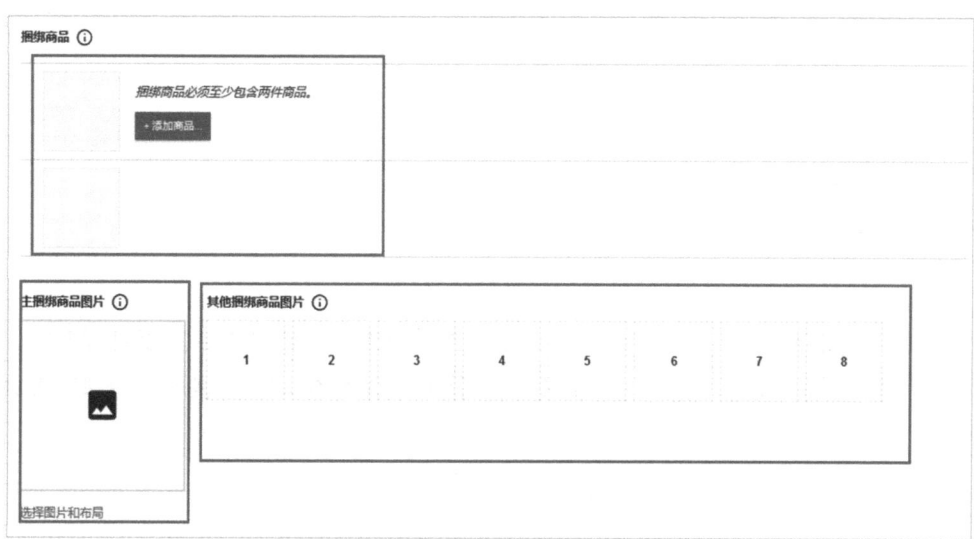

图 9-25

（3）输入捆绑商品的名称和简称，字符限制在 200 个以内，一般名称为"A 商品和 B 商品的捆绑销售"等形式。然后设定捆绑商品的价格，捆绑商品的定价必须低于或等于捆绑商品中所有商品的价格总和。如果捆绑商品的定价高于所有商品的价格总和，则该捆绑商品将会失去购物车。若其中某个组件商品的价格在捆绑期间产生了变化，设定好的捆绑商品的价格仍会保持不变。设置页面如图 9-26 所示。

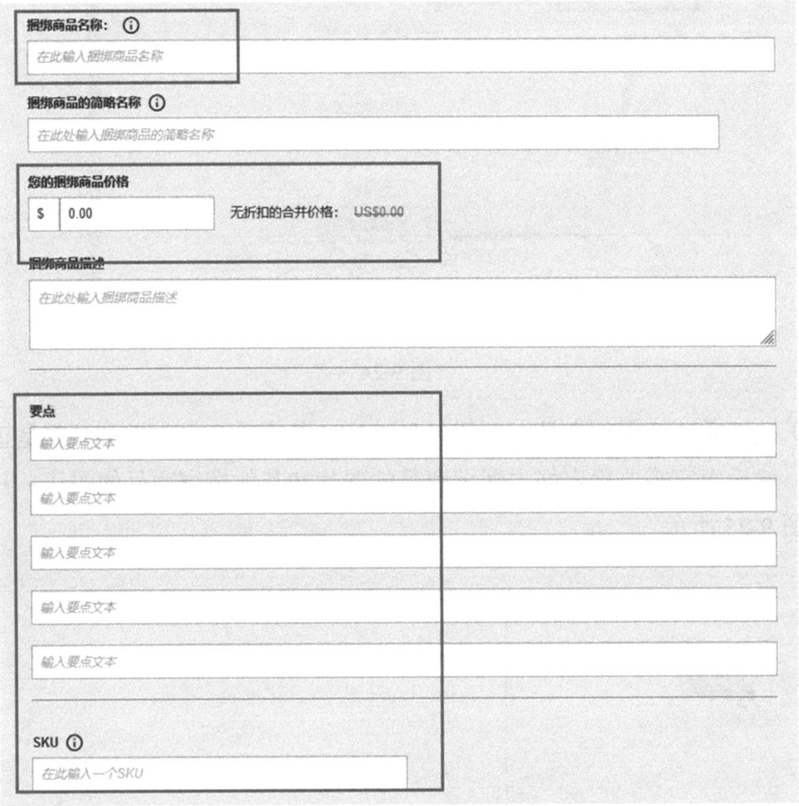

图 9-26

在输入捆绑商品的价格和名称后，下方的"SKU"一栏可以由卖家自行编辑，所有信息填写完毕后，点击"提交"按钮，就可以看到图 9-23 所展示的捆绑销售页面了。

# 第 10 章

# 亚马逊平台的评论体系解析

## 10.1 商品评论

### 10.1.1 商品评论的内涵

商品评论是亚马逊平台的买家对卖家特定商品的点评记录，目前有 review 和 rating 两种形式。其中 review 是指带有文字、图片或者视频内容的评论（图 10-1），其主要展示在商品 Listing 的 review 模块中。而 rating 较为简单，rating 不需要买家留下文字、图片或者视频，只需要买家对商品进行打分评级，rating 主要展示在关键词的搜索页面和商品 Listing 的标题下方，如图 10-2 所示。

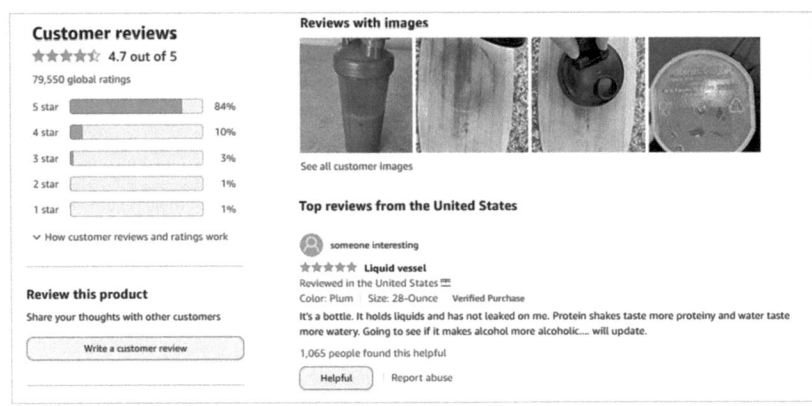

图 10-1

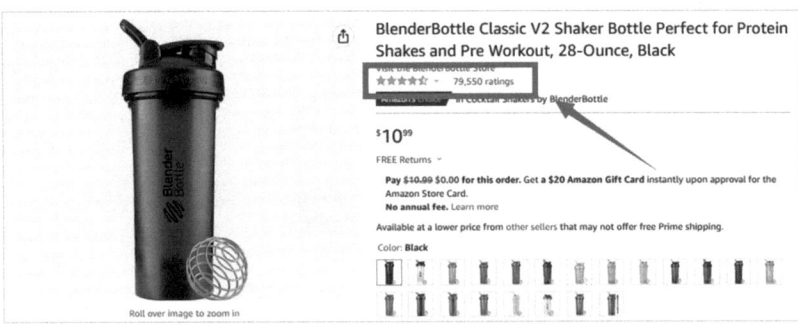

图 10-2

亚马逊平台的买家对商品评论的数量和质量非常看重，这和我国的电商平台十分相似，但是亚马逊平台的留评政策与我国的电商平台有着巨大的差异，在亚马逊平台上，没有买过某商品的买家也可以在该商品的下方留下自己的评论，前提是这个买家在亚马逊平台上的年消费金额达到了亚马逊平台规定的最低消费金额。但是这样的买家留下的评论是没有"Verified Purchase"（验证购买）标识的，这种没有标识的评论就是我们常说的直评。如图10-3所示，上面的是直评（未实际购买过该商品的留评者留下的评论），下方的是VP评论（实际购买过该商品的留评者留下的评论）。

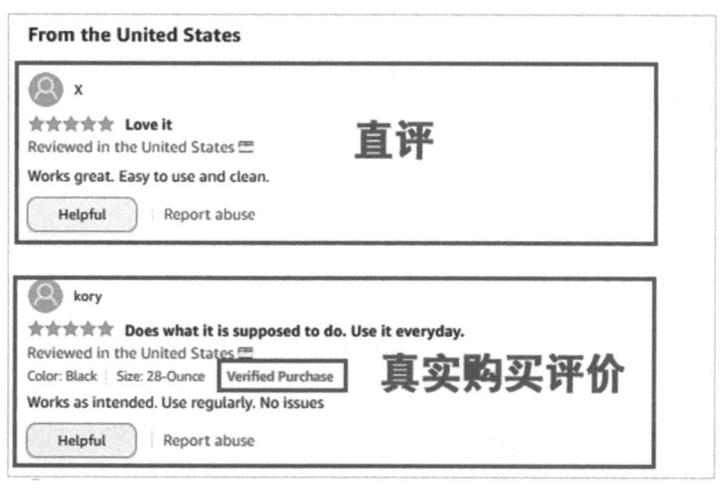

图 10-3

关于商品的 VP 标识要注意，那就是如果你给商品设置的折扣过大，那么某些真实购买过的买家所留下的 review 也可能没有"Verified Purchase"标识，这是亚马逊的系统算法决定的，系统认为折扣过大的订单有偿换取评论的概率较高，因此折扣过大的订单下的 review，有时候就会变成没有 VP 标识的直评。

另外，亚马逊平台还会根据买家的级别为排名靠前的某些买家账户标注买家标签，亚马逊对所有的买家有一个排名，这个排名主要针对买家购物后的留评水平。如果某位买家在买家排名的前 500 名，那么他留下的 review 就会显示"TOP 500 REVIEWER"字样，如图10-4所示。如果该买家的排名在 50 名以内，那么该买家留下的 review 不但会显示"TOP 50 REVIEWER"字样，还会显示"#1 HALL OF FAME"字样，如图10-5所示。

如果某些买家在某些特定的类目留下了优秀的 review，那么亚马逊会认为这些买家对这些类目有深刻的见解，这些买家在这些特定的类目中留下的 review，就会被赋予"Top Contributor"标识，非常醒目，如图10-6所示。

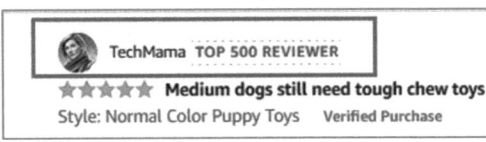

图 10-4

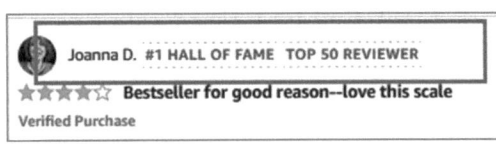

图 10-5

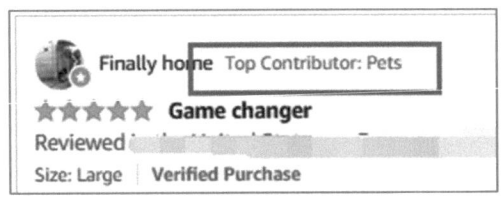

图 10-6

## 10.1.2 影响商品评论和星级评分的因素

当我们进入某商品 Listing 的 review 模块时，会发现这些 review 并不是按照留评的时间先后顺序排列的，很多最新留下的 review 甚至被排到了最后的位置，那么究竟哪些因素会影响商品评论排名呢？

### 1. 买家账户的质量

买家账户的质量是影响商品评论和星级评分的重要指标。有的卖家表示，自己的商品 Listing 中有几十个 5 星好评，评分达到 4.8 分，但是突然来了一个差评，整体评分就掉到了 3.8 分。原因可能是这个留差评的买家是优质买家，其账户质量很好，账户权重很高，而那些留 5 星好评的买家账户可能恰恰都是低权重账户。

### 2. 商品评论是否为真实订单带来的

在前面我们说了亚马逊 review 分为直评 review 和真实买家留下的 review（VP review），VP review 因为是真实买家留下的，其权重肯定要远高于直评 review，所以在 review 的默认排序中，VP review 毫无疑问会排在直评 review 的前面。

## 3. 商品评论被点赞的数量

在每一条商品 review 的下方，都会有两个按钮，一个是 "Helpful"，我们称之为 "赞"，另外一个是 "Report abuse"，我们称之为 "踩"，如图 10-7 所示。

点赞多的 review，意味着买家觉得这条 review 比较有用，而点踩多的 review 则意味着很多买家觉得这条 review 毫无价值，所以点赞多的 review，其权重就会比较高，在同等的条件下，这样的 review 会被排在 review 模块的前面，现在市面上很多跨境服务商提供的所谓 "首页无差评" 服务，其原理其实就是通过点赞和点踩的操作来控制某几条 review 在首页的排序。

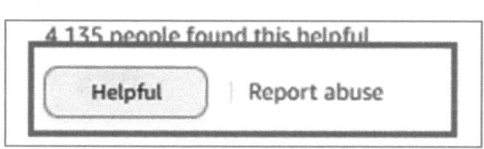

图 10-7

## 4. 商品评论的文字内容

亚马逊算法一方面可以检测虚假商品评论，另一方面可以对商品评论进行星级评定。所以评论字数较多及内容比较专业的 review，在 review 排序中会占据一些优势。很多 TOP 评论者在亚马逊买家排名中的位置，基本上也都是通过前期比较专业的 review 换来的，所以商品 review 的内容质量也会影响 review 的默认排序。

### 10.1.3 亚马逊官方的评论政策

亚马逊对于虚假评论的打击力度越来越大，每年都会有大批卖家因为涉嫌违规索取评论而被亚马逊强行关闭店铺。所以对亚马逊卖家来讲，了解亚马逊官方的评论政策是非常有必要的前期工作。

亚马逊官方认为，买家留下的评论应该为买家对商品的真实反馈，亚马逊对于任何误导或操纵买家评论的行为采取的是 "零容忍" 政策，亚马逊平台常见的违规评论主要有以下几种。

（1）对商品有直接或间接经济利益关系的人留下的评论。
（2）与商品卖家有密切个人关系的人留下的评论。
（3）商品制造商冒充无偏见的购物者留下的评论。

（4）一个买家对同一商品的多个负面评论。

（5）为换取金钱奖励而留下的评论。

（6）卖家对竞争对手商品的负面评论。

卖家在日常的运营中，一定要遵守亚马逊的评论政策，不要因为 review 的问题而让自己的店铺陷入被关店的风险之中。

那么在亚马逊平台上有没有检测某款商品 review 真假的工具，可以"一键"看出某款商品的 review 的真实度有多高？

使用 FAKESPOT 网站就可以轻松进行判断，我们首先打开 FAKESPOT 网站，如图 10-8 所示。

图 10-8

然后我们将想要分析的商品链接复制到搜索框中，点击"Analyze"按钮，就可以看到商品的评论分析报告，如图 10-9 所示。

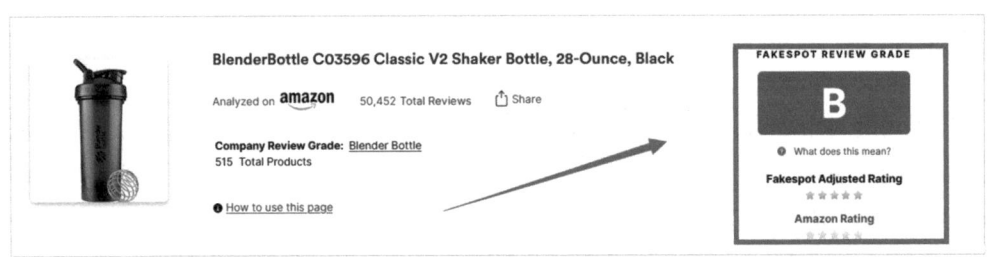

图 10-9

在 FAKESPOT 网站的评论系统中，结果是 A 和 B 的话，一般代表该商品的评论基本是真实可靠的，而如果结果是 C，则意味着该商品的评论结果中存在着不可靠的评论内容，而如果结果是 D 和 F，则意味着该商品的评论中，可靠的评论不多，不可靠的评论占据了大多数，商品评论造假的概率比较大。

## 10.1.4 卖家获取 review 的合规方式

亚马逊对商品评论的规则是非常严格的，违反评论规则的卖家通常会受到平台的严厉制裁，每年都会有大量的店铺因为评论问题而被亚马逊强行关闭。卖家为什么要铤而走险去违反亚马逊的评论政策呢？

原因很简单，因为商品评论对点击率和转化率的影响是非常大的，尤其是刚上线的新品，没有商品评论，是很难说服买家去购买的，但是亚马逊的留评率又很低，很多商品类目的留评率仅有 2%~4%，卖家想要通过自然订单去获取评论是件非常困难的事情。

为了有效缓解这种局面，亚马逊推出了两款合规的站内获取 review 的工具：Vine 计划和"请求评论"按钮，下面我们就来分别介绍一下。

### 1. Vine 计划

Vine 计划是亚马逊推出的专门针对新品的邀请商品评论的计划，亚马逊会通过邮件来邀请亚马逊平台上最值得信赖的评论者，让他们对参加该计划的商品发布专业的 review，以帮助其他买家做出明智的购买决定。亚马逊选择 Vine 计划评论者的标准也很高，系统算法会根据买家之前在亚马逊平台所发表的 review 是否专业且可靠，决定是否会邀请其成为 Vine 计划的评论者。参与该计划的评论者可以获得免费的商品，并在使用商品后对商品做出中肯的评论。

Vine 计划的评论者因为在亚马逊平台有较好的评论历史，所以其评论的权重往往较高，且 Vine 计划的评论会带有"VINE"标识，在众多的普通 review 中，可以说 Vine 计划的评论是非常显眼的，如图 10-10 所示。

图 10-10

卖家如果想要参加 Vine 计划，除了店铺必须完成品牌备案以外，还必须达到以下参加标准。

（1）目前商品的评论少于 30 条。

（2）商品的状况为"新品"，且必须为 FBA 商品。

（3）商品不属于成人用品。

（4）商品在注册 Vine 计划时已经是可售状态。

（5）拥有可供购买的库存。

Vine 计划为收费项目，在卖家完成 Vine 计划的注册并成功获取首条 Vine 评论后，亚马逊将向卖家一次性收取 200 美元的注册费用，但是如果注册 Vine 计划的商品在注册后的 90 天内未收到任何评论，卖家就不用支付任何费用，即便 90 天后产生了 Vine 评论。

## 2. "请求评论"按钮

进入亚马逊后台的订单页面，点击某个订单后，在订单详情页的右上角，可以看到一个"请求评论"按钮，如图 10-11 所示。

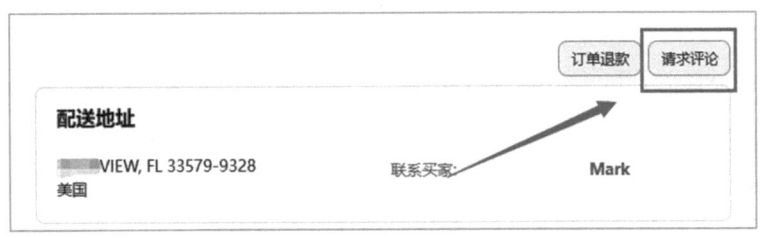

图 10-11

当卖家点击这个"请求评论"按钮时，亚马逊会给该买家发送一封请求其提供商品评论的电子邮件，这里的邮件内容是固定的，卖家无法自主编辑。该邮件里会附有留评的链接，留评非常方便，这个按钮推出以后，对提升亚马逊平台的留评率起了很大的作用。

但是该功能是有时间限制的，卖家只能在商品投递成功后的 5 至 30 天内请求买家提供评论，如果超出了这个日期，系统就会提示该订单不符合索评条件，如图 10-12 所示。

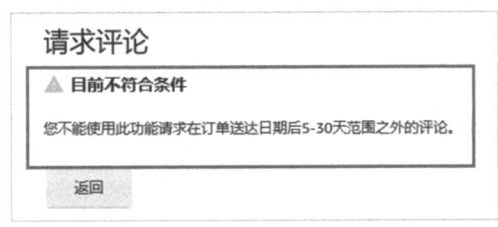

图 10-12

第 10 章　亚马逊平台的评论体系解析

现在获取买家的评论是件非常困难的事情，所以卖家一定要把这个功能用好，在订单符合索评条件时，一定要及时点击"请求评论"按钮来进行索评，索评的时间也会影响索评成功率。一般而言，建议大家在当地时间 9:00—10:00 去点击"请求评论"按钮，这个时间段正是工作时间的开始，人们一般都会打开邮箱查看邮件，19:00—21:00 的索评成功率也是比较高的，卖家最好在索评成功率高的时间段进行索评。

该功能跟 Vine 计划一样，也属于"双刃剑"，也可能带来差评，当某些买家对商品不满意的时候，索评邮件可能就是促使其留下差评的导火索，这一点就促使卖家在选品时一定要注意商品的质量，质量差的商品在选品阶段就一定要淘汰掉。

## 10.1.5　对差评的处理方法

差评会影响买家的购买选择，进而影响商品的转化率，而且更为严重的是，如果某款商品在短时间内收到大量差评，该商品可能会面临亚马逊平台的审核或下架处理。因此，差评带给卖家的影响是很大的。

既然差评的影响这么大，那么在收到差评时，卖家应该如何处理呢？

### 1. 主动联系买家

利用后台的站内信去主动联系买家删除差评，是风险比较大的联系方式，因为一旦措辞使用不当，系统就会认为是卖家在操控评论，亚马逊在后台的品牌页面推出的"买家评论"功能，刚好可以规避这个风险，如图 10-13 所示。

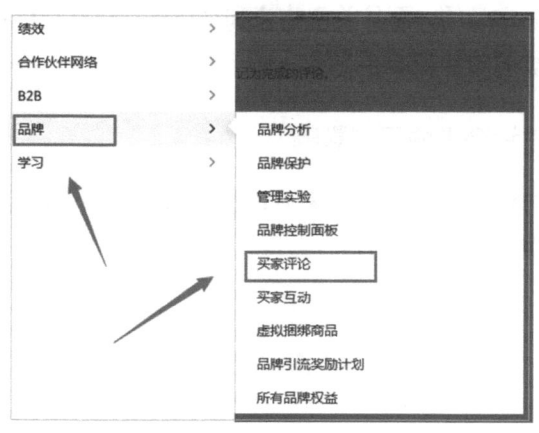

图 10-13

如图 10-14 所示,在"买家评论"页面,输入想查找差评的商品 ASIN 并进行搜索,就可以看到这款商品下的所有差评。利用这个功能只能联系 1~3 星的评论人,卖家点击"联系买家"按钮就可以进行沟通。

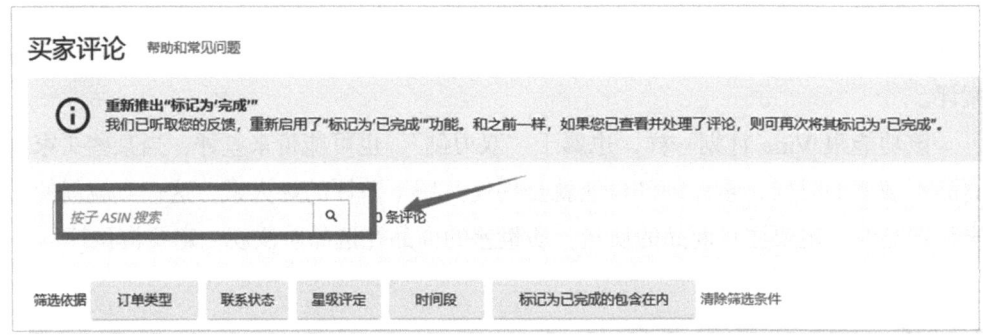

图 10-14

使用该功能的门槛是店铺必须完成品牌备案,同时,该功能也只能针对自己 SKU 项下正常售出的订单,如果差评来自跟卖者售出的商品或者 Vine 计划商品,是无法联系差评人的。

### 2. 联系亚马逊客服删除差评

这种方式仅限于差评包含违规内容的情形,正常的差评客服不会帮助删除。如果卖家收到的差评中含有侮辱性话语、个人隐私或其他亚马逊平台禁止的语句,卖家就可以开 Case 联系亚马逊客服将其删除。开 Case 的路径如图 10-15 所示,这里要注意,一定要将 Case 语言改为英语,中文模式无法开 Case。另外,如果卖家收到的差评不是关于商品本身的,而是关于物流和客服的,那么对使用 FBA 服务的卖家来说,这样的差评被删除的概率也是很大的。

### 3. 利用好评减轻差评带来的不利影响

如果以上两种方法都行不通,卖家可以想办法为自己的商品增加一些好评,利用好评来减轻差评带来的不利影响。

## 第 10 章 亚马逊平台的评论体系解析

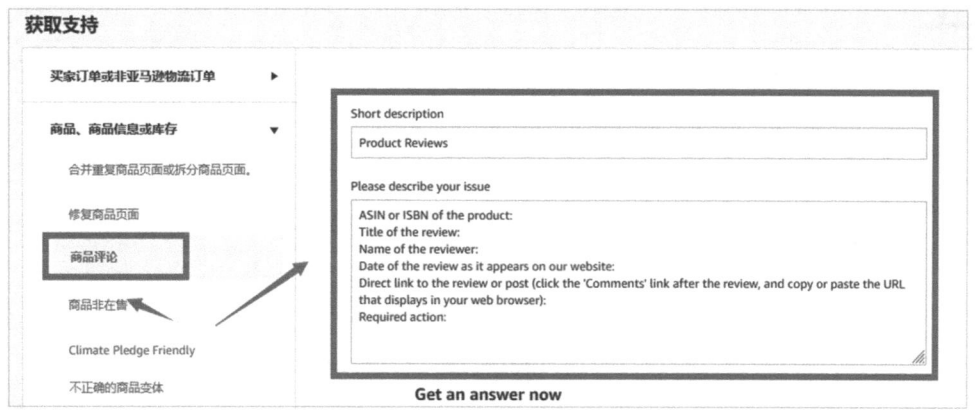

图 10-15

### 10.1.6 商品评论是亚马逊平台的红线

亚马逊每年都会关闭大批违规卖家账户,而这些卖家账户被关闭的原因中,操控评论所占的比例是很大的。一旦某个卖家账户被亚马逊系统识别为评论异常,该卖家账户就会被亚马逊平台进行审核。而这些被纳入审核名单的卖家账户,大多数都存在不规范运营的行为,所以这些卖家账户大多数会被关闭。可以说,商品评论是亚马逊平台的红线。

亚马逊平台拥有一套完善的算法,这套算法可以模拟各类真实交易情节。也正是依赖这套算法,亚马逊平台才能识别出卖家的各种违规行为并予以严厉打击。亚马逊平台打击卖家的违规行为的方式,除了关闭卖家账户和删除卖家的商品 Listing,还有删除卖家的商品评论,而且通常是只删好评,不删中评和差评。在获取商品评论的难度越来越大的今天,卖家想要积累一定数量的好评实属不易,卖家一旦违规,其商品评论就会在短时间内被亚马逊平台删除,卖家不得不重新打造商品。因此,在亚马逊平台的政策日益收紧的大环境下,卖家在获取商品评论上要坚持合规。

## 10.2 买家反馈详解

### 10.2.1 买家反馈的概念

买家反馈(Feedback)是亚马逊平台的买家对卖家店铺的评论,如图 10-16 所示。

图 10-16

买家反馈的数量和质量通常是衡量一个店铺实力的重要指标。虽然亚马逊平台有着"重商品、轻店铺"的特点，对卖家来说，买家反馈的重要性远远不及商品评论，但是买家反馈也是十分重要的店铺衡量标准，卖家不能忽视它。在进行站外促销推广时，目前一些主流的促销网站基本都会对卖家的店铺进行筛选，而拥有1000条买家反馈通常是店铺入选的要求之一，所以买家反馈数量不足的店铺无法在这些主流促销网站上推广自己的商品。

## 10.2.2 买家反馈与商品评论的区别

买家反馈与商品评论虽然都属于亚马逊的买家评论系统，但是二者存在着明显的区别。

### 1. 针对的对象不同

买家反馈针对的是商品的物流和服务水平，如果买家反馈中出现对商品本身的评论，那么卖家可以在后台直接申请删除这条买家反馈，删除的成功率较高。商品评论针对的是商品本身，虽然商品评论中出现了对商品物流或服务水平的评论，卖家也可以联系亚马逊客服进行删除，但删除的成功率较低。

### 2. 留评者的资格不同

商品评论的留评者既可以是购买这款商品的买家，也可以是没有购买这款商品的买家（年消费金额达到亚马逊平台规定的金额的买家可给所有商品留评）。而买家反馈的留评者则必须是购买了这款商品的买家，未实际购买商品的买家是无法留下商品反馈的。

## 3. 影响的方面不同

买家反馈中如果出现大量的负面反馈,则会极大地影响卖家账户绩效指标中的订单缺陷率,甚至可能影响卖家账户的安全。而商品评论主要影响单款商品的安全,商品评论中的差评只会对单款商品的权重产生影响,但短时间内的大量差评会降低商品的转化率。

# 第 11 章

# 亚马逊运营实操问题解析

# 第 11 章 亚马逊运营实操问题解析

亚马逊运营是一项实践性很强的工作，运营知识再扎实，也要把知识运用到日常的运营实践中才有意义，我们这一章的内容就是把亚马逊卖家在日常店铺运营中遇到的实战性问题拿出来做详细的解析，通过对这些问题的解析，卖家可以清晰地知道以后在日常运营中如何最大限度地去避免这些问题，以及遇到这些问题该怎样解决。

**1. 亚马逊业务报告里面的 Session 是"自然流量"还是"自然+广告的总流量"？**

解答：

业务报告中的 Session 是包含了自然流量和广告流量的。

但是有些卖家可能会问一个问题：假如业务报告中的 Session 是包含了自然流量和广告流量的，那么自己商品的广告点击比后台业务报告中显示的 Session 还多，又是怎么回事呢？

其实这是因为后台业务数据跟广告数据的归因机制和归因时间都存在差异，大家要知道，后台业务报告中的 Session 指的是"独立访客数量"，假设某位买家在 24 小时内多次进入商品页面，仅能被计算一次 Session，但是按照亚马逊广告的归因机制，如果该商品有 30 个关键词，某位买家通过搜索 30 个不同关键词进入商品 Listing，系统会计算 30 次广告点击并计算 30 次广告费，这就是为什么大家感觉广告点击比后台 Session 数量还要多的原因所在，也是为什么后台业务报告显示的转化率有时候会比较高的原因所在。

所以这个结论可以再细化一下，再准确一点来说，后台的业务报告中的 Session 是包含了自然 Session 和广告 Session 的。后台业务报告针对的是链接整体，广告数据针对的仅仅是某个广告，二者在运营时最好分开来进行分析。

**2. 某个广告组设置的竞价是 0.55 美元，采取的是固定策略，搜索结果顶部（首页）和其余页面的点击率和转化率以及曝光量都不错，但是商品页的点击率特别低（商品目前仅有两个 review 且售价较高），大概是什么原因？**

解答：

我们知道，广告活动的广告位有三个：搜索结果顶部（首页）、商品页面和搜索结果的其余位置，如图 11-1 所示。

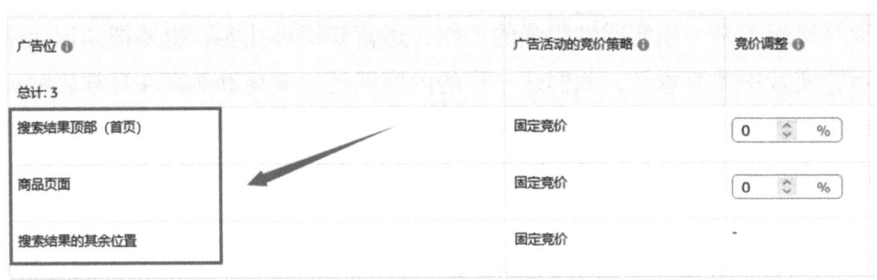

图 11-1

首先，对于一款商品来说，如果没做任何其他操作，广告绝大部分曝光来自广告的"商品页面"位置是很正常的，因为商品页面的展示位置要远远多于其他两个。

其次，商品页面的点击率过低，结合问题描述，可能的原因有二。

原因 1：商品本身缺乏吸引力，只有两个 review 且售价较高，除非是该商品具有强烈的稀缺性，否则这两点会大大影响商品的点击率。

原因 2：也是原因 1 的延伸，因为售价问题，导致买家在浏览竞品详情页时，虽然看到了你的商品，但是点击你商品的欲望过低。

最后，搜索结果顶部（首页）的点击率还不错，但是因为曝光量过少，所以不能确定是真的点击率高，还是因为数据样本不够导致的偶然现象，这个位置可以继续测试。把基础竞价提高一点，来测试广告的反应并积累数据，数据足够了再进行下一步的分析。

**3. 商品遭遇不明原因的版权投诉怎么办（侵权可能性很小，但是商品已经被下架）？**

解答：

遇到这种不明原因的版权投诉，我们一定要分三步处理。

第一步，永远是先去联系投诉人（亚马逊一般会告知投诉人的联系方式），联系投诉人虽然被回复的概率不大，但是有时候却是最快的解决方式。

第二步，是再次筛查自己的商品和 Listing 内容，如果在投诉人那里得不到有效的信息或回复，可以再次确认自己是不是真的侵犯了别人的版权，如果是真的侵权，那就没办法，只能删除 Listing。

第三步，如果对方未提供有效版权编号且自己也没查到有任何侵权的地方，那么自己就可以向亚马逊发送一封反诉信，在亚马逊收到这封反诉信以后，只要 10 个工作日内对方不再次投诉，这款被投诉的商品就可以自动恢复正常。

这类投诉在目前非常常见，也是类目头部卖家用来对付本类目其他头部卖家的不良手法，目的就是让对手的商品尽快下架或者影响对手的运营节奏，从而可以让自己的商品在类目中能多获取一些销量。所以当卖家发现这类手法之后，一定要尽快处理，否则商品即便最后可以恢复，那么商品的权重也快"跌没了"。

**4. 在广告流量精准的情况下，广告位在第一页，广告有足够的点击量但不出单，只出"自然单"，要怎么调整呢？**

解答：

广告位在第一页是一个较为宽泛的概念，首先需要明确是仅仅某个关键词的搜索结果在第一页，还是所有关键词的结果都在第一页，同时需要确定这些在第一页的广告关键词相应的自然搜索位置在哪一页。

如果自然搜索位置也在第一页（与广告位置在一起），那么需要调低广告的竞价，以避免两个位置产生重叠。举个例子：如果一个买家先点击了自然位置，然后又点击了广告位置，最终的订单会被算在自然位置上，但是广告位的点击费用仍然需要支付。这可能会导致广告的 ACoS 升高。

如果只是某个词的广告搜索结果在第一页，而关键词的自然位置并不在第一页，那么需要评估该词搜索结果项下其他 Listing 的实力。不要将自己的 Listing 推到不符合商品实力的搜索结果上。比如，如果将仅有 3 条评论的商品推到关键词搜索结果的首页首行，而周围都是拥有 300 条甚至 1000 条评论的商品，那么该商品在这个位置上的转化率很可能会很低。如果这个词的搜索排名长期无法提升，那么可以尝试降低该词的竞价，转而使用该词的周边长尾词，并且采用精确匹配模式进行一段时间的推广。这样的操作不仅对于降低特定关键词的竞价有促进作用，还能节省广告预算。

**5. 有一款商品在短期内经历了一次"爆发"，主 SKU 商品售罄后，补货后的销量一直不稳定，有时甚至没有任何订单。在这种情况下，应该如何处理？**

解答：

对于长期售罄的商品而言，重新推广并不容易，每个类目的商品都面临相同的问题，因为在长期缺货期间，之前积累的销售权重基本上都消失了。

如果想要重新推广长期售罄的商品，最核心的是先提高订单量和转化率，重新激活亚马逊算法系统对该商品的识别。在短期内，需要稍微降低价格，配合大额优惠券提高商品的转化率。然后需要努力扩大商品的流量来源，主要是通过站内广告来增加曝光量，提高出价竞争力，辅助的渠道可以是一些站外销售渠道，这两者的目的都是迅速增加流量。为确保短期内订单量有所提升，可以参加站内的限时秒杀和站外的促销活动,以快速增加订单量,提升销售排名,并增加销量积累权重。最好逐步提高价格,等订单量有起色后再慢慢上调。

然而,这样做的前提是库存必须充足,否则一开始发力,商品又会售罄,陷入相同的困境中。

**6. 商品被判定为危险品而被亚马逊下架了,现在 FBA 仓库中还有 1000 多件货没有卖完,如果移仓换标并用原来的照片再次上架,会有风险吗?**

解答:

(1)对于这种情况,需要删除与敏感词相关的内容,并提出申诉。若申诉成功,即可恢复 Listing 的销售权限。通常当系统错误地将非危险品判定为危险品并下架时,很可能是因为 Listing 的关键词中包含了易被系统判定错误的敏感关键词。因此,首要任务是排查并确定这些敏感词,并进行申诉。若申诉未获成功,可以考虑进行仓库迁移和更换标识的操作。

(2)若你的商品确实被平台判定为危险品,那么进行仓库迁移、更换标识等操作是无效的。重新上架后,系统仍会识别该商品,并将其再次下架。此外,仓库迁移和更换标识还会产生额外的费用。若商品确实属于危险品范畴,最好在取得相关资质后再次尝试销售。

**7. 用库存模板 Excel 合并父子变体时,变体一栏需要怎样填写?**

解答:

用库存模板 Excel 合并父子变体,必填项有 10 项。

(1)Product Type(商品类型):将鼠标光标悬停在此项的空白框上时,会显示选项三角形,选择相应选项即可。父体和子体的选择相同。

(2)Seller SKU(卖家 SKU):由于父体是新建的 Listing(实际上是虚拟的),所以需要新建一个父体 SKU。请注意,必须新建一个熟悉并符合自己的命名规范的 SKU,因为后面还会用到。对于子体部分,填入要合并到一起的各个子体原来的 SKU。

(3)Brand Name(品牌名称):父体和子体填写相同内容,即填写子体 Listing 的品牌名称。需要注意的是,不同品牌的子体最好不要合并,否则可能会导致封号等一系列后果。

(4)Product ID(商品 ID):这里填写的是新建子体 Listing 时使用的 UPC、EAN 或 GCID 等号码(父体不需要填写,只填写子体)。

(5)Product ID Type(商品 ID 类型):该字段有下拉框,选择 UPC、ASIN、EAN、GCID、GTIN 中的一种(父体不需要填写)。

（6）Parentage（父子体关系）：该字段有下拉框，对于第一行的父体选择"Parent"，后面的子体选择"Child"。

（7）Parent SKU（父体SKU）：子体部分填入之前编写的父体SKU，父体部分不需要填写。

（8）Relationship Type（关系类型）：该字段有下拉框，一般选择"Variation"，除非变体是"Accessory"（父体不填写，只填写子体）。

（9）Variation Theme（变体主题）：该字段有下拉框，选项包括"Color""Size""Material"等，一般以"Size"和"Color"居多（父体和子体保持一致）。

（10）Update Delete（更新/删除）：该字段有下拉框，由于父体之前不存在，所以填写"Full Update"，子体之前已经存在，所以填写"Partial Update"。

**8. 如何举报竞争对手滥用变体等违规行为？**

解答：

要举报竞争对手滥用变体等违规行为，可以直接在亚马逊后台进行搜索，找到"举报滥用行为"选项并点击进入相应的举报页面，在此进行举报即可。

**9. 店铺被封已经有3个月了，申诉重新激活账户也没有成功，那里面的资金是否能够取回呢？**

解答：

如果店铺因为违规行为被封，那么里面的资金是否能够取回取决于店铺违规的严重程度，这没有统一的标准。一般情况下，像售卖假货、严重侵权、提供虚假信息等严重违规行为导致的封店，店铺剩余的资金将会被永久冻结。而其他一些不太严重的违规行为导致的封店，一般在店铺被封的90天后，剩余的资金可以打入店铺绑定的收款账户。也可以通过邮件咨询款项退回的进展，请使用店铺注册时所使用的邮箱发送邮件进行咨询。

**10. 把美国FBA的商品同步到加拿大站销售，应该如何操作？**

解答：

有三种方式可以进行同步操作。

（1）直接手动上传：在加拿大站使用与美国站相同的商品UPC或SKU进行手动上传，系统将直接进行同步。

（2）使用表格上传：按照用表格上传商品的流程，使用相同的商品UPC或SKU进行操作。

（3）切换后台设置：首先切换到加拿大站的后台，在Inventory（库存）—Sell

293

Globally（国际销售）—Build International Listings（建立国际商品页面）中进行设置。

**11. 对于抛货类商品在包装或运输方面如何省钱？**

解答：

（1）选择质量较硬的外箱：为减少箱子变形，选择双层或三层瓦楞的箱子，这种箱子具有较强的抗压能力。使用质地较硬的外箱可以避免因箱子变形而增加头程费用。头程服务商一般使用红外线测量箱子尺寸，而被挤压变形的箱子每个面都会多出一些长度，从而导致测量的尺寸增加。

（2）采用真空包装：对于家具类或毛绒类的抛货，可以考虑使用真空包装。真空包装可以有效压缩商品的体积，减轻体积重，达到节省成本的效果。

（3）合理搭配抛货与重货：若商品中既包含抛货又包含重货，可以在发货时将两种货物搭配发出，这样可以利用抛货来"分担"一部分重货的重量。

（4）与头程服务商协商分担抛货问题：有时头程服务商会寻找重货来拼装，以应对大量抛货的情况。因此，我们可以与头程服务商协商分担抛货，争取降低头程费用。

**12. 如果想购买一个现成的亚马逊店铺，应该注意哪些问题呢？**

解答：

购买店铺是可以的，但在购买店铺时需要自行控制风险和核实资质，主要注意以下四个方面。

（1）务必签订合同：合同能够帮助规避风险，确保双方的权益和责任清晰明确地记录下来。这样即使以后出现纠纷，处理起来也比较便利，无论是协商解决还是进行诉讼，都能保护自身利益。

（2）最好能一并转让所有信息：在购买店铺之前，要明确询问对方是仅出售店铺，还是可以一并转让公司、品牌等相关资料。让对方一并转让是最好的选择，这样在未来进行审核时，无须再与对方沟通获取相应的资料。如果对方仅同意转让店铺而不转让公司，合同中必须明确规定对方在一定时期内有协助提交审核资料的义务。否则，当需要提交资料进行账户审核时，可能无法获得对方的协助，从而给准备相关资料带来麻烦。其实不仅包括公司，还包括以公司名义注册的品牌、专利、网站等。如果可行，最好能一并转让；如果不可行，要尽可能将相关条款明确写入合同。

（3）需仔细查看店铺的资质：在购买店铺之前，通常可以先查看店铺是否经过了一审或二审，这两种店铺的价格会有很大差异。二审账户通常会在邮箱中保留当初审核的邮件通知,查看这些通知可以了解店铺的具体情况。此外,还需详细查看店铺的绩效情况,店铺若有多次违规甚至被关闭的情况,价格就不应该高。另外,店铺注册时间与价格直接相关,新注册的店铺与运营一两年的店铺价格也会有很大不同。

(4)更改资料要注意:在购买店铺后,不要过于集中地更改店铺信息,大规模的信息更改可能引起系统的警觉并触发审核。如果需要更改某些注册信息,可以分批进行更改,避免在某个时间段一次性完成。虽然目前购买的店铺通常有7天的"质保期",在"质保期"内如果店铺出现问题可退款,但仍难免会发生纠纷,因此应尽量提前避开可能遇到的陷阱。

**13. 亚马逊跨境公司常见的提成计算方式有哪些?**

解答:

目前国内的亚马逊跨境公司主要采用四种常见的提成计算方式。

(1)方式一:按照毛利率进行提成计算。

这是目前市场上最为常见的提成计算方式。毛利提成制中的成本项一般与店铺运营开支有关,不涉及具体的办公成本等因素。毛利提成的"点数"通常为4%~12%,具体提成数额取决于运营人员的个人能力和过往业绩。此外,还有一些跨境公司在毛利提成制的基础上采用"阶梯毛利提成制",按照不同阶梯确定提成比例。

(2)方式二:按照净利润进行提成计算。

这种提成计算方式考虑得更加全面,因为净利润中有一个"净"字,所以在计算利润时基本上需要扣除所有的经营开支,不仅包括运营店铺的成本(头程费、海外仓储费、佣金、配送费、广告费、测评费、采购成本等),还包括运营公司的成本(办公场地、人力成本、行政开支、税费开支等)。净利润提成的"点数"通常比毛利率提成要高得多,一般是"起点很高,上不封顶"。

(3)方式三:按照店铺的回款进行提成计算。

目前采用这种提成方式的公司数量较少,原因是提成发放与公司的利润计算存在矛盾。许多公司的回款很多,但在站外进行的活动费用也不少,因此有些老板认为运营在占公司的"便宜",因为回款的数额并不代表公司的真实收入。按回款数额提成的"点数"一般不会太高,通常为1%~4%。

(4)方式四:按照销售额进行提成计算。

这种方式目前已经很少见,因为在这种方式下,公司承担的风险较大。许多公司会在销售额提成的前提下增加其他门槛,例如毛利率指标或回款指标,但仍然存在一些提成计算问题，因此现在采用这种提成方式的公司已经很少见了。

**14. 亚马逊广告的 ACoS 值是否越低越好？**

解答：

ACoS（成本销售比）是衡量卖家广告活动绩效表现的重要指标，ACoS=广告总支出/广告带来的总销售额。例如，如果你在广告上花费了 10 美元的预算，而广告带来的销售额为 100 美元，那么你的 ACoS 就是 10%。

从 ACoS 的定义来看，在不考虑其他因素的情况下，ACoS 当然是越低越好。然而，对于任何事情都不能只分析其本身，对 ACoS 的分析也是如此。卖家进行站内广告的目的不应只是为了出单赚钱，广告还具有一个重要意义，即提升关键词的自然排名，以获得更多的免费流量。因此，卖家不能单纯追求低 ACoS 值，而应站在商品运营的全局角度来衡量广告活动的效果。

**15. 为何亚马逊广告费扣款数额每次都不同？**

解答：

某些卖家在收到广告费扣款通知后发现，扣费数额有时是每满 200 美元扣一次，有时是每满 350 美元扣一次，扣款数额不同。实际上，这与亚马逊为卖家设定的广告信用额度有关。

一般而言，新店铺最初的广告信用额度为 50 美元，即广告费每达到 50 美元就会扣一次。当卖家达到该广告信用额度并成功支付费用后，亚马逊会提升信用额度。通常，亚马逊第一次会将信用额度从最初的 50 美元提升到 150 美元，随着店铺信用额度的提升，后续可能会提升到 200 美元、350 美元，甚至 500 美元。广告花费较高的店铺一般会获得较高的广告信用额度。

**16. 对于多变体（SKU）的 Listing 来说，系统会优先展示哪个变体？**

解答：

通常情况下，在关键词的搜索结果中，默认展示的是销售最好的那个变体的 Listing。然而，这也取决于买家的搜索词，系统算法会根据买家搜索词的匹配程度来确定展示哪个变体的 Listing。举个例子，如果买家想购买红色皮鞋并进行搜索，那么在众多颜色变体的皮鞋中，亚马逊会优先展示红色变体的 Listing，因为它与买家搜索词的匹配程度最高。

# 反侵权盗版声明

电子工业出版社依法对本作品享有专有出版权。任何未经权利人书面许可，复制、销售或通过信息网络传播本作品的行为；歪曲、篡改、剽窃本作品的行为，均违反《中华人民共和国著作权法》，其行为人应承担相应的民事责任和行政责任，构成犯罪的，将被依法追究刑事责任。

为了维护市场秩序，保护权利人的合法权益，我社将依法查处和打击侵权盗版的单位和个人。欢迎社会各界人士积极举报侵权盗版行为，本社将奖励举报有功人员，并保证举报人的信息不被泄露。

举报电话：（010）88254396；（010）88258888
传　　真：（010）88254397
E-mail：　dbqq@phei.com.cn
通信地址：北京市万寿路 173 信箱
　　　　　电子工业出版社总编办公室
邮　　编：100036